RECHTSKULTUR — DENKKULTUR

ARSP BEIHEFT 35

ARCHIV FÜR RECHTS- UND SOZIALPHILOSOPHIE

ARCHIVES DE PHILOSOPHIE DU DROIT ET DE PHILOSOPHIE SOCIALE

ARCHIVES FOR PHILOSOPHY OF LAW AND SOCIAL PHILOSOPHY

FRANZ STEINER VERLAG WIESBADEN GMBH
STUTTGART 1989

RECHTSKULTUR — DENKKULTUR

ERGEBNISSE DES UNGARISCH-ÖSTERREICHISCHEN
SYMPOSIUMS DER INTERNATIONALEN
VEREINIGUNG FÜR RECHTS- UND SOZIALPHILOSOPHIE
1987

HERAUSGEGEBEN VON
ERHARD MOCK
UND
CSABA VARGA

FRANZ STEINER VERLAG WIESBADEN GMBH
STUTTGART 1989

CIP-Titelaufnahme der Deutschen Bibliothek
Rechtskultur - Denkkultur : Ergebnisse d. ungar.-österr. Symposiums d. Internat. Vereinigung für Rechts- u. Sozialphilosophie 1987 / hrsg. von Erhard Mock u. Csaba Varga. - Stuttgart : Steiner-Verl. Wiesbaden, 1989
(Archiv für Rechts- und Sozialphilosophie : Beiheft ; 35)
ISBN 3-515-05283-6
NE: Mock, Erhard [Hrsg.]; International Association for the Philosophy of Law and Social Philosophy; Archiv für Rechts- und Sozialphilosophie / Beiheft

Druck: Druckerei Peter Proff, Starnberg.
Printed in the Fed. Rep. of Germany

INHALT

VORWORT

Am 12. und 13. Mai 1987 fand im gastlichen Balatonkenese zum zweiten Mal ein Ungarisch-Österreichisches Symposium der Internationalen Vereinigung für Rechts- und Sozialphilosophie zum Thema „Rechtskultur – Denkkultur" statt, dessen Ergebnisse nunmehr in diesem Band vorgelegt werden.

Die Einführung in die Thematik der Tagung unternimmt Csaba *Varga*. Ota *Weinberger* diskutiert in seinem Beitrag Kriterien für die Beurteilung von Rechtskulturen und prüft dann die wissenschaftliche Ergiebigkeit und die soziale Effizienz rechtsphilosophischer Konzeptionen, wobei er den Ansatz eines Institutionalistischen Rechtspositivismus als Basis sowohl für funktionalistische wie für wertende Analysen ausweist. Die Offenheit des Themas bedingt es, daß dieses allein in Schwerpunkten und Akzenten eingeholt werden konnte, die im folgenden skizziert werden sollen.

Den Bezügen von Kultur, Rechtskultur, Rechtspolitik und sozialem Wandel gehen die Arbeiten von Eva Maria *Maier*, Mihály *Samu*, László *Boros* und Kálmán *Kulcsár* nach. Zoltán *Péteri* ergänzt diesen Bereich mit einem Versuch einer Rechtsaxiologie aus sozialistischer Perspektive.

Beiträge zur Grundlegung demokratischer Rechtskulturen liefern der Problemaufriß von Michael W. *Fischer* zur Toleranz und die Untersuchung von Erhard *Mock* zum Zivilen Ungehorsam.

Gerhard *Luf* setzt sich aus dem Blickwinkel der „Lebenswelt", Alexander *Somek* aus normativ-ethischer Sicht mit der Rationalität des modernen Rechts auseinander.

Die Bedeutung und die Möglichkeit der Rechtstechnik bei der Verwirklichung von Rechtsinhalten kehren Csaba *Varga* und Jószef *Szájer* in ihrer gemeinsamen Abhandlung hervor.

Weitere Aspekte tragen die Arbeiten von Péter *Paczolay* zur Herausforderung der ökologischen Krise, von Wolfgang *Mederer* zur Minderheitenautonomie als Element Europäischer Rechtskultur und die subtile Abhandlung von Gerhart *Wielinger* über Mutmaßungen über den Zusammenhang zwischen der Denkweise der österreichischen Verwaltung und der Wiener Schule der Rechtstheorie bei.

Erhard Mock | Csaba Varga

RECHTSKULTUR – DENKKULTUR
EINFÜHRUNG ZUM THEMA

Csaba Varga

Eines der eigenartigsten Produkte der westlichen gesellschaftlichen Entwicklung, das durch die moderne Staatlichkeit ins Leben gerufene *moderne formale Recht* verkörperte bereits in der Mitte des vergangenen Jahrhunderts eine fühlbar doppelte Entwicklung. Einerseits setzte es durch die Formalisierung der Kriterien der Schaffung und Funktion des Rechts – d.h. des Prinzips der *Geltung* und Gesetzlichkeit – den Akzent auf die *Erscheinung* des Rechts in *Textform*, seine Verkörperung im Text. Dadurch wurde im Recht die Erfüllung der formellen Anforderungen in den Vordergrund gestellt und die Verwirklichung seines Garantiecharakters gefördert Aber die Verlagerung des Akzents auf diesen Text zeitigte auch eine eigenartige Verschiebung, eine Verzerrung in der Betrachtung und Anschauung des Rechts. Die lebendige Praxis des Rechts, das *wirkliche* gesellschaftliche Gewicht, der Charakter, die Wirkung der im Namen des Rechts durchgeführten gesellschaftlichen Handlung ist nicht mehr im Vordergrund des Interesses gestanden, und an ihre Stelle geriet der zum Demiurg avancierte Text. Und zwar offenbar ohne Konsequenzen, wenn die textliche Verarbeitung eines Textes – die Rechtsdogmatik – zur führenden Disziplin der Rechtswissenschaft wird. Insbesondere: man begann, das gesamte Leben des Rechts immer mehr nur als eine mechanische Konsequenz eines mit entsprechendem Formalismus erlassenen Texts zu betrachten, während die eigentliche gesellschaftliche Anwesenheit, Wirkung des Institutionensystems des Rechts theoretisch uninteressant geworden ist. Eine strenge, zu formalisierende Praxis konnte dennoch entstehen; von seiner gesellschaftlichen Sphäre getrennt ist aber das gesamte Recht zunehmend wehrlos geworden: in zunehmendem Maße unfähig dazu, auf die wechselnden Herausforderungen entsprechend reagieren zu können.

Das Recht hat ja bedrohliche Herausforderungen erlebt, und zwar nicht nur aus einer Richtung. In Deutschland zwischen den beiden Weltkriegen hat zum Beispiel der Anspruch auf Totalität der nationalsozialistischen Machtübernahme die Unterordnung auch der Justiz die Frage der Quellen der Geltung der Stützen des Rechts aufgeworfen. Kann das Recht einen beliebigen Inhalt haben? Kann der Befehl des Rechts wie auch immer sein, kann es an seiner verbindlichen Kraft, an unserer Abhängigkeit nichts ändern? Die deutsche Justiz hat sich schließlich den Veränderungen des Rechts ergeben. In seiner Selbstaufgabe hatte – so wissen wir heute – auch die Ideologie des Gesetzespositivismus, also die vorbehaltlose Befolgung der gesetzlichen Form als Recht eine Rolle gespielt.

Dramatische Fragen wurden laut, wenn auch nicht in ähnlicher Konzentration der Unmenschlichkeit sonst und anderswo. Und sie blieben nach wie vor weitgehend unbeantwortet. Zu diesen gehört zum Beispiel vor allem das Dilemma der auf die Aufholung in der Entwicklung abzielenden, sich mit dem Problem der Modernisierung konfrontierenden, Reformprogramme übernehmenden Gesellschaften. Solle es eine noch so große Last für die Gesellschaften bedeuten, befinden sich in ihnen teilweise ererbte Anlage, ferner ein tiefes Mißtrauen gegenüber spontanen gesellschaftlichen Bewegungen, die sie gleichfalls dazu bewegen, die Wende auf *künstlichem* Wege, hierarchisch von oben nach unten ausstrahlend, mit dem Einsatz der zwingenden Kraft des Staatsapparates, durch die Erlassung einer rechtlichen Verordnung zu institutionalisieren. Unabhängig von jeder subjektiven Absicht ist gleichzeitig auch das harte Faktum der Dialektik der Gesellschaftsentwicklung gegeben, die – langfristig – jegliche Rechtsreform, die nicht schon erfolgte, oder errungene *gesellschaftliche* Reform sanktionieren (oder sonst wünschenswerte Alternativen mit der Institutionalisierung unterstützen) würde, sondern selbst – als Recht mit der reinen Tatsache der Proklamierung – eine gesellschaftliche Reform zeitigen möchte. Es ist ein allgemeines, mir besonders gut bekanntes Dilemma der mit der Modernisierung ringenden Regionen, das sich in besonders akuter Form auf weiten Gebieten Ost-Mitteleuropas meldet und das bisher in keiner adäquaten Weise beantwortet wurde. Das Pathologische besteht in diesen Regionen darin, daß das Erbe des im Gewande der Revolution seine Vorurteile und sozialen Utopien zur Geltung bringenden Voluntarismus sowie die zunehmende Unbehandelbarkeit der sich durch die Konzentration der disfunktionellen Wirkungen der unorganischen Einmischungen anhäufenden Probleme gleichfalls zu solchen Lösungen anregen, in denen die eigentliche gesellschaftliche Reform in wachsendem Maße – und natürlich von wachsender Unwirksamkeit und sinkender Glaubwürdigkeit begleitet – durch die reine Erlassung der Reform*texte* ersetzt wird. Das Ergebnis ist in einem solchen Fall ganz gewiß ein Mißerfolg: die unwiderrufliche Devaluation sowohl des Mittels als auch der das Mittel bewegenden Idee. Und dieses Problem steht gar nicht allein, vereinzelt da. Denn – gleichzeitig damit – droht dem Recht auch eine ähnliche Herausforderung durch die Tradition einer revolutionären Rechtsnihilisierung aus der Vergangenheit sowie durch die Erstarrung zur stabilisierten politischen Praxis. Kurz gefaßt denke ich an die extreme *Instrumentalisierung* des Rechts In unserer gesellschaftlichen Praxis meldet sich die schädliche Wirkung der Instrumentalisierung auf doppelter Ebene. Vor allem und in erster Linie darin, daß das *Recht eindimensional* wird. Darin, daß – auf der Basis der Rechtsanschauung des *Kommunistischen Manifests* – die Macht nur die *machtpolitische* Bedeutung der Beherrschung des Rechts, also die Möglichkeit wahrzunehmen bereit ist, die für die Geltendmachung ihrer Willkür in der Beherrschung des Rechts steckt, d.h. sie kann das Recht nach Belieben frei formen und in seiner Funktion manipulieren. Die Idee der *rechtlichen Vermittlung*, also die Einsicht, daß das Recht nicht einfach der verbrämte Ausdruck des Willens der Obrigkeit ist, sondern Bindungen bestimmt, die jeden Teilnehmer *verpflichten*, jeden Interessierten zum Mitgestalter und Beteiligten des *gemeinsamen Unternehmens* des Rechts *weiht*, hat sich in ihm noch nicht entfaltet. Noch weniger bildet sich die Bereitschaft in ihm aus, das Recht zur Geltung kommen zu lassen, insofern es ein – zum politischen deklariertes Interesse – staatliches oder als solches hingestelltes persönliches Prestige beschränken würde. Die Instrumentalisierung erscheint gleichzeitig auch in der *inhaltlichen Entleerung des Rechts*, darin, daß das Recht jede Tradition, jede Konsequenz aus der Vergangenheit, die Verwandtschaft mit den erlebten Erfahrungen und die Kontinuität ablehnend, zum einfachen Synonym für die Willkür der Mächtigen wird. Die Praxis hingegen neigt bis heute stark dazu – wieder unter Anwendung der Rechtsanschauung des *Kommunistischen Manifests* –, das Recht im Besitz der Macht und im Interesse ihrer Ziele zu einem beliebig formenden und anwendbaren Mittel zu reduzieren und zu vergessen, daß man mit einem Federstrich nur Texte proklamieren und damit hierarchische Organisationen bewegen kann, aber keine rechtliche *Kultur* und noch weniger aus den relativen Autonomien und der Würde der rechtlichen Vermittlung entstammende *zusätzliche* Vorteile – den eigentlichen Sinn und Zivilisationswert der Rechtsordnung – gewinnen kann.

Da ‚Rechtskultur" keine Worthülse ist und auch die Kritik rechtlicher Zustände einschließt, können sich in unseren gegenwärtigen Rechtssystemen die nackte Tatsache der Erlassung positivrechtlicher Texte und die Frage, wie weit dies eine Rechtskultur bildet (wie weit das Recht einen Filter einbaut, der zu einer nicht nur im Namen und Interesse der herrschenden Macht berufenen und erzwungenen, sondern zu einer wahrhaft gesellschaftlichen Institution aufsteigend den Rahmen bestimmt, Maßstäbe setzt und vermittelt) weitgehend voneinander scheiden. Die „Rechtskultur" umfaßt gleichzeitig nicht nur praktische Faktoren, die soziologischen Elemente des Rechts, sondern – als eine eigene Kultur eines spezifischen Teilgebietes – verweist auch unmittelbar auf eine allgemeine politische (usw.) Kultur der Gesellschaft. Es ist sehr wichtig, sich vor Augen zu halten, daß „Rechtskultur" an und für sich aus dem Text des positiven Rechts *nicht* folgt. Sie *kann* sich darauf stützen, *muß* sich mit ihm in einer Argumentationsbeziehung entwikkeln; aber der Text allein ist nur eine *Objektivation*: ein nicht zulänglicher Grund, höchstens die Voraussetzung der Kultur eines eigenen Bereichs. Wie wir bereits gesehen haben, setzt das Weltbild des modernen formalen Rechts das geltende Recht als Text in den Mittelpunkt und sieht in allem anderen nur ein davon ausgehendes Derivat, es macht das Recht selbst wehrlos. Wehrlos steht es nicht nur der menschenverachtenden inhaltlichen Entartung des Rechts, sondern – wegen des übertriebenen Vertrauens in den Text – auch der inhaltlichen Entleerung, der Anpreisung als Wundermittel, der Auffassung als ein beliebig formbares Mittel – gegenüber.

Wir wissen schon heute (unsere rechtssoziologische und rechtstheoretische Literatur mußte es wiederholt formulieren), daß das Recht – kurzfristig – wirklich mit beliebigem Inhalt, zu beliebigen Zielen verwendbar ist; aber die Konsequenzen werden nicht mehr beliebige sein. Die Konsequenzen dieses Mißbrauchs treten namentlich früher oder später – langfristig – auf manchen Rechtsgebieten ein. Sie werden zu einem Verfall des Rechts, des juristischen Berufs und der rechtlichen Kultur führen. Der gesamte Aufbau des Rechts wird zu einem Spielball der Machthaber; eine moralische Nihilisierung, ein absoluter gesellschaftlicher Mißkredit, der sich auf Vergangenheit, Gegenwart und Zukunft erstreckt, wird sich einstellen. In der Fachliteratur wird dies also formuliert: *Das heutige Recht hat hic et nunc einen gesellschaftlich optimalen Inhalt und eine ebensolche Anwendung* (von unserem Blickwinkel aus ist es gleichgültig, ob wir es als ein Naturrecht, eine innere Moralität oder einfach als eine technische Grundregel des praktischen Rechtsgebrauchs beschreiben); die *Rechtskultur* ist nichts anderes als gerade *jene aktive Sphäre, in der die Ausgestaltung und Verwendung dieses Inhalts im Rahmen der Optimalität erfolgt.*

Es ist also höchste Zeit, daß – nach vielversprechenden Initiativen – die Forschung, die die Rechtskultur in den Mittelpunkt stellt, auch in Ungarn eingeleitet wird. Im Falle eines erfolgreichen und konsequenten Überdenkens der Problematik könnte unser gesamtes Denken über das Recht in vielen Punkten in Frage gestellt und sogar auf neue Wege geführt werden. Betrachten wir die wirkliche Fundierung, so übt die allgemeine *politische und Alltagskultur* der Gesellschaft gewiß auf die Gestaltung der Rechtskultur den bedeutendsten äußeren Einfluß aus. Gerade diese Kulturen – in der sich voneinander trennenden Entwicklung Österreichs und Ungarns nach dem Ersten und Zweiten Weltkrieg – weichen am markantesten voneinander ab; dies vor allem wegen der unterschiedlichen Geltung des geopolitisch gegebenen Kraftfeldes, weil im jeweiligen Kraftfeld die Rollen unterschiedlich verteilt wurden. Eine gemeinsame Forschungsarbeit in dieser Richtung wäre sehr wünschenswert, ihr Ergebnis würde vor allem unser politisches und rechtssoziologisches Wissen bereichern. Wenn wir im Bereich der Rechts- und Gesellschaftsphilosophie bleiben, können wir vielleicht gerade von der im Einvernehmen mit Professor Ota Weinberger und den anderen beteiligten österreichischen und ungarischen Kollegen beschlossenen Thematik, der Untersuchung der *Rechtskultur und der Denkkultur* in ihrem komplexen System, den größten Profit erwarten. Auf diesem Gebiet ist auch der Gegenstand abstrakter; gleichzeitig bieten die in den beiden Ländern vorhandenen Gemeinsamkeiten, der politische, rechtliche und kulturelle Einfluß, vorzügliche Themen für eine Analyse. Das Ziel der Veranstaltungen der Internationalen Vereinigung für Rechts- und Sozialphilosophie war natürlich nicht die Vorbereitung einer kollektiven Monographie, eine prinzipielle oder methodologische Nivellierung der unterschiedlichen Annäherungsweisen der einzelnen Denker, sondern gerade die Anregung und Konfrontation unterschiedlicher Gedanken, Problemstellungen, individueller Fragen und Antworten sowie aus ihrer Besprechung die Gewinnung komplexer, nuancierter Problemwahrnehmungen und Lösungsvorschläge.

Gegenwärtig erlebt der Gedanke der Reinen Rechtslehre von Hans Kelsen und allgemein die *Bestrebung, die auf die gedanklich-logische Rekonstruktion der Ideologie des modernen formalen Rechts und seiner institutionellen Einrichtung abzielt*, eine Renaissance; dies ist gewiß kein Zufall. In den anglo-amerikanischen Rechtssystemen, in den Ländern Westeuropas und sogar in den als sozialistisch bezeichneten Rechtssystemen ist teilweise aus den gleichen Gründen, teilweise aus unterschiedlichen Gründen das Dilemma der Überwindung, konzeptionellen Modifizierung oder umgekehrt der konservierenden Weiterentwicklung der modernen formalrechtlichen Tradition zur Frage der Fragen geworden. Gemeinsame Gründe hiefür sind das Regelungsbedürfnis, das aufgrund der jüngsten industriellen Revolution entstanden ist, und die Disfunktion einer überregulierenden Einmischung auf manchen Gebieten. Ein anderer Grund liegt in Osteuropa in dem Bedürfnis, sich von den Zwängen zu befreien, die auf das stalinistische Modell und auf die Wischinskische Formulierung zurückzuführen sind. So bedarf es vor allem einer Klärung der Grundlagen und der Ausgangspunkte. Das attraktivste und fruchtbarste Produkt der Rechtswissenschaft des letzten Jahrhunderts (die Rechtssoziologie, Rechtsanthropologie, rechtliche Axiologie) wirkt aber gerade dieser Tradition entgegen. Es bedient sich einer Annäherungsweise, die das als Recht bezeichnete System der Regeln höchstens einen Untersuchungsgegenstand unter anderen, undifferenzierbar ähnlichen Regelsystemen bildet, die aber bei weitem nicht kritisch ist Obwohl Theorien auch in diesen Forschungsrichtungen entstanden sind, war das Ergebnis letzten Endes doch die *Spaltung der Rechtswissenschaften.*

Das Überdenken der Grundfragen des Rechts in begrifflichen Zusammenhängen und aus dem Blickpunkt der rechtlichen Kultur kann nach meiner Meinung zur Schaffung einer neuen Einheit, einer gedanklichen Synthese beitragen. Das Recht wird so ab ovo als ein *gemeinsames gesellschaftliches Unternehmen* formuliert, in dem man von der konkreten zweckdienlichen Funktion nicht mehr abstrahieren kann, während dessen die formale – das Anforderungssystem befriedigende – *Methode* nach wie vor ein unverzichtbarer begrifflicher Faktor ist. Die rechtliche Kultur hat auf diese Weise gewisse Chancen, organisierender Grundbegriff der tief fundierten modernen Bestrebungen zu sein, die im Recht – als systemtheoretische Annäherung oder partielle Erklärung – die selbstorganisierende Wirkung, den Prozeßcharakter, die gesellschaftliche Entfaltung als argumentativer Diskurs, die kommunikative Selbstverstärkung, den Fortschritt und die Reproduktion, d.h. den Charakter des *Rechts, eine als Ergebnis einer eigenen Prozeduralität spezifisch objektivierte gesellschaftliche Handlung zu sein*, betont wird.

RECHTSKULTUR – POLITISCHE KULTUR

László Boros

Der Begriff, die Position und die Rolle der Kultur in der Gesellschaft ist ein altes theoretisch-philosophisches Problem.[1] In der modernen Gesellschaft wurde diese komplizierte Frage durch die Isolation der relativ selbständigen Subsysteme zunehmend kompliziert.[2] So wurden in den letzten Jahrzehnten die verschiedenen Segmente der Kultur zu wichtigsten Forschungsthemen von Untersuchungen und Analysen. Dies gilt auch für die rechtliche und politische Kultur. Hier seien einige Gedanken zur Frage des Verhältnisses zweier Kultursphären dargelegt.

Die *Rechtskultur* ist vom Standpunkt der Geschichtsphilosophie einerseits eine gesellschaftliche ideelle Objektivation, andererseits ein wichtiges Element des Systems der Verhaltenslenkung des Individuums, des Subjekts. Sie ist also auf der gesellschaftlichen Ebene ein objektives, äußeres ideelles System, in das die Subjekte der Geschichte hineingeboren sind. Auf der individuellen Ebene aber ist die Rechtskultur ein organischer Teil des einheitlich funktionierenden menschlichen Bewußtseins. Dieser Teil läßt sich für eine konkrete Person selbst mittels einer psychologisch-soziologischen Angangsweise nur relativ schwer abgrenzen.

Begrifflich ist auch die *politische Kultur* durch gleiches Wesen und gleiche Dualität wie die Rechtskultur charakterisiert. *Inhaltlich* jedoch sind diese zwei Erscheinungen von ganz anderer Natur, ja sie entstehen in extrem verschiedenen Subsystemen der Gesellschaft und wirken im Rahmen dieser Mechanismen. Ihre Schicksale sind auf diese Weise vor allem an diese Systeme gebunden.

Die Rechtskultur wurde bis heute zu einem komplexen Begriff entwickelt. Das bedeutet auf der Ebene der gesellschaftlichen Objektivation zugleich eine soziale Sensibilität und eine normative Fähigkeit, ein synthetisiertes Denken und einen situativen Pragmatismus, eine historische Anschauung und eine soziologische Situativität, und auf individueller Ebene eine Absicht der Zurückhaltung gegenüber dem Recht als einem normativen und institutionellen System von Tätigkeiten, Bewußtseinsinhalten und Einstellungen. Die Rechtskultur einer Gesellschaft ist ein wichtiger Einflußfaktor im Prozeß der Verhaltenslenkung, weil sie tiefreichende historische Wurzeln hat. Die Unterschiede in der Rechtsentwicklung, die ihren Grund in den abweichenden Schicksalen der verschiedenen geographischen Regionen haben,

1 Der ungarische Philosoph István Hermann schrieb schon 1971 über dieses Problem: „Wenn wir die Theorie der Industriegesellschaft aufrechterhalten, ist die Rede von einem fatalen und unabwendbaren Prozeß: die Entwicklung bringt die Spaltung der Kultur mit sich." István *Hermann*, A szfinx rejtvénye (Das Rätsel der Sphynx). Budapest 1973, 443.

2 Vgl. dazu Talcott *Parsons*, Zur Theorie sozialer Systeme. (Hrsg. v. Stefan Jensen). Opladen 1976, 140 f.

gliedern heute die Rechtskultur der einzelnen Länder und Kulturkreise in viele verschiedene Typen.

Mit diesem Problem kommen wir zugleich zu dem Punkt, wo die politische Kultur und Rechtskultur am engsten ineinandergreifen. Die politische Kultur ist vor allem ein System des gegenseitigen Verhaltens politischer Institutionen und der von ihnen geleiteten oder beeinflußten Menschen (Staatsbürger, Untertanen), wozu noch die ideellen Objektivationen (hauptsächlich die verschiedenen politischen Ideologien einer gegebenen Gesellschaft) gehören.

Einer der prominentesten ungarischen Theoretiker der politischen Wissenschaft betont, daß die politische Kultur „der Rahmen der *politischen Einstellungen der Gruppenqualitäten* und der historisch ausgebildeten und konditionierten Reaktionsfertigkeiten"[3] ist, während ein anderer führender ungarischer Politologe sie so definiert: „Wir meinen, daß die politische Kultur aus in den Gruppenformationen entstandenen Bewußtseinselementen und Objektivationen entsteht, die in Verbindung mit den politischen Tätigkeiten funktionieren."[4] Auch diese Versuche, den Begriff zu definieren, zeigen, daß hier nicht nur die Rede von einer flexiblen, sondern auch von einer ausdrücklich formbaren gesellschaftlichen Erscheinung ist.[5] Doch müssen wir sie erforschen, weil auch komplizierte Prozesse *langfristig* einen wirksamen Einfluß auf die Gesellschaft haben können, wo diese Effekte langsam, mittels Kompromissen einen *Charakter* erhalten, den man begreifen kann.

Diese Zusammenhänge sind bei der Rechtskultur, deren Wurzeln tiefergehend sind, noch deutlicher. Die wesentlichen Eigenheiten der verschiedenen rechtlichen Kulturkreise sind historisch bedingt und nicht so formbar wie die ihnen ähnlichen

3 Czaba *Gombár*, Politika cimszavakban (Politik in Schlagworten). Budapest 1980, 169.

4 Mihály *Bihari*, Politikai rendszer és szocialista demokrácia (Politisches System und sozialistische Demokratie). Budapest 1985, 90 f.

5 Über die anderen Seiten des Problems in Ungarn vgl. György *Szretykó*, A politikai kultúra mint a polgári és a szocialista társadalom politikai rendszerének eleme (Die politische Kultur als ein Element des politischen Systems der kapitalistischen und sozialistischen Gesellschaft). In: Politikatudományi tanulmányok (Politikwissenschaftliche Studien). Budapest 1982, 111–122.

Ein sehr wichtiges Werk aus der sozialistischen Fachliteratur ist die Studie von Jerzy J. *Wiatr*, A politikai viszonyok szociológiája (Die Soziologie der politischen Verhältnisse). Budapest 1980, 242–253.

Aus der schier unübersehbaren Literatur der entwickelten Länder hebe ich folgende Studien heraus: D. *Berg-Schlosser*, Politische Kultur. Eine neue Dimension politikwissenschaftlicher Analyse. München 1972, G. A. *Almond*/S. *Verba*, The Civic Culture: Political Attitudes and Democracy in Five Nations. Princeton University Press 1963; L. *Pye*/S. *Verba*, Political Culture and Political Development. Princeton University Press 1965; C. P. *Conradt*, West-Germany: A Remade Political Culture? Comparative Political Studies 7/1974, 222–238; L. *Dittmer*, Political Culture and Political Symbolism: Toward a Theoretical Synthesis. World Politics 29/1977, 552–583; A. *Görlitz*, Handlexikon zur Politikwissenschaft. München 1970; M. *Greiffenhagen*/S. *Greiffenhagen*, Ein schwieriges Vaterland. Zur politischen Kultur Deutschlands. München 1979; G. *Heinrich*, Politische Sozialisation, politische Kultur und Systemtheorie. Österr. Zeitschrift f. Politikwissenschaft 1/1971, 23–32; D. *Kavaragh*, Political Culture. London and Basingstoke 1972; B. M. *Richardson*, The Political Culture of Japan. Berkeley 1974; W. A. *Rosenbaum*, Political Culture. New Jersey 1975.

Elemente der politischen Sphäre. Die komplizierten inneren Relationen der heutigen konkreten Formen der Rechtskultur verdanken sich den sich ständig wandelnden soziologischen Bedingungen.

Heute wirken zahlreiche unaufhaltsame Tendenzen den traditionellen Wurzeln der Rechtskultur entgegen. Es läßt sich vor allem dreierlei hervorheben:

1) Der Zerfall stabiler struktureller gesellschaftlicher Elemente und deren Auflösung in Form der *zirkularen Mobilität*,

2) die Umwertung der *Regionalität und Lokalität* auf mehreren Ebenen und in mehrere Richtungen, dies sowohl im Alltagsleben als auch in der Politik,

3) die verschiedenen thematischen Bestrebungen in Richtung einer *internationalen Regelung* multinationaler Beziehungen – diese Tendenzen zielen auf die Ausprägung des Bewußtseins einer Normativität, das über die nationalen und regionalen Rechtstraditionen, über die bisherige Rechtskultur hinausgeht.

Diese drei Prozesse schaffen ebenso Berührungs- wie Reibungsflächen für die Rechtskultur und die politische Kultur. So haben wir eine gute Chance, die Relation zwischen diesen Bereichen der Kultur neu zu bewerten.

ad 1) Heute vollziehen sich strukturelle Veränderungen auf den auf verschiedenen Ebenen entwickelten Dimensionen der Welt. Große strukturelle Umschichtungen lassen sich bei verschiedenen Arten von Ländern beobachten, und zwar bei den am höchsten entwickelten Ländern, die die Wiege des Aufschwungs der Mikroelektronik und Informatik waren, wie auch in weniger entwickelten Ländern, die jetzt im Nachteil sind und sich bemühen, diesen wettzumachen. Dies gilt umso mehr für die Entwicklungsländer, die heute aus ihrer benachteiligten Lage herauszukommen versuchen. Dieser Strukturwandel ist durch die wirtschaftlichen Prozesse der Gesellschaft bedingt, wirkt sich jedoch auch auf der politischen Ebene aus.

In der politischen Kultur der *entwickelten* Länder veränderte und ändert sich auch jetzt die Lage großer gesellschaftlicher Gruppen ständig gerade auf einem zentralen Gebiet: in der politischen Kommunikation. Die alltägliche politische Kultur wird aber durch die Abwanderung der Beschäftigten aus den traditionellen Sektoren der Wirtschaft und durch die Erhöhung des Qualifikationsniveaus der Arbeitnehmer in der Spitzentechnologie umformiert. Die politischen Eliten nehmen diese sich jetzt entfaltenden Tendenzen nur ungern zur Kenntnis. Die Forschungen legen Rechenschaft ab über eine starke Organisationsfeindlichkeit Jugendlicher und einen Vorstoß der postmaterialistischen Werte. Wir können die alltägliche politische Kultur als einen Prozeß kennzeichnen, der zunehmend intellektueller wird; diese Lage begünstigt in keiner Weise extreme politische Kräfte, sondern jene, die kompromißbereit sind, und auch neue Bewegungen (alternative, vielleicht auch die Grünen) haben gewisse Chancen. So kommt es zu einigen inhaltlichen Veränderungen, die durch die strukturellen Wandlungen in traditionellen formellen Rahmen der entwickelten bürgerlichen Demokratie ins Leben gerufen werden.

Dieser Prozeß spiegelt sich indirekt in der rechtlichen Kultur wider. Einzelne konventionelle rechtliche Netze zerreißen und auch die rechtliche Kultur verändert sich langsam durch den ständigen Wechsel des Verhältnisses zum Recht und des Rechtsbewußtseins. Der Widerspruch zwischen dem *allgemeinen* staatsbürgerlichen

Vertrauen in das Recht und dem Mißtrauen zu *konkreten* rechtlichen Institutionen, nimmt nicht ab. Dagegen erhöht sich die theoretische Zurückhaltung gegenüber dem Ganzen des rechtlichen Mechanismus und die Forderung nach lokaler Lösung der Konflikte verstärkt sich.

Auch in den *weniger entwickelten* Ländern kann man einen strukturellen Wandel feststellen. Dieser geht mit dem Erscheinen verschiedener Übergangsstadien einher. Arbeiter mit bäuerlichem Ursprung, Intellektuelle, die in der Arbeiterschaft oder der Beamtenschaft wurzeln, aber auch Arbeiter, die aus Intelligenzkreisen stammen sind keine Seltenheit, sondern sind vielmehr in diesen Ländern überrepräsentiert. Die wichtigste Konsequenz dieser gesellschaftlichen Situation ist die Auflösung politischer und rechtlicher kultureller Traditionen, die zu diesen Wurzeln gehören. Obendrein kommen wesentlich neue Einstellungsweisen, die alte ersetzen, nur bei kleinen Gruppen vor. Auch hier erstarkt eher die Zurückhaltung gegenüber beiden Objektivationssystemen wie auch die Organisationsfeindlichkeit. Gleichzeitig ist auch die politische kulturelle Basis der wichtigsten Institutionen in diesen Ländern widersprüchlicher und komplizierter. Die hier wirkenden Machtstrukturen sind zentralisierter als in den entwickelten Ländern, und es ist sehr schwierig zu prognostizieren, ob diese Strukturen in Konfliktsituationen flexibler oder noch starrer werden. So werden jedoch die Traditionen der Rechtskultur eine größere Rolle spielen. Anscheinend kann man den Gegensatz zwischen der politischen Transformation des Strukturwandels und den Traditionen der Rechtskultur nicht versöhnen, aber auf dieser gesellschaftlichen Entwicklungsstufe ist die Lösung in der Humanisierung des politischen Prozesses zu sehen.

In den *Entwicklungsländern* beruhen die strukturellen Veränderungen teils auf demographischen Faktoren, teils auf Modernisierungsstreben; ihre Folgen jedoch sind vielfältig. Hier spielen die rechtlichen und politischen Traditionen, die meist in der Religion gründen, im Ablauf des Wandels die größte Rolle. Deshalb hängt der Erfolg der Modernisierungsbestrebungen in großem Maße von der politischen Kultur des Systems der Institutionen und der Machteliten ab. Im allgemeinen ist ein rechtliches System sehr effektiv, das auf einer Rechtskultur aufbaut, die einen tiefverwurzelten religiösen Charakter hat. Ein europäisch-amerikanischer Typus der Rechtskultur, der kompliziert und dauernden Veränderungen unterworfen ist und der von der Schriftlichkeit beherrscht wird, strebt vergeblich nach Verbreitung in und Akzeptierung durch das Volk. Gleichzeitig kann man zum Beispiel im Rahmen der Normativität der rechtlichen Ideologie des Koran in der täglichen Rechtskultur eine Stabilität erreichen, die auch von der großen Volksmasse getragen wird. Wenn die herrschenden Eliten in irgendwelchen dieser Länder eine entsprechende politische Kultur haben, können sie eine spezielle Modernisierung auf dem religiösen Bewußtsein der Menschen aufbauen.

ad 2) Die Neubewertung von Regionalität und Lokalität hängt mit diesen Strukturänderungen indirekt zusammen. Die traditionelle Geschlossenheit geographischer und regionaler Einheiten zerfiel oder zerfällt überall auf der Welt. Aber dieser Prozeß mindert die Rolle der *Lokalität* nicht, sondern erhöht sie (natürlich mit einem anders bewerteten Inhalt) bei der Bildung der politischen und rechtlichen

Kultur. Aber diese Lokalität hat keinen emotionalen Grund, sondern sie ist eine funktionelle Erscheinung. Diese Funktionalität stellt die wirklichen Probleme in den Mittelpunkt der Tätigkeit, aber die Werte und die Emotionen spielen in der Gestaltung der lokalen politischen und rechtlichen Eigenarten eine große Rolle. Auf diesem Gebiet können die wichtigsten strukturellen Wirkungen mit den Kommunikationsmöglichkeiten der neuen Technik, mit der Organisationsfeindlichkeit, den postmaterialistischen Werten, dem Umweltschutz, der alternativen Gesinnung, aber auch mit der an Boden gewinnenden konservativ-neoliberalen politischen Kultur zusammentreffen. Diese Wandlung vollzieht sich langsam, jedoch unaufhaltsam. Ihre Wirkung auf die Rechtskultur – so scheint es – wird im Verlauf immer bedeutender. Eine solche politische Kultur anerkennt nämlich nicht die Rolle des fernen, fremden Staates, sondern die Funktion der lokalen Gemeinschaft bei der rechtlichen Regelung der alltäglichen Lebensverhältnisse. Diese Situation verlangt auch von der institutionellen Sphäre eine neue Strategie und eine andere Qualität der Rechtskultur.

ad 3) Die Fiktion einer einheitlichen Rechtskultur des Nationalstaates wird aus einer anderen Richtung durch die Multinationalität beschränkt. Die wichtigsten Elemente der wirtschaftlichen und politischen Prozesse überschreiten die Grenzen der Länder in vielen regionalen Beziehungen, zerstören aber diese Schranken nicht. Unabhängig davon gibt es aber tiefe Differenzen z.B. zwischen der französischen und englischen politischen Kultur oder – seit einem Jahrtausend – zwischen der angelsächsischen und kontinentalen Rechtskultur. Diese Eigenarten haften der Tätigkeit der Institutionen an und bleiben im Bewußtsein der Staatsbürger. Doch in beiden Bereichen wächst die Multinationalität immer stärker. Der Schutz, den das Recht bieten kann, wird von den Ländern sowohl in ihren Beziehungen zueinander als über sie beansprucht, weil so das Risiko vermindert wird. Die Staaten erhalten diesen Schutz auch wirklich in neuer rechtlicher Qualität.

Aber die Beziehungen zwischen der politischen Kultur einerseits und der rechtlichen Kultur andererseits sind in diesem Bereich stellenweise noch ausgesprochen feindlich. Es lassen sich formal Regeln auf der Grundlage der Gleichberechtigung und der Souveränität schaffen, die international und supranational funktionieren; zivilrechtlich kann man nur Lösungen finden, die die Gleichordnung beachten und die auf der Vertragsfreiheit basieren. Die rechtliche Tätigkeit schreitet auf diesem Weg fort. Aber die politische Kultur unterliegt der Logik der Großmachtpolitik und dem monopolitistischen Druck der multinationalen Weltfirmen als organische Teile dieses Prozesses, als auch der knebelnden Kraft der politischen Bündnissysteme. Die Rechtskultur demokratischer Beziehungen hat ihren Raum nur in konsolidierten Beziehungen. Aber deren Ausweitung ist begrenzt und vorübergehend.

Das Verhältnis der politischen und rechtlichen Kultur zueinander ist also in der heutigen Welt sehr kompliziert, aber diese Relation spielt eine überaus wichtige Rolle in den gesellschaftlichen Wandlungen. Darum wäre es sehr wichtig, eine vergleichende internationale theoretische Untersuchung intensiv und wirksam durchzuführen.

TOLERANZ*

Zur kognitiven Grundlegung demokratischer Rechtskulturen

Michael W. Fischer

Problemaufriß

Von *Jean-Jacques Rousseau*, dem bedeutenden Aufklärer des 18. Jahrhunderts, ist folgender Satz aus einem Streitgespräch überliefert: „Ich bin zwar nicht Ihrer Meinung, aber ich werde mich mit meinem Leben dafür einsetzen, daß Sie diese stets frei äußern dürfen." Ich möchte im folgenden diesen Satz als *Leitmotiv* wählen, denn er führt in das Zentrum unseres Problemkreises.

Wer diesen Satz nicht bloß äußert, sondern auch danach lebt, muß ein *tolerantes Bewußtsein* haben. Er impliziert: Konkurrenz der Ideen, – ja sogar streitbarer Konkurrenz wird gegenüber Scheinharmonisierungen der Vorzug gegeben; dies erfordert wiederum den Grundsatz gegenseitiger gesellschaftlicher Rücksichtnahme, der politischen Gleichberechtigung und ein umfassendes Diskriminierungsverbot.

Eine solche Toleranz ist eigentlich das tragende Prinzip aller *Gewissens-*, *Religions-* und *Meinungsfreiheit* in einem pluralistischen Gemeinwesen und macht auch gleichzeitig die Kehrseite solcher Freiheiten deutlich. Denn man muß die Rechte, die man für sich fordert, auch *anderen* zugestehen, und zwar insoweit, daß der Bestand sowohl des eigenen als auch des fremden Rechtes gesichert ist. All dies können wir bereits aus dem schlichten Satz Rousseaus ableiten.

Die gebotene Kürze erlaubt es mir nicht, auf die faszinierende Entwicklungsgeschichte des Toleranzdenkens einzugehen. Nur das Notwendigste will ich fragmentarisch andeuten, um meine eigene Perspektive darstellen zu können.

Kurzgeschichte der Vernunftdogmen

Was der Toleranz stets entgegenstand, war *jede* Art von *dogmatischer Vernunft*, sei sie nun religiös oder wissenschaftlich begründet. Die Ideengeschichte gibt hinlänglich Auskunft über den Despotismus der Vernunft: Selbst René *Descartes'* „Demokratie der Ideen", für die sich ja auch *Rousseau* einsetzte, verlangte den fatalen Zusatz, daß „die richtige Anwendung der Vernunft Voraussetzung sei". Doch

* Zum aktuellen Hintergrund vgl. Johannes *Neumann*/Michael W. *Fischer* (Hrsg.), Toleranz und Repression. Zur Lage religiöser Minderheiten in modernen Gesellschaften. Frankfurt/M. New York 1987. Die folgenden Ausführungen sind umfassend dargestellt und belegt im Vorwort der Herausgeber (S. 7–14) sowie in meinem Beitrag „Toleranz, Ein Rekonstruktionsversuch ihrer kognitiven Bedingungen."

wer verfügt darüber? Als Folge entstanden politische Theorien, die den absoluten Alleinbesitz der Vernunft vorgaben, und glaubten, auf alle Fragen nach unserem gesellschaftlichen, wissenschaftlichen und sonstigen Woher und Wohin Antwort geben zu können. Vernunft galt dann nur als das eine oder andere Verfahren, Wahrheit und Unwahrheit vermeintlich „wissenschaftlich" zu unterscheiden und im Bereich des Sozialen und Politischen zu exekutieren.

Die Parteigänger der Vernunft, „weltgeschichtlich von der Vernunft ausersehen" – wie es in linken und in rechten *Totalitarismen* hieß –, hatten da nur allzu leicht ideologisch scheinbar jedes Recht auf ihre Seite gebracht. Man war in der Lage, durch die „Unvernunftserklärung" des Gegners diesen zum *Menschenfeind* zu stempeln. Sozialphilosophie und politische Geschichte zeigen, daß der Glaube – es gebe nur eine wahrhafte Ordnung und der richtige Gebrauch der Vernunft müsse untrüglich und unentrinnbar zu ihr hinführen – *mörderische Aggressivität* entfesseln kann.

Es ist eine crux weltanschaulicher Theoriesysteme, daß eben bloß theoretisch unterschieden werden kann zwischen abstrakten Ideen und deren konkreten Trägern, den Menschen. Daher ist es in allen Denksystemen, die eine *absolute Wahrheit* zu verteidigen glaubten, immer wieder zur Verfolgung Andersdenkender gekommen, bis hin zur physischen Vernichtung: zum Mord im Namen einer Wahrheit, eines Gottes, ja sogar der Liebe.

Der „erkennende" Mensch: Wolf oder Lamm?

Meine Arbeiten zur Theorie der Aufklärung und des Fortschritts, über Rationalitätskonstruktionen und deren Umsetzungsversuche in die politische Praxis ließen mich zu der Überzeugung kommen, daß stets dort Gefahr droht, wo es um eine letzte, ja *allerletzte Wahrheit* geht. In der radikalen Gesinnung einer idealistisch-absoluten Überzeugung wird jede menschliche Friedensfähigkeit zerstört. Es gibt nur eine tödliche Alternative – *Freund* oder *Feind*. Die eigene Meinung wird für die einzig mögliche gehalten und damit jeder andere Standpunkt als unmoralisch disqualifiziert.

Der Aggressionsforscher Friedrich *Hacker* erläutert in diesem Zusammenhang: „Die moderne Antwort auf die alte Frage, ob der Mensch eher dem Wolf oder dem Lamm gleiche, lautet, daß er in seinem Verhalten umso wahrscheinlicher dem reißenden Raubtier ähnelt, je mehr er sich als nichtaggressives, unschuldiges Opfer verkennt, das heißt, soferne er alle Aggressionen verdrängt und verleugnet. Was der Selbstbehauptung, der Selbstverteidigung und der Bewahrung der eigenen höchsten Werte zu dienen scheint, wird nicht mehr als Aggression, sondern als natürliche Notwendigkeit empfunden."

Das Bewußtsein, die Avantgarde totaler Menschlichkeit zu verkörpern, ist oft der Brennpunkt eines mörderischen, gnadenlosen „Humanismus", der die Tötungspotentiale des absoluten Denkens freisetzt. Der Mechanismus ist dabei folgender: Man braucht wohlbegründete, heilsabsolute *Ziele* einerseits und ein fanatisch *gutes*

Gewissen andererseits, das am Recht seiner Sache nicht zweifelt. Es ist genau die Pathologie eine solchen Denkens, die *Saint Just* während der Französischen Revolution sagen läßt: „Man muß gelassen einherschreiten in Blut und Tränen", der gerechten Sache wegen.

Einige weitere Illustrationen dazu: Sergej Gennadiewitsch *Netschajew*, der das unmittelbare und aktuelle Vorbild für den Terroristen und Nihilisten Pjotr *Werchowjenski* in *Dostojewskis* „Dämonen" war, schrieb 1871: Der zentrale „Zweck" ist „die vollständige Emanzipation des Glücks des Volkes". Aber „von der Überzeugung ausgehend, daß diese Emanzipation und dieses Glück nur durch eine Volksrevolution, die alles zerstört, erreicht werden kann," muß man „alle Mittel und Kräfte anwenden, um die Übel und Leiden zu erhöhen und zu vermehren, die endlich die Geduld des Volkes zerreißen und einen Massenaufstand entfachen werden".

Ganz ähnlich heißt es in einer Erklärung der Vorläuferorganisation des *KGB*, des Komitees für Staatssicherheit: „Unser ist ein neuer Moralkodex. Unsere Humanität ist absolut: Denn sie gründet sich auf das glorreiche Ideal der Beseitigung der Tyrannei und Unterdrückung. Uns ist alles erlaubt! Denn wir sind die ersten in der Welt, die das Schwert nicht ziehen, um zu unterdrücken, zu versklaven, sondern im Namen der Freiheit und zur Abschaffung der Sklaverei". Der *politische Terror* der Gegenwart argumentiert ja nicht anders.

Ängste in der offenen Gesellschaft

Alexander *Mitscherlich* macht auf eine wesentliche Komponente aufmerksam, wenn er nachweist, daß es gar kein *naturhaft* tolerantes Verhalten gibt: Vielmehr beinhaltet die Toleranz stets eine *Angstüberwindung* und setzt insofern zumindest individuellen Mut voraus. Das heißt aber dann auch: Toleranz als mögliche Lebensform einer Gemeinschaft reicht genauso weit wie sich die kritischen Fähigkeiten des Individuums und einer Kultur entfalten können und dürfen. Toleranz ist nicht bloß ein Produkt individueller und kollektiver Erfahrung, sondern vor allem das Ergebnis eines *konkreten sozialen Prozesses* in einer konkreten Gesellschaft.

Toleranz ist erst möglich und nötig in einer „offenen", *wertmäßig pluralen Gesellschaft*. Geschlossene und totalitäre Gesellschaften kennen und brauchen keine Toleranz. Hier hat jeder Mensch seine funktionale Position, unterliegt einem freundbestimmten Normensystem und muß die verordneten Wertvorstellungen teilen. Wer aus einem solchen geschlossenen Gesellschaftssystem ausbricht, richtet sich gleichsam selbst. Denn Toleranz gegen Abweichler gibt es hier nicht. Toleranz hat sich insofern erst im Zuge komplexer werdender und differenterer gesellschaftlicher Situationen entwickeln müssen: Sie ist ein Produkt der *Zivilisation*, Ausdruck einer anfänglichen *Kulturleistung*.

Offene Gesellschaften sind dadurch gekennzeichnet, daß unterschiedliche und sogar konkurrierende Orientierungs- und Sinnsysteme nebeneinander leben müssen, öfters auch verschiedenartige ethische bzw. nationale Gruppen. Hier kommt dem

Problem der *Angstüberwindung* eine besondere Rolle zu. Denn die spezifischen Gruppeninteressen offener Gesellschaften sind höchst *anfällig* für reale oder eingebildete Gefühle der Gefährdung des eigenen Wohls oder der besonderen Interessen.

Jedes Individuum und jede Gruppe glaubt sich unter bestimmten Voraussetzungen von anderen, andersartigen Individuen oder Gruppen – so klein und in Wirklichkeit schwach sie auch sein mögen – *gefährdet.* Eine solche Angst kann sich bis zum *Wahn* steigern: zum Wahn des Verfolgtseins oder zur Suche, jeden Andersgearteten oder Andersdenkenden zu verfolgen und zu vernichten. Objekte solcher Wahnvorstellungen können *Minoritäten* jeglicher Genese sein: der Rasse, der Religion, der Nationalität, der Sprache, auch des Geschlechts und selbst des Lebensalters. Gewinnen solche Vorstellungen, die oft vorsätzlich geschürt werden, an Boden, *zerbricht* die Idee der Toleranz an der Realität der Diskriminierung und Intoleranz.

Gleichzeitig gilt es, ein anderes Problem zu bedenken, weil sich ohnehin *jedes* soziale System seine „*Außenseiter*" schafft. An dem abweichenden Verhalten wird das Wertgefüge der eigenen Normalität erkennbar und deutlich gemacht. Derartige marginalisierende Zuschreibungen haben eine ungemein entlastende Funktion, da sich die dominanten Gruppen einer Gesellschaft keine Rechenschaft darüber geben müssen, weshalb bestimmte Minderheiten im Rahmen eines politischen Systems überhaupt entstanden. Die *Diskriminierung* enthebt die Mehrheit von jeglicher Auseinandersetzung mit der von der Minorität ausgehenden vielleicht unangenehmen, weil die eigene Position vermindernden Anfrage. Insofern birgt also die Toleranz stets die Idee eines *qualifizierten Minderheitenschutzes* in sich.

Funktion und Grenzen der Toleranz

Freilich läßt sich auch die Toleranzidee immer nur mit *Vernunftargumenten* begründen. Vernunft heißt dann aber in einer solchen Auffassung zunächst jedermanns Vernunft, ein natürliches Vermögen und kein transzendentes überirdisches System von Regeln. Die Vernunft steht *nicht* außerhalb der sich stets ändernden Geschichte, in der sich jeweils die Menschen befinden. Außerhalb bestimmter Denkformen und kultureller Vorgegebenheiten können *keine* Regeln über die richtige Anwendung der Vernunft aufgestellt werden.

Die Vernunft ist eben *nicht* der allgegenwärtige Standard aller möglichen Traditionen, sondern sie ist jeweils an ganz bestimmte Traditionen gebunden und kann daher keineswegs als Schiedsrichter über andere Traditionen fungieren. Daher soll eine *offene Gesellschaft* – Toleranz gestattet ja keine Festlegung auf ein geschlossenes System – sicherstellen, daß alle Formen kultureller Prägungen *gleiche* Entfaltungsmöglichkeiten haben. Denn wenn solche Prägungen Vor- und Nachteile nur dann haben, wenn man sie vom Standpunkt anderer Traditionen aus betrachtet, dann ist die Wahl einer einzigen Tradition als Grundlage einer *freien* Gesellschaft ein *Akt der Willkür.*

Damit stößt aber auch ein von Toleranz getragenes Denken an eine quasi-dogmatische Grenze: Denn der bedingungslose Grundsatz, auch die, die intolerant sind, zu tolerieren, muß in einem offenen Konzept der Gesellschaft *Grenzen* haben, damit die Toleranz nicht vernichtet wird. Toleranz ist alles andere als ein schlaffes Sich-Fügen, als ein feiges Koexistieren, sondern eine *aktive Haltung*, die den anderen in seinem Rechte, anders zu sein, akzeptiert.

Die unabdingbare Grenze dieser Toleranz muß daher gegenüber allen Ideologien und Denktraditionen gezogen werden, die die eigene Kultur zerstören und die nicht gewillt sind, ihrerseits Toleranz zu üben. Die Akzeptanz anderen Verhaltens und anderer Meinung hat dort ihre definitive Grenze, wo die Toleranz im Prinzip *verneint* und die Aufrechterhaltung der eigenen kulturellen Identität *unmöglich* gemacht wird.

Andererseits gehört folgendes zum festen Bestand meiner Überzeugungen: Eine Gesellschaft, in der verschiedene Traditionen, verschiedene Denk- und Wissenssysteme tolerant Seite an Seite leben, hebt nicht bloß die Qualität der Traditionen, sie ermöglicht auch die persönliche Reife der Bürger. Relativismus und Toleranz sind insofern zentrale Instrumente zur Beförderung des Humanitätsideals, sie sind – historisch betrachtet – der *einzige Schutz* vor Totalitarismus und menschenvernichtendem Wahrheitsfanatismus.

Sokrates zum Beispiel

Hinter Toleranz, Relativismus oder (modern gesprochen) Falsifikationismus steht eine Überzeugung, die ich als „*sokratische Haltung*" apostrophieren möchte. Sokrates formulierte bekanntlich nach dem Zeugnis des *Platon* (Apologie 21 d), gleichsam in pragmatischem Selbstwiderspruch, den Satz: „*Ich weiß, daß ich nichts weiß*" und empfahl sich durch eben diese Aussage als Philosoph. Wir heute würden dann in einem Zeitalter leben, das zugleich das philosophischste und unphilosophischste ist. Noch nie zuvor wußten wir mit soviel guten Argumenten, daß wir nichts wissen und noch nie zuvor setzten wir uns so unbekümmert darüber hinweg. In der sokratischen Haltung scheint mir das *Paradigma* eines *aktuellen Toleranzbegriffs* zu liegen, und zwar aufgrund folgender Überlegung:

Brüche unserer Wissenschaftskultur

Will man ein von allem Schulenstreit unabhängiges Fazit aus der Entwicklung der *modernen Wissenschaftstheorie* ziehen, so muß es wohl lauten: Je genauer wir zusehen, umso kleiner und endlich völlig verschwindend wird der Bestand dessen, was wir in den einzelnen Wissenschaften wirklich „objektiv" wissen. Die Wissenschaft *weiß nichts*, sie *vermutet* und *glaubt vieles.* Zwischen Wissen und Glauben ist *keine* scharfe Grenze zu ziehen.

Wie steht es mit diesem unserem *wissenschaftlichen Wissen selbst*? Trifft es denn zu, daß dessen Grenzen unaufhaltsam in den Bereich früheren Nichtwissens vorgeschoben werden, der Metapher von der Ausfüllung der weißen Flecken auf der Landkarte entsprechend? Was wissen wir denn wirklich von dem elementaren Aufbau unserer Materie, was von dem Aufbau und von dem Informationstransfer der organischen Zellen? Nichts anderes als daß theoretische Annahmen und Zeigerausschläge bzw. höchst indirekt nachzuvollziehende chemische Reaktionen, in mathematische Aussageform gefaßt, einander nicht widersprechen.

Was wissen wir von den negativen *Folgen* und *Spätfolgen* unseres wissenschaftlichen Tuns? Das einzige, was wir mit relativer Bestimmtheit wissen, ist daß wir damals, als wir anfingen, in Anwendung unseres wissenschaftlichen Wissens unsere Ökosphäre, unser menschliches Zusammenleben, unsere Verhaltensformen und unser geistiges Leben zu verändern, *nichts* über solche Nebenfolgen wußten.

Und dennoch: Nie zuvor haben wir unser Nichtwissen in einem ähnlich starken Maße *ignoriert*. Noch immer sprechen wir, ohne auch nur einen Gedanken daran zu verschwenden, von dem „*wissenschaftlichen Fortschritt*", und wer diesen in nicht-akademischen, sondern politischen Zusammenhängen zu befragen wagt, gerät in Rechtfertigungszwang angesichts des gewaltigen technisch-wissenschaftlichen Beschleunigungsschubs, den die „kybernetische Revolution", die Mikroprozessorenumgestaltung der wissenschaftlich-technischen zivilisierten Welt uns gebracht hat.

Wir können aus unserem theoretischen Wissen sehr genau wissen, daß wir nichts wissen, aber unser technisch-praktisches Wissen und Können vereitelt, daß wir es wirklich wissen. Kriterium dieses technisch-praktischen Wissens ist der *Erfolg*, oder anders ausgedrückt: die Operationalisierbarkeit und Verwertbarkeit unseres theoretischen Wissens. Ist dies nicht Symptom einer kulturlos gewordenen blinden Betriebsamkeit? Die *sokratische Haltung* verdeutlicht dem gegenüber wohl dies: Es geht um die Pflichten, um die *ethische Verantwortung* unseres – in dieser Welt zumindest – *stets fehlbaren Wissens.* Denn die schreckliche Möglichkeit des Irrtums gehört zutiefst zum Wesen des Menschen.

Formale Demokratie

Vielleicht erklärt sich gerade daraus die starke *Anziehungskraft* dogmatisch-absoluten Denkens. Kompensatorisch wird hier der Abgrund des Unwissens mit der selbsterzeugten, moralisch gleichsam gepanzerten Gewißheit überdeckt. Die Absolutsetzung des eigenen Standpunkts spricht dem Andersdenkenden alle Legitimität seiner abweichenden Meinung ab.

Das bedeutet aber dann den Widerstand gegen alle Entscheidungen, die sich der eigenen Überzeugungsperspektive nicht fügen, letztlich die Aufkündigung jedes Friedens. Wenn eine heilsabsolute *Ethik des Rechthabens* in die menschliche Praxis eindringt, dann sprengt und zerstört man auch die *Friedensbedingungen* der *Demokratie*. Diese beruhen nun einmal darauf, daß „bloß formal" nach Mehrheiten oder Minderheiten entschieden wird und *nicht* vorab nach absolut gesetzten Inhalten und Anliegen.

Gewiß gibt es letzte Fragen des Glaubens und Gewissens, die *jeder* Mehrheitsentscheidung Grenzen ziehen. Doch gehört es zu den Kriterien einer freiheitlichen Ordnung, daß diese Grenzen respektiert werden. Der Christ wie der Nichtchrist, der Sozialist wie der Konservative, sie alle sollen die Ziele ihres Handelns von ihrem Glauben oder ihrer Weltanschauung aus bestimmen. Bloß bei der Umsetzung solcher Entscheidungen in politisches Handeln betritt man den Bereich der Ungewißheit über die Handlungsfolgen, den Bereich der *Möglichkeit des Irrtums.*

Man muß zumindest dies tun, will man noch im Konflikt miteinander auskommen und aufeinander hören: *Einander Irren und guten Willen* vorgeben. Unmenschlichkeit bricht stets dort aus, wo eine letzte, heilsabsolute Wahrheit zum Maßstab für die mitmenschliche Gesellschaft nicht bloß erhoben, sondern auch exekutiert wird.

Toleranz als Lebens- und Interpretationsmaxime

Doch auch Mehrheitsentscheidungen können brutal, menschenverachtend und voll diktatorischer Gewalt sein, wenn sie nicht die Rechte von Minderheiten, von Gruppen und Individuen mit abweichenden Wertvorstellungen und Verhaltensmaximen respektieren. *Freiheit* heißt ja zunächst, jedem Menschen seine individuelle Freiheit darüber zu belassen, wie er sich hinsichtlich seiner Wertvorstellungen orientieren und entscheiden will. *Toleranz* ist daher einerseits Gebot und andererseits notwendige Folge jedes demokratischen Denkens. Als individuelle Denk- und Lebensmaxime minimiert sie aggressive Propaganda und verbietet jede politisch-praktische Missionstätigkeit, die auf heilsabsolute Dominanz hinzielt.

Demokratie und freie Gesellschaft können nur bestehen, wenn die Existenz von *Minderheiten* als *selbstverständliches Recht* – und nicht nur als geduldete Ausnahme – gesichert ist. Daher ist es notwendig, daß sich die Idee und die Forderung nach Toleranz weiterentwickelt zur *gegenseitigen Akzeptanz*, zur Haltung des wechselseitigen und dauerhaften Anerkennens. Eine *demokratische Rechtskultur* muß in die von allen Rechtsgenossen prinzipiell bejahte Idee umfassender Toleranz und Akzeptanz eingebettet sein. Dies auch auf Grund folgender Überlegung:

Die wissenschaftliche Wahrheit hat sich im Lauf ihrer Geschichte bloß als der Irrtum erwiesen, der sich im Augenblick nicht widerlegen läßt. Gerade Quantentheorie und Thermodynamik verweisen den Menschen radikal wieder auf sich selbst: Er selbst erscheint als Produkt von Wahrscheinlichkeit und nur indem er sich auf diese bezieht, kommt er zu *relativ gültigen* Aussagen über die Welt. Und nur derjenige, dem sein eigenes Denken und Tun verteidigenswert erscheint, wird ein ernsthaftes Verständnis für die Lebenswelt und Gedanken anderer aufbringen. Menschenwürdiges Leben in den Gesellschaften von morgen wird wohl nur dann möglich sein, wenn gegenseitige Rücksichtnahme und Toleranz als *unverbrüchliche Orientierungen und Interpretationsmaximen* der geltenden Wirtschafts-, Sozial- und Rechtsordnung anerkannt sind. Vorzüglich für sämtliche Strukturprobleme demokratischer Systeme gilt: Toleranz ist unabdingbares Prinzip, anhand dessen zu deklinieren ist.

LAW AND SOCIAL CHANGE – THE CHANGE OF LAW

Kálmán Kulcsár

The problem of social change and law (including the change of law) is actually raised *as* a social problem – though it is always present in law – when the legal system (or, more precisely, its elements formally created for, or "charged" with law making) does not follow social changes (essentially it was in such a situation that the sociology of law was born), or when the deliberate utilization of law for societal purposes becomes a political practice. (The growth of the sociology of law is the consequence of such a situation in the European socialist countries.)

A basic characteristic of the second situation (which I am going to deal with in this paper) is that law as an *instrument* is used for the accomplishment of objectives beyond the legal system, therefore the demand for deliberate change is the *changing of social conditions*, and not of the legal system. Concerning the problem of law and social change interpreted in this manner the following questions may be formulated:

– Is the desired change possible at all? Each deliberate social change is backed by a multilayered, complex set of conditions spanning from the impact of historically evolved processes to political power, necessary to initiate and implement changes. Desired changes may be put off because the center has the power to decide on changes, but not to implement it. Consequently it happens frequently that law fails when the desired change is by itself illusory due to factors *beyond law*.

– Is the accomplishment of social change conceivable with legal means? It is in particular in the socialist countries and the so-called developing countries that the tendency of making use of law as a *substitute* instrument is missing, or because there is a tacit acceptance of the view according to which received law is capable to change society by introducing external legal patterns (David 1971: 44–45; Bryde 1976: 9 and infra, Seidman 1978: 34–36; Kulcsár 1983: 10–12).

– Which sphere of social relations is affected by the legal system in the interest of the desired social change and which elements of the system are utilized? The basic question is how far a social phenomenon can be regulated on the level of human *behaviour*, and how the specifities of the various branches of law assert themselves or fail in the regulation (Kulcsár 1977); what is the impact of the capacity of law creating roles and institutions of change (Seidman 1978: 17–18; Sajó 1983); and, finally, how far the ideological elements built into the political and legal system shape law (and its content) in relation to social changes (Kulcsár 1980a: 75–79)?

– How far does the legal system change in the process of its utilization for provoking social change? Naturally the change of some of its elements is more or less inevitable as – even if we know that the legal rules need not be necessarily changed textually in regard of the functional transformation of law itself (e.g. Renner 1949: 252–258, Kulcsár 1985) – the service of external aims by new legal regulations is usually accompanied by the textual change of the normative material. However, the legal system is not only a sum of norms but it has organizational components as well, and the textual change of norms and their utilization in the interest of social objectives may entail the change of the *nature* of a set of norms.

– Finally, how far is the legal system capable to endure without breaking the materialization of social change aimed at and the utilization of law as an instrument?

An answer to these questions goes beyond the limits of one single paper. Here I cannot undertake more than to outline the aspects of the change of law in the interest of social change and to draw some conclusions of the process of modernization of Hungarian society after World War II.

I.

In the past decades the role of law in relation to social change was characterized by an excessive reliance on the legal instrument. One source of this attitude was the historical specifity of the East Central European region with its backwardness in excessive trust in the possibilities of law. Another source was the traditional socialist conception of law, i.e. "socialist normativism" (as to its features Kulcsár 1984: 179–211), evolved from the late thirties onwards, and the corresponding political and economic centralization characterizing its development.

Examing the role of law in the recent four decades in Hungary we have to remember Judge Oliver Wendell Holmes, a late member of the US Supreme Court. In his work, published in 1881, he writes as follows: "The law embodies the story of a nation's development through many centuries, and it cannot be dealt with as if it contained only the axioms and corollaries of a book of mathematics. In order to know it is, we must know what it has been, and what it tends to become. But the most difficult labor will be to understand the combination of the ... new products at every stage. The substance of the law at any given time pretty nearly corresponds, as far as it goes, with what is then understood to be convenient; but its form and machinery, and the degree to which it is able to work out desired results depends very much upon its past." (Holmes 1881: 1–2)

This approach is obviously in contrast with the debate held in the period of Hungary's rapid social transformation in the early fifties on the constant elements of law. The participants were happy to arrive at conclusions which set the new law "free" of historical bonds and "wound up" the obstacles to its development. As a result, law became more "susceptible to change"; it could be more easily transformed, yet its impact as a means decreased.

Its transitory instrumental character deprived legal rules, passed quickly and without due consideration of one of their substantial elements, i.e. stability. The law was as easily changed as it was passed. The consequence was the rapidly growing number of legal enactments. More problematic was the fact, however, that quite a number of those enactments remained in force for 4 weeks to 4 months only.

The rapid growth of legal enactments in the period between 1945–1951 can be attributed to the new socio-economic and political conditions. However, the examination of the figures of law-making (including the ministerial decrees and instructions) shows that in the later periods, even up to nowadays, there is a significant – albeit not comparable – overproduction of legal rules.

This overproduction indicates a "development" in respect of both changeability and content. In our days a majority of legal rules assumed a *technical character* regulating human behaviour in terms of normative force to a lesser extent. Legal rules have less connection to values which have emerged in the universal development and which have been regarded as stable. The "weightlessness" of legal rules is derived from their "changeability". To what extent will changeability be capable of ensuring the efficiency of law, particularly the respect of human behaviour?

As to the process of modernization, *the criterion of its progress is how far it is capable to generate changes; how far the system of institutions evolved in it is capable to sustain motion and growth*, i.e. how far this system is capable to "absorb" process and stabilize social changes in a way not only not hindering further changes but even launching them? In itself, of course, change is not a value. Therefore, the system of institutions is expected to select; it has to provide for both stability and change in promoting modernization.

How can law contribute to this process so that changes that have taken place within the legal system do not significantly influence the efficiency of the system? It may appear as if the role of law in the process of modernization was the same as in *general.* At the beginning of our century Roscoe Pound defined it in the joint service of stability and change. Albeit this is true an additional aspect should be noted. The process of modernization is the continuous upkeep of change, and in this process, particularly in the course of revolutionary transformation moulding new social conditions, creating a new system of institutions, classes and layers, and power structure, while *stabilizing all the "new" against the elements of the "old"*, change obtains a specific emphasis, and even may degrade law to an instrument of "momentary" character. In this case the interest in stability is *temporarily* pushed into the background by the concentration on the newly created. Later on, by protection of the "new", the whole emphasis will be turned upside down overemphasizing stability as a primary necessity. All this may create a situation in which *change will be declared a value in some sense contrary to the generally accepted principles of law*, and later on the "new" elements of law become inviolable as embodying a new "traditional" value.

In the first case law easily though temporarily may turn against qualities that were accepted as values earlier. (It is to be noted that persistent efforts to break away from the law of the past characterized not only European socialist countries and developing ones (See: Kulcsár 1987), but the Soviet legal development, the French Revolution, and the American War of Independence as well. However, this does not contradict the fact that some *continuity* survives both in legal development and in the changes of the other aspects of societal life as well, which "salvages" earlier historical specificities into the development of a post-revolutionary society as well.)

Legal regulation expressing newly created legal principles may express, may result in a rigid stability as well. This phenomenon characterizing law-making in the process of modernization but even more in cases of "revolutionary transformation" has a dual source. S. N. Eisenstadt, writing about post-traditional societies, defines the characteristics of traditional societies as follows: "In the cultural sphere all 'traditional' societies, however great the difference among them, tend to accept the giveness of some past event, order, or figure (whether real or symbolic) as the major focus of their collective identity. This given sets the scope and nature of their social and cultural order, becoming the ultimate legitimizer of change and the delineator of the limits of innovation in terms of reference to its past given. Access to positions of power is restricted, incumbent being recognized as the legitimate interpreters of traditions as well as the forgers of the legitimate contents and symbols of the social and cultural orders." (Eisenstadt 1972: 5)

In the post-revolutionary periods of socialist transformation phenomena occur which show certain similarities with traditional and post-traditional societies. The most important is the change of the nature of ideology which has served as the theoretical basis to the whole social transformation as process of modernization. This ideology has acquired a "religious" character, therefore it has a function against innovation and socio-political change like "traditional religious terms" in traditional societies. In post-traditional societies, including the socialist ones "new traditions" evolve. Their function is to safeguard stability and to defend interests linked to these "traditional" elements. Since such elements may be found in the legal system as well ideological components of the legal system may also act against changes even if they have been conditioned by socio-economic processes.

II.

The consequences transforming the character of legal norms are manifest in two domains. The one is the decrease of the number of laws made on the highest level and their becoming mere framework, the other is the increase of the number of provisions made at a lower level and their becoming more technical in nature.

This is to indicate that the "*rule of behaviour*" seems to be retreating both from the statutes (with the exception of "classical" codes of civil law, criminal law, family law) and from the ministerial decrees, guidelines and instructions. To a significant extent the law becomes a mere framework with symbolic character, on the one hand, and ministry regulations become technological to minutest details, on the other hand.

Due to the consequences of Hungary's modernization on the one hand, and to goals of ideological implications (some of which have become "traditional" in Eisenstadt) the unreal character of which has been often enhanced by the economy of shortage, on the other, the socio-economic components of this process have been manifold as attributed to the growing scope of the state's responsibilities (Kulcsár 1986).

Some of these phenomena were the too ambitious goals; strivings at setting up a totally centralized planned economy in the first twenty years and penetration by by the spheres of politics and state into almost every segment of life: this being further aggravated by the decline of the legal profession which had to withdraw from several fields of regulation and public administration.

All these phenomena are *indicators of the decline of legal rationality*. Although an excessively instrumental attitude towards law generally defines the possible scope of jurists in a rather narrow way, the total elimination of legal expertise is rather rare, though not without occurrences. Such elimination takes place usually within centralized, strongly hierarchic and "patriarchal" political systems that have attempted a "liberating" legislation from legal expertise while ignoring the specificities of the spheres of life concerned as well. As Max Weber pointed out, the Prussian *Allgemeines Landrecht* of 1794 already "liberated" political power from jurists and legal rationality. The contradiction between the insufficient number of professionals and the urgent need for legislation in some developing countries receiving "models" from Europe is also well-known. Albeit Hungary had a sufficient number of professionals in law, they lost ground, owing to political-ideological considerations. Thus in Hungary's legislation after World War II and later on the "internal rationality" of law could hardly develop.

Even appropriately functioning "internal rationality" may turn into quasi-rationality if law is used without regard to social conditions or for purposes which law is not able to attain. Or law may only become truly rational as a function of other external rationalities. As a matter of fact the internal, environmental-independent logic of law manifests itself in the same logic and has approximately the same consequences as when this logic functions according to the requirements of a perfectly bureaucratic organization, yet without regard to the effect of this logic on the environment. In the same way as the "rationality of the office has not always followed the expectations of economic interests" (Sajó 1982: 187) the internal rationality may to a certain extent be separated from the conditions of the environment. However, the application of law challenges and occasionally renders irrational, such as internal, formal rationality of the law.

This, however, does *not* mean the insignificance of the internal rationality of law, only the fact that internal rationality by itself is hardly capable of correcting the consequences of the neglect of the "rationality" of the regulated field. Therefore, law-making carried on under circumstances of neglect for the goals of rationality and for the preconditions of functioning may become irrational in spite of all efforts at preserving this internal logic. When internal rationality is violated, i.e. when its "instrumental" character is ignored, legal regulation will not be capable of serving adequately other rational social tasks either. However, as experience teaches the pursuit of irrational goals, the neglect of the specifities of the regulated field is generally coupled with disregard of the internal logic of rationality.

Anthony Allott, when trying to find the limits of law, regards the norms created by intolerant policies aiming at a preconceived social transformation to be programmelike (Allott, 1980). Or these norms originate from a legislator who does not intend to wait, who does not take into account slow social transformations as backed by a long series of individual decisions. According to a 20th century Hungarian writer, László Németh, these transformations take shape in the "silent processes" of society. These norms are the product of "social engineers" who most often only envisage one idea, goal or plan, with doctrinaire impatience wanting to transform economic, social, or cultural conditions. In spite of comprehensive goals, or just because of them, such legislation regards society from one aspect only. This legislation is also characterized by an arrogance of the "enlightened" towards the misera plebs: if commands were given it threatens with punishment and aims at irreversible change, and indeed it causes such. As a consequence resistance is usually stemming rather from "unintentional" behaviour than from conscious action. However, the response tends to be an increased repression instead of sober measures.

When comparing programme-like law-making with model-like one (which ensures alternatives to rules) the conclusion is that this one is more efficient also in terms of social change. The less ambitious and the more "prepared" by social processes the legal rule is and the more simply it expresses the logic of law in terms of its internal rationality the greater are the chances of success.

The goals of a legal rule and its simplicity are interrelated: the more ambitious a given rule is the more sophisticated it becomes, and finally it may become so complicated that it proves to be incomprehensible and inapplicable. (Probably this is true not only for individual legal rules, but also for the whole of a legal system.)

In the relationship of society and legal regulation the sophisticated complexity of the various fields of society and of social macrosystems are the major factors. Even if we approach society from one aspect only we get an almost infinite number of interrelationships that naturally cannot be considered in full in the process of law-making. The analysis of the computability and manageability of macrosystems is instructive for us, too. E.g. the statement according to which "within all systems of axioms, one may find one which cannot be proved within the system; consequently we have to leave the system and look for a more comprehensive system" (Vámos 1983: 13), suggests the following in the field of law: Law as a system, in spite of the formal and quasi-rationality of its internal logic, is conditioned by external systems as a component and regulator of external macrosystems moreover, the limits of law are clear on a logical basis as well, owing to the low level of the manageability of these systems.

In addition to the doctrinaire aims the pursuance of too ambitious goals through legal means takes generally place in want of real economic and social preconditions. Or law fulfils a substitutive role. Especially in the first decades socialist societies had a number of various (ideological, political etc.) mechanisms of coercion and these resulted in the fact that goals diverting from possibilities were ennacted as laws or constitutional laws. However, their normativity affecting human behaviour in a direct and obligatory way got transformed into mere orientation in Hungarian society as well.

Naturally legal rules have always had a symbolic force; indeed, in order to get certain principles accepted and followed the legislator quite often publishes them in legal rules. This is especially so when the transmission and acceptance of prevailing ideological principles is to be attained.

III.

A legal system is made up, amongst others, of norms and also of organizations entitled to legislation and law-application. Research of the problems of law and the development of society has already revealed that any incongruence between legal norms and law-applying organs (including public administrative bodies) may often reduce the efficiency of legal regulation to zero. This is especially the case when a legal regulation intends to promote social change. Therefore, the preconditions for change and the necessary unfolding of the adaptation capacity of a given socio-economic system have to provide for not only by legal regulations but also on the level of organizations making that regulations work. However even this in itself is no guarantee for the realization of this change.

As to the past four decades of Hungary's development after World War II and practically up to the second half of the 60's in addition to the increase of legal regulations and the rapid growth of state organization there was a specific congruence between legal regulation and the development of organization. This was specific because the growth and transformation of legal regulation and the organizational development strengthened one another. Naturally the excessive growth of central economic management resulted in the increase of the number of legal rules and their technological nature. The enforcement of legal regulation called for increasingly specialized control. Various state organizations and especially agencies of public administration at ministerial level "contributed" to this increase of legal rules and quasi-legal ones. However, this law-making became somewhat "bureaucratic" in that *it stemmed rather from organizational activity to promote its own efficiency instead of the regulation of social processes.*

The continuous growth of the state's organizational system and the increasing bureaucratization of legal regulation have increased the role of organizations in preparing and controlling further social change as well. Somewhat simplified it might be said that from the end of the 1960's when the laws of the New Economic Mechanism were issued incongruence was due to organizational interests, to resistance of organizations against change. This eventually led to instability of norms and to their modification.

Today we know: after the enactment of the rules aiming at the reform of economic management (not themselves exempt from contradictions as they evolved also countervailing safeguards for preventing organizations of "excessive" change, Harmathy 1983: 348), no organizational change occured either in public administration nor in the economic units (for while not even in the dispute treatment organization, which, until 1972, took out the disputes among enterprises from the jurisdiction of the legal courts); and this circumstance proved to be a serious obstacle to the unfolding of the New Economic Mechanism in 1968. The preservation of organizational framework paved the way for a policy to impede the progress of reform.

With the renewed strengthening of the reform process from the mid-1980's the congruence seems to be more concrete and complete, and its conflicts are resolved also through a change in the organizational system. However, cases of incongruence between legal regulation and organizational system could also be identified and new features emerged. E.g. there is a contradiction between basic regulation for the organization and operational independence of the economic units and the lower level system of regulators, this latter originating partly from the belatedness of organizational transformation and partly from the economic polity evaluation of short-term economic conditions. In contrast to the original concept incongruence of such a kind offers public administration an undue possibility of interference.

Questions of congruence within a legal system do not occur identically in different societies. This holds particulary true for "bureaucratic" law-making mostly realized in the Weberian sense in western advanced societies.

Two kinds of deviations of this "ideal type" can be observed. One is the organizational system of socialist public administration which has generally become a rule-making one. Rule-making itself has become a kind of supplementary activity as a consequence of the conditions of the economy of shortage (Kornai 1981): as agencies can perform theirs tasks only in a limited manner this is partly supplemented by rule-making (Kulcsár 1985a: 142–145). Organizations without law-making authority do also issue rules (e.g. banking systems dealing with transactions to the population; enterprises offering transport and services etc.), significantly affecting the rights and duties of individuals because of their monopolistic position. Moreover, until recently when the management of social security was under the competence of the Central Council of Trade Unions, the Council was one of the agencies issuing the largest number of quasi-legal norms.

The second kind of deviation is manifest primarily in the public administration of the developing – particularly Tropical African – countries. Public administration here is not purely executive, not even primarily rule-making but rather an organization without rules which acts at discretion. Traditions of it are rooted in the colonial past. E.g. British public administration in Africa had relied more on efficient people and less on legal norms (see e.g. Morris-Read 1972: 11–14; Seidman 1978: 38), and this practice based upon a wide use of discretion, survived after independence as well (Seidman 1978: 332–339 and Ocran 1978: 79). According to the testimony of Seidman and others this public administration has become bureaucratic in a curious manner, it is not efficient and legally less controlled. Essentially the same conclusion was drawn in respect to public administration of Ethiopia which had not been in touch with British colonization: "The fact that law does not tell each Ethiopian administrator what precisely he is expected to do creates a certain amount of insecurity among bureaucrats but this insecurity is more than counterbalanced by the traditional attitude that administration is an exercise of privilege rather than a matter of skill, ability and training" (Brietzke 1982: 210). In a better developed and regulated state bureaucracy in India, e.g. the behaviour of officials does not correspond to rules, in conclusion the bureaucratic structure and its rules are more developed than the actual behaviour of the members of the organization (see Goyal 1968, Pai Panadiker-Kshirager 1971).

The change in the nature of a legal system – and of legal norms within it – while "serving" social change may effect phenomena that shape our views about law and question the effectiveness of a legal system. If a legal norm becomes too symbolic or technical, it is produced in mass or it is addressed to organizations to such an extent that the element of managing human behaviour disappears, it will remain unknown, or even contradictory, similar to Jhering's "heaven of concepts", it remains "above the head" of people and of organizations, and it does not materialize in their actions. The danger "of descrepancy or incongruence between the formally prescribed and the effectively practiced, between norms and realities" (Riggs 1961: 415) may become a reality. And this may have a further consequence as a result of an intolerant policy of paternalist and authoritative leadership striving for social change (Bryde 1976: 9): "A frequent response to ineffectual legal norms is to superimpose new, more drastic laws upon the old, unenforced ones, as though a more severe piece of formalistic legislation could correct failures in a milder rule on the same subject" (Ocran 1978: 187). And in the practice of socialist countries (particularly in the first phase of their development) as well as in that of developing countries, criminal sanctions might acquire particular emphasis while forcing social change. It goes without saying that criminal law may have a role in influencing reality and, eventually and as a consequence, it will be able to produce nothing but antihumanistic effects.

References

A. *Allott*, The Limits of Law. London 1980

P. H. *Brietzke*, Law, Development and the Ethiopian Revolution. Lewisburg, London and Toronto 1982

B. O. *Bryde*, The Politics and Sociology of African Legal Development. Frankfurt a.M. 1976

R. *David*, Critical Observations Regarding the Potentialities and the Limitation in the Independent African States. In: Integration of Customary and Modern Legal Systems in Africa. 1971

L. *Friedman*, Legal Culture and Social Development. In: Law and Society Review. Vol. IV, No. 29, 1969

S. K. *Goyal*, Bureaucracy: A Sociological Study of Levels of Orientation of Clerks towards the Norms of Bureaucracy.In: Indian Sociological Bulletin. July 1968

A. *Harmathy*, Szerzödés-tervezés-gazdasági szervezet (Contract, Planning and Organizations in Economy. Allam-és Jogtudomány Vol. Nr. 3, 1983)

O. W. *Holmes*, The Common Law. Boston 1881

J. *Kornai*, Economy of Shortage. Amsterdam 1981

K. *Kulcsár*, Social Planning and Legal Regulation. Acta Juridica Academiae Scientiarum Hungaricae. Tom. 19 (3.–4.) 1977

K. *Kulcsár*, (1980a): Ideological Changes and the Legal Structure: A Discussion of Socialist Experience. International Journal of the Sociology of Law. Vol. 8, 1980
K. *Kulcsár*, The Role of Law-Making in the Modernization Process. Acta Juridica Academiae Scientiarum Hungaricae. Tom 25 (1–2), 1983
K. *Kulcsár*, Politics and Law-Making in Central East Europe. In: Legal Theory – Comparative Law. Budapest 1984
K. *Kulcsár*, A jog szerepe a társadalmi változásokban – a jog változasa. (The Role of Law in Social Changes – the Changes in Law). In: Jog és törvényesség (Law and Legality). Ed. by F. Petrik. Budapest 1985
K. *Kulcsár* (1985a), The Social Context of Bureaucracy. In: Szoboszlai, By. (Ed.), Politics and Public Administration in Hungary. Budapest 1985
K. *Kulcsár*, The Role of the State in Social Transformation under the Impact of the World Crisis: The Case of East General Europe. Published by the Institute of World Economics of HAS, sponsored by the HAS and UN. University. Budapest 1986
K. *Kulcsár*, Modernization and Law. – Publication of the Institute of Sociology HAS. Budapest 1987
H. F. *Morris* and J. S. *Read*, Indirect Rule and the Search for Justice. Oxford 1972
T. M. *Ocran*, Law in Aid of Development. Tema 1978
V. A. *Pai Panadiker* – S. S. *Kshirager*, Bureaucracy of India: An Empirical Study. Indian Journal of Public Administration N. 2, 1971
K. *Renner*, The Institutions of Private Law and Their Social Functions. London 1949
F. *Riggs*, Administration in Developing Countries. Boston 1971
F. *Riggs*, The "Sala"-Model: An Ecological Approach to the Study of Comparative Administration. In: Nimrod Raphaeli (Ed.): Readings in Comparative Public Administration. Boston
A. *Sajó*, Racionalitások és materiális igazságosag a "modern" jogban. (Rationality and Justice in the "Modern" Law). Szociológia. No. 2, 1982
A. *Sajó*, A társadalmi-jogi változás folyamata. (The Process of Socio-Legal Change) Állam- és Jogtudomány Vol. XXVI. No. 2, 1983
R. B. *Seidman*, The State, Law and Development. New York 1978
T. *Vamos*, Kooperativ rendszerek, uj fejlödési távlatok. (Cooperative Systems, New Developmental Perspectives) Valóság No. 4, 1983
M. *Weber*, Rechtssoziologie. Neuwied 1960

ÜBERLEGUNGEN ZUM VERHÄLTNIS VON RECHT UND LEBENSWELT

Gerhard Luf

I.

Der Begriff der Lebenswelt hat gerade in der neueren philosophischen Diskussion, insbesondere in Ethik und Sozialphilosophie, große Verbreitung erlangt. Sei es von Hermeneutikern, sei es von Vertretern einer kritischen Gesellschaftstheorie und manchen anderen, von allen wird der Begriff mit größter Selbstverständlichkeit, ja geradezu in alltagssprachlicher Manier gebraucht. Das hat allerdings eine höchst uneinheitliche und unscharfe Begriffsverwendung zur Folge. Angesichts der Vielfältigkeit und der unterschiedlichsten systematischen Voraussetzungen ergibt sich daher die Schwierigkeit, einen präzise umschreibbaren Begriffsgehalt angeben zu können. Am ehesten kann dabei noch eine Art kleinster gemeinsamer Nenner gefunden werden. Danach ist mit Lebenswelt jedenfalls ein vertrauter Horizont lebenspraktischer Bezüge angesprochen, in dem wir uns als in einem „Reservoir von Selbstverständlichkeiten"[1] bewegen, und zwar im Hinblick auf das evidente Vorhandensein gegenständlichen Wissens, bzw. das Vorliegen von unbefragt d.h. vorreflexiv anerkannten, wenngleich im geschichtlichen Kontext vorinterpretierten normativen Überzeugungen, denen man gewohnheitsmäßig folgt. Diese ermöglichen es uns, unserem Erleben und Handeln Sicherheit zu geben, das Zusammenleben mit den anderen sozial zu integrieren und relativ stabile persönliche Identitäten zu entwickeln.

Der Begriff der Lebenswelt wurde bekanntlich von Husserl in seiner Spätphilosophie geprägt, und zwar im Zeichen einer spezifischen Erkenntnisperspektive: Husserl wendet sich mit dem Begriff der Lebenswelt kritisch gegen ein für die klassischen Naturwissenschaften charakteristisches, *objektivistisch-szientistisches Wissenschaftsverständnis*, das das Bewußtsein um den voraussetzungsvollen Charakter ihres Wissens unzulässig *verdrängt* habe. Dieses könne ihr der puren Tatsächlichkeit verpflichtetes Bild von Objektivität nur behaupten, weil es die Bedeutung der sie konstituierenden und fundierenden vorwissenschaftlichen subjektiven Erfahrungshorizonte vergessen hat. Kritik wird in mehrerlei Hinsicht geübt: an der Verabsolutierung der sogenannten Tatsachen (in den Naturwissenschaften und im naiven Historismus), an der Verselbständigung von Konstruktionen in der Mathematik und an anfechtbaren Formen der Objektivation des Subjektiven in den Humanwissenschaften (insbesondere im Rahmen einer naturalistisch geprägten Psychologie).[2] Als allen diesen Wissenschaften vorausliegenden, sie fundierenden und immer

1 J. *Habermas*, Theorie des kommunikativen Handelns. Bd. II, Frankfurt/Main 1981, 189.
2 Vgl. B. *Waldenfels*, In den Netzen der Lebenswelt. Frankfurt/Main 1985, 18.

wieder rückverweisenden Horizont begreift Husserl die Lebenswelt. Diese ist, so Husserl, in Betracht zu ziehen „in der wirklich konkreten Universalität, in welcher sie aktuell und horizonthaft alle von den Menschen für die Welt ihres gemeinsamen Lebens erworbenen Geltungsauflagen in sich schließt und diese letztlich insgesamt bezogen hat auf einen abstrakt herauszupräparierenden Weltkern: die Welt der schlichten intersubjektiven Erfahrungen."[3] Diese „Welt der schlichten intersubjektiven Erfahrungen" bildet somit die Voraussetzung jeden Bemühens um Objektivität und kann daher zwar vergessen, nicht aber in ihren Wirkungsweisen eliminiert werden. Husserl charakterisiert sie auf Grund ihrer Vorgegebenheitsstruktur als *„Boden"*[4] für jegliche Sinnbildung. Sie ist aber auch der *„Horizont"*[5] aller sinnstiftenden Praxis, da sie in ihrer unthematisch-offenen Universalität alle geschichtlich-kontingenten Zwecksetzungen im voraus erfaßt ohne aber als Ganze verfügbar zu sein.

Husserls Lebensweltkonzeption, auf deren vielschichtige Verwendung im Rahmen seiner transzendentalen Phänomenologie hier nicht näher eingegangen werden kann, bezieht sich vordringlich auf die Genese menschlicher Erkenntnis und läßt dabei die Frage nach der Herkunft normativer Sinnstiftung ausgeblendet. Nun ist aber die Lebenswelt auch ein Ort menschlichen Handelns und stellt uns damit gleichermaßen vor die Frage nach der Genese von Normen. Versucht man Husserls Lehre systematisch auf diesen Bereich auszudehnen, so müßte die Stoßrichtung der Kritik gegen einen „lebensweltvergessenen" Objektivismus in der Ethik bzw. in den Rechtswissenschaften gerichtet sein. Die Aufmerksamkeit der Rechtsphilosophie hätte sich dann auf die normative Fundierungs- und Horizontfunktion der Lebenswelt zu konzentrieren. Waldenfels zieht diese Konsequenz, wenn er schreibt: „Die Lebenswelt bildet nicht nur ein Gegengewicht gegen die Hypostasierung wissenschaftlicher Konstruktionen, sondern auch gegen die Verselbständigung praktischer Institutionen und ihrer Regelungen."[6]

II.

Greift man also diesen Aspekt einer *Objektivismuskritik* auch in praktischer Absicht auf, so bieten die neueren Entwicklungen im Recht bzw. in Rechtstheorie und dogmatischer Rechtswissenschaft anschauliche Beispiele für einen szientistisch-objektivistischen Umgang mit dem Recht an, die unter das Verdikt der Lebensweltvergessenheit zu stellen wären. Beispielhaft anzuführen sind hier etwa jene *Formen funktionalistischer Rechtsbetrachtung*, die unter Ausklammerung der rechtsethischen Perspektive das Funktionieren des rechtlichen Normensystems zum schlecht-

3 E. *Husserl*, Die Krisis der europäischen Wissenschaften und die transzendentale Phänomenologie. Haag 1954 (Husserliana Bd. 6), 135.
4 *Husserl*, Krisis, 145.
5 *Husserl*, Krisis, 148.
6 *Waldenfels*, a.a.O., 131.

hin maßgeblichen Kriterium der Rechtsbewährung machen. Indem sie konzeptionell die Rechtssubjekte zu bloßen Trägern von Funktionsleistungen degradieren und deren Handeln als Systempartikel in den gesellschaftlich-politischen Gesamtzusammenhang einbinden, wird jeglicher theoretischer Rückbezug auf die Lebenswelt abgeschnitten, mit der Konsequenz, daß Diskrepanzen zu lebensweltlichen Voraussetzungen der Rechtsgewinnung nicht einmal dann thematisiert werden können, wenn sie das ohnedies überbetonte Ziel der Funktionalität betreffen.

Lebensweltvergessenheit signalisieren auch jene Entwicklungen in der Gesetzgebung, die unter dem Schlagwort „*Gesetzesflut*" zusammengefaßt und beklagt werden. Durch ein mit Bürokratisierungsprozessen einhergehendes Zuviel an Normen – und das nicht nur in quantitativer Hinsicht, sondern insbesondere im Hinblick auf die Intensität des gesetzgeberischen Eingriffs in Lebensverhältnisse – wird die Kapazität der Menschen, Normen in lebensweltliche Kontexte einzubinden, sie entsprechend zu rezipieren und einem sittlichen Vorverständnis zu integrieren, oft weit überschritten.[7] Dies ist insbesondere dann der Fall, wenn die Rechtsnormen vorrangig auf die hochspezialisierten Funktionsanforderungen bürokratischer Praxis zugerichtet sind und auf einer die Normadressaten überfordernden Abstraktionshöhe verbleiben. Für die Rechtskultur ist daran bedenklich, daß solche Normen ja nicht nur als äußerlich wirkende, zwangsbewehrte Imperative empfunden und erlitten werden (was an sich schon problematisch ist), sondern geeignet sind, eingelebte gesellschaftliche Identitäten auf verdinglichende Weise zu bedrohen. Auf diesen Gesichtspunkt werden wir später noch zurückkommen, und zwar im Zusammenhang mit Habermas' These von der „Kolonialisierung der Lebenswelt".

Ein aus lebensweltlicher Perspektive zu kritisierender Objektivismus wäre es ebenfalls, die notwendige Verwiesenheit der Rechtskonkretisierung auf lebenspraktische Zusammenhänge im Bereich der *rechtlichen Methodik* unbeachtet zu lassen. Ein solcher juristisch-technischer Solipsismus, der rechtsethische Aspekte aus der Methodenbetrachtung ausklammert, unterliegt der Tendenz, die rechtliche Entscheidung bei allen formalen Behelfen zur Entscheidungsrationalisierung letztlich einem bloßen Dezisionismus auszuliefern. Die lebensweltliche, rechtsethische Komponenten beinhaltende Fundierung juristischer Methodik manifestiert sich im besonderen am Komplex der juristischen Interpretation, und hier besonders augenfällig an Auslegungsfragen, die Rechtsprinzipien, unbestimmte Gesetzesbegriffe bzw. Generalklauseln betreffen. Anzusiedeln ist hier die – so oft mißverstandene – Rede der Hermeneutik von der „Vorurteilsstruktur" des menschlichen Sinnverstehens im allgemeinen und des juristischen im besonderen. „Vorurteil" bzw. „Vorverständnis" bedeuten ja nicht, wie oft gemutmaßt wird, Vorhandensein von unaufgedeckten, aber prinzipiell aufdeckbaren Mißverständnissen, die die Objektivität juristischen Entscheidens beeinträchtigen und daher tunlichst eliminiert werden sollten; sie kennzeichnen vielmehr die strukturelle Unhintergehbarkeit des Bezuges von juristischer Sinnermittlung zu einer (umgangs-)sprachlich strukturier-

7 Vgl. Rüdiger *Bubner*, Geschichtsprozesse und Handlungsnormen. Untersuchungen zur praktischen Philosophie. Frankfurt/Main 1983, 257.

ten, vorweg bestehenden Sinnstiftung im Rahmen alltäglicher intersubjektiver Praxis.[8] Die juristische Interpretation ist indes nur ein – gewiß typisches – Beispiel unter vielen und könnte durch eine Fülle anderer ergänzt werden.

III.

Diese (natürlich nur kursorischen) Hinweise sollten anschaulich gemacht haben, daß das Verhältnis von Lebenswelt und Recht ambivalent und spannungsreich bleibt. Einerseits ist, wie die Erwägungen zur Kritik am Objektivismus im Recht zu demonstrieren suchten, das Recht als ein mit Macht und Herrschaft verknüpftes Institutionensystem der Tendenz unterworfen, sittliche Grundlagen menschlicher Praxis, die ja einen ganz zentralen Teil der Lebenswelt ausmachen, oft auf schwerwiegende Weise zu bedrohen. Andererseits muß beachtet werden, daß das Recht als relevanter Faktor der gesellschaftlich-politischen Wirklichkeit auch selbst ein *wesentlicher Teil der Lebenswelt* ist. Als dieser ist es Gegenstand eingewöhnten und eingeübten normativen Wissens, das zwar sehr oft vorreflexiv, wenngleich immer schon vorinterpretiert zugänglich ist. Dieses Wissen ist nicht im Sinne juristisch-technischen Detailwissens zu verstehen, sondern umfaßt Faktoren, wie: grundlegende Verhaltensstandards; Gerechtigkeits- und Fairneßprinzipien; eingeübte Formen des rechtlichen, insb. des rechtsgeschäftlichen Verkehrs u.a.m. Es gewährleistet dem gesellschaftlich-politischen Handeln Stabilität, entlastet durch normative Selektion von Verhaltensalternativen und durch institutionelle Außenstützung der Handlungsmotivationen, die Handelnden und Entscheidenden vor übermächtigem Druck im personal-sittlichen Entscheidungsbereich.[9] Das Recht steckt so einen institutionellen Horizont ab, der einerseits den menschlichen Handlungsraum zwar begrenzt, solcherart aber andererseits konkrete Freiheit allererst ermöglicht. Recht hilft schließlich lebensweltliche Krisenerscheinungen zu bewältigen, indem es bei neu auftretenden Problemen, deren Lösung das zuhandene lebensweltliche Konfliktlösungspotential übersteigen würde, entlastend eingreift, sei es durch unmittelbar befriedende Ordnungsanweisungen wie durch Bereitstellung von Einrichtungen zur Kanalisierung des Konfliktauftrags.

Trotz dieser gewiß vorhandenen produktiven Aspekte ergeben sich doch Fragen bzw. Zweifel im Hinblick auf die prinzipielle methodische Leistungsfähigkeit des Lebensweltbegriffes für das Rechtsdenken. Ist es mit Hilfe des Lebensweltbegriffes tatsächlich möglich, eine hinreichend präzise Ortsbestimmung des Rechts im gesellschaftlich-politischen Zusammenleben zu geben? Bleibt der Begriff der Lebenswelt nicht allzu diffus, um angesichts im Recht und durch dieses einwirkender Macht und Herrschaft hinreichend zwischen humaner bzw. inhumaner Rechtswirklichkeit

8 Erinnert sei an Josef *Esser*, Vorverständnis und Methodenwahl in der Rechtsfindung. Rationalitätsgarantien der richterlichen Entscheidungspraxis. Frankfurt/Main 1970.

9 Vgl. O. *Höffe*, Philosophische Handlungstheorie als Ethik, in: H. Poser (Hrsg.), Philosophische Probleme der Handlungstheorie, Freiburg – München 1982, 159 f.

zu unterscheiden? Ist es möglich, über die Dimensionen der „Lebenswelt“ das für die rechtsphilosophische Fragestellung zentrale Problem der Verhältnisbestimmung von Freiheit und Institution systematisch in den Griff zu bekommen? Gibt es einen Erkenntnisfortschritt, der über die Ergebnisse der traditionellen Gegenüberstellung von Recht und Sittlichkeit hinausweist?

Sucht man in der Literatur zum Begriff der Lebenswelt nach Anhaltspunkten zur Behandlung dieser Fragen, so ist das Ergebnis enttäuschend. Rechtliche Phänomene werden, wenn überhaupt, nur sehr kursorisch thematisiert. Man begnügt sich zumeist, in ethischer Perspektive Normen schlechthin und deren lebensweltliche Genese zu behandeln, ohne auf die besonderen normativen Probleme des Rechts einzugehen. Am ehesten werden allgemeine Aussagen über die generelle Funktion von rechtlichen Institutionen in der Lebenswelt getroffen, ohne dabei besonders (etwa im Hinblick auf die Anforderungen des modernen Rechts- und Sozialstaates) zu differenzieren. Eine Ausnahme bildet indes die „Theorie des kommunikativen Handelns“ von J. Habermas. Dieser stellt sich ausdrücklich die Aufgabe, die Konzeption der Lebenswelt im Rahmen einer kritischen Gesellschaftstheorie fruchtbar zu machen, wobei er dem Phänomen Recht ausgiebig Platz einräumt. Unsere weiteren Überlegungen werden sich daher mit der Konzeption des Verhältnisses von Lebenswelt und Recht bei J. Habermas auseinandersetzen.

IV.

J. Habermas entwickelt seinen Begriff der Lebenswelt in engem systematischen Zusammenhang mit einem Grundtypus menschlichen Handelns: dem des *kommunikativen Handelns.* Als kommunikativ werden Handlungen qualifiziert „wenn die Handlungspläne der beteiligten Aktoren nicht über egozentrische Erfolgskalküle, sondern über Akte der Verständigung koordiniert werden“ (TkH II, 182).[10] Im kommunikativen Handeln seien, so Habermas, die Beteiligten „nicht primär am eigenen Erfolg orientiert, sie verfolgen ihre individuellen Ziele unter der Bedingung, daß sie ihre Handlungspläne auf der Grundlage gemeinsamer Situationsdefinitionen aufeinander abstimmen können“ (ebd.). Kommunikatives Handeln ist also an Verständigung orientiert. Es stellt auf die Erzielung von Einverständnis unter Diskursteilnehmern ab, die über normative Geltungsansprüche gemeinsam befinden, ihre individuellen Handlungspläne zwangsfrei koordinieren, normative Prinzipien unter der Anforderung universeller Geltung legitimieren u.a.m. Dem kommunikativen wird der Typus des *strategischen Handelns* entgegengesetzt, worunter, kurz gesagt, erfolgsorientiertes, egozentrisches, auf die Beeinflussung der Entscheidungen rationaler Gegenspieler ausgerichtetes Handeln verstanden wird. Diese beiden Handlungstypen spielen für die Sozialphilosophie Habermas’ im allgemeinen und für die Grundlegung des Begriffs der Lebenswelt im besonderen eine zentrale Rolle.

10 Im weiteren wird *Habermas*, Theorie des kommunikativen Handelns, I u. II. Frankfurt/Main 1981 im Text mit der Abkürzung „TkH“ zitiert.

Den Begriff der Lebenswelt formuliert Habermas nämlich als „Komplementärbegriff zum kommunikativen Handeln" (TkH II, 182). Durchaus in Anlehnung an Husserl und insbesondere an Schütz (wenngleich in kritischer Distanz zu ihren systematischen Ansätzen) charakterisiert Habermas die Lebenswelt „als ein Reservoir von Selbstverständlichkeiten oder unerschütterlichen Überzeugungen, welche die Kommunikationsteilnehmer für kooperative Deutungsprozesse benutzen" (TkH II, 189). Die Kommunikationsteilnehmer bewegen sich innerhalb eines „kulturell überlieferten und sprachlich organisierten Vorrat(s) an Deutungsmustern" (ebd.), agieren im Horizont von „unproblematischen, gemeinsam als garantiert unterstellten Hintergrundüberzeugungen" (TkH II, 191), die einen vorinterpretierten Fundus an kulturellen, politischen, ästhetischen, moralischen etc. Selbstverständlichkeiten abgeben. Die Lebenswelt wird im weiteren charakterisiert als der „transzendentale Ort, an dem sich Sprecher und Hörer begegnen" (TkH II, 192). An diesem transzendentalen Ort sind die „Formen der Intersubjektivität möglicher Verständigung" (ebd.) festgelegt, wobei diese keineswegs als invariant, sondern als geschichtlichen Veränderungsprozessen unterworfen und daher als veränderlich begriffen werden. Die Lebenswelt ist nicht nur *„Horizont"*, sie ist auch *„Ressource"* (vgl. TkH I, 442; II, 203 ff.)[11] für das kommunikative Handeln. Denn sie bietet den Kommunikationsteilnehmern jenes „Material", auf das sie sich im Zuge ihrer Verständigungsleistungen inhaltlich zu beziehen vermögen. Der strukturellen Differenzierung der Lebenswelt entsprechend, die sich im Verlaufe des Prozesses der Rationalisierung von Gesellschaftsformen ausbildet, können diese Ressourcen den lebensweltlichen Strukturkomponenten Kultur, Gesellschaft und Person zugeordnet werden. Es wird kulturelles Wissen reproduziert, es werden neu auftretende Konflikte im Lichte bestehender Normen interpretiert und diese in Entscheidungen für die Wiederherstellung von Gruppenidentität und -solidarität herangezogen, und es werden schließlich Voraussetzungen der Ausbildung von personaler Identität bereitgestellt.

Dieser Ebene der Lebenswelt als dem Ort kommunikativer Rationalität und sozialer Integration wird, als zweiter Modus gesellschaftlicher Integration, die *Systemebene* gegenübergestellt. Auf dieser werden „Handlungszusammenhänge über die funktionale Vernetzung von Handlungsfolgen" (TkH II, 226) stabilisiert. Während die kommunikativer Rationalität verpflichtete *Sozialintegration* innerhalb der Lebenswelt bei den Handlungsorientierungen ansetzt, tut dies die *Systemintegration* bei den Handlungsfolgen, wobei hier strategische Handlungskalküle, zweckrationale Prozeduren bestimmend sind und symbolisch generalisierte Medien der Kommunikation wie Geld und Macht die Interaktion steuern.

Das Verhältnis von Lebenswelt und System ist natürlich durch wechselseitige Einwirkungen bestimmt, und Habermas stellt es in einen geschichtlichen Zusammenhang, der – in Auseinandersetzung mit Weber's These vom Prozeß abendländischer Rationalisierung – als evolutionärer Differenzierungsvorgang interpretiert

11 Zur Ressourcenfunktion der Lebenswelt vgl. U. *Matthiesen*, Das Dickicht der Lebenswelt und die Theorie des kommunikativen Handelns, München 1983, 65 ff.

wird: Während in frühen Gesellschaftsformationen eine noch undifferenzierte Verknüpfung von sozialer und systemischer Integration vorherrschte, bringt die weitere geschichtliche Entwicklung in der Entfaltung moderner Gesellschaftsformationen eine fortschreitende „*Entkoppelung*" (vgl. TkH II, 229 ff.) von System und Lebenswelt, System- und Sozialintegration mit sich, wobei dieser Prozeß durch eine Steigerung der Systemkomplexität einerseits und einem Zuwachs an lebensweltlicher Rationalität andererseits charakterisiert ist.

Die fortschreitende Systemdifferenzierung manifestiert sich in evolutionären Schüben, die jeweils neue gesellschaftliche „Integrationsniveaus" (TkH II, 247) herstellen. Bestimmende Faktoren dieser Entwicklung, die hier nicht im einzelnen nachgezeichnet werden kann, sind insbesondere die Ausbildung der *Machtpotentiale* staatlich organisierter Herrschaft bzw. die um das *Medium Geld* zentrierten Prozesse ökonomischer Steuerung und deren rechtlich-politische Abstützung. Diese wachsende Systemdifferenzierung vollzieht sich nicht unabhängig von der Lebenswelt. Sie bedarf, so Habermas, auf der jeweiligen Entwicklungsstufe des systemischen Integrationsniveaus der lebensweltlichen „Verankerung" und vollzieht selbst massive Eingriffe in die lebensweltlichen Verhältnisse, wodurch diese verändert bzw. bedroht werden.

Andererseits verläuft diese Entwicklung nicht einbahnig. Die Lebenswelt schafft in ihrer Entwicklung von sich aus erst Voraussetzungen, die die Entfaltung bzw. lebensweltliche Verankerung systemischer Differenzierungen ermöglichen. Dies erfolgt im Zuge einer fortschreitenden „*Rationalisierung*" *der Lebenswelt.* Diese Rationalisierung der Lebenswelt wird von Habermas verstanden als „sukzessive Freisetzung des im kommunikativen Handeln angelegten Rationalitätspotentials" (TkH II, 232). Sie ist durch ein im Rahmen der Ausdifferenzierung von Kultur, Gesellschaft und Person immer stärker hervortretendes Moment rational motivierter Verständigung geprägt, eine Haltung, die gleichsam zur sittlichen Lebensform wird. „Als Fluchtpunkte dieses evolutionären Trends ergeben sich für die Kultur ein Zustand der Dauerrevision verflüssigter, reflexiv gewordener Traditionen; für die Gesellschaft ein Zustand der Abhängigkeit legitimer Ordnung von formalen Verfahren der Normsetzung und Normbegründung; und für die Persönlichkeit ein Zustand kontinuierlich selbstgesteuerter Stabilisierung einer hochabstrakten Ich-Identität" (TkH II, 219 f.). „Schrittmacherfunktion" (TkH II, 232) wird dabei der Evolution von Recht und Moral zugewiesen, d.h. der Trennung von Moralität und Legalität, der Entwicklung der postkonventionellen Stufe des moralischen Bewußtseins und, dadurch mitbedingt, eines durch Positivität, Legalismus und Formalismus gekennzeichneten Rechtssystems, das von sittlichen Motiven des Rechtsgehorsams entkoppelt und formalen Verfahren der Normsetzung bzw. Normbegründung unterworfen ist. Die Rationalisierung der Lebenswelt, die auf Grund ihrer Evolution die Verankerung neuer Stufen systemischer Integration erst ermöglicht, wird durch diese sodann gleichwohl bedroht. Das führt im Wege der strategischen Inanspruchnahme kommunikativ strukturierter Handlungsbereiche durch systemische Handlungskoordination zu einer „*Mediatisierung*" (TkH II, 277 ff.) der Lebenswelt, und schließlich – im Falle schwerwiegender, die Reproduktion der symbolischen Strukturen der Lebenswelt bedrohenden Eingriffe – zu deren „*Kolonialisierung*".[12]

Diese, natürlich nur kursorische Darstellung des Verhältnisses von System und Lebenswelt führt uns zu entscheidenden Fragen, die auch für die Beurteilung des Verhältnisses von Recht und Lebenswelt zentral sind: Ist es tatsächlich methodisch legitim, die beiden Momente, System und Lebenswelt, zweckrationales und kommunikatives Handeln, derart zu trennen, ohne damit die konkreten Vermittlungsbedingungen des Handelns in der gesellschaftlichen Realität zu verfehlen? Mit L. Nagl: „Ist die Lebenswelt so frei von hypothetischen (erfolgsorientierten) Kalkülen, daß sie dem an den Kategorien der Zweckrationalität konstituierten ‚System' trennscharf gegenübergestellt werden kann?"[13] Wird es also durch eine solche Dichotomisierung nicht unmöglich gemacht, konkrete Institutionalität, in welcher sowohl kommunikative als auch zweckrationale Momente immer nur in enger Verknüpfung präsent sind, zureichend zu erfassen? Hat die analytische Trennung, deren heuristischer Wert unbestritten ist, nicht ein Unvermögen zur Folge, „systemische" Voraussetzungen als institutionelle Bedingungen der Realität gelingenden kommunikativen Handelns aufzuweisen und von hier aus Kriterien der Institutionenkritik zur Anwendung zu bringen?[14] Gilt es nicht, die (relative) Vernünftigkeit konkreter gesellschaftlich-politischer Institutionen allererst zu affirmieren, nicht um sie bedenkenlos anzuerkennen, sondern um sie im Hinblick auf ihre normativen Defizite kritisieren zu können?

V.

Die in diesen Fragen angesprochenen Probleme, *konkrete Institutionalität* zu erfassen, kommen gerade am Verständnis des Rechts bei Habermas markant zum Vorschein. Denn auch das Recht wird dieser Dichotomie von kommunikativem und strategischem Handeln unterworfen. Das Phänomen Recht wird dann einerseits als „*Rechtsinstitution*" der Lebenswelt zugeordnet, andererseits als „*Medium*" begriffen, welches, mit den Medien Geld und Macht verknüpft, einer vom strategischen Kalkül bestimmten Steuerung systemisch strukturierter Handlungsbereiche dient. Im folgenden soll gezeigt werden, daß auf Grund der vorgenommenen Trennung von kommunikativen und strategischen Momenten eine systematische Verknüpfung von Recht als Institution und Recht als Medium jedoch nicht geleistet werden kann.

Habermas versteht unter *Rechtsinstitutionen* „Rechtsnormen, die durch den positivistischen Hinweis auf Verfahren nicht hinreichend legitimiert werden können" (TkH II, 536). Sie erfüllen legitimierende Funktionen, und zwar notwendi-

12 Die systemischen Imperative dringen, so Habermas, „von außen in die Lebenswelt – wie Kolonialherren in eine Stammesgesellschaft." (TkH II, 522).

13 L. *Nagl*, Ungelöste Schwierigkeiten in der „Theorie des kommunikativen Handelns", in: Wiener Jahrbuch für Philosophie, Bd. 15, 1983, 275.

14 Zur Kritik am Institutionenverständnis von J. Habermas vgl. B. *Willms*, Kritik und Politik, Frankfurt/Main 1973, 151 ff.

gerweise, da das Rechtssystem in seiner konkreten Positivität „als ganzes einer Verankerung in legitimationswirksamen Basisinstitutionen" (TkH II, 266) bedarf. Als Beispiele für solche im bürgerlichen Verfassungsstaat präsente Rechtsinstitutionen werden genannt: die Grundrechte, das Prinzip der Volkssouveränität, moralisch-praktische Grundlagen des Straf- und Zivilrechts. Sie könnten nicht mit dem bloßen Hinweis auf Legalität begründet werden, sondern bedürften „einer materiellen Rechtfertigung, weil sie zu den legitimen Ordnungen der Lebenswelt selbst gehören und zusammen mit den informellen Handlungsnormen den Hintergrund kommunikativen Handelns bilden" (TkH II, 536).

Der normative Status dieser Rechtsinstitutionen bleibt indes reichlich unbestimmt. Sie werden nämlich von der staatlichen Zwangsgewalt und deren Herrschaftspotential abgekoppelt und jenen Handlungsnormen zugezählt, „die nicht durch staatliche Sanktionsgewalt gedeckt sind" (TkH II, 537). Anders als dem Recht als „Medium" wird den Rechtsinstitutionen „keine konstituierende Kraft, sondern nur regulative Funktion" (ebd.) zugesprochen. Eingebettet „in einen breiten politisch-kulturellen und gesellschaftlichen Kontext" stehen sie „in einem Kontinuum mit sittlichen Normen und überformen kommunikativ strukturierte Handlungsbereiche" (ebd.). Die Abgrenzung von der staatlichen Sanktionsgewalt und die Zuweisung bloß regulativer Funktion zeigen an, daß es sich bei den Rechtsinstitutionen nicht um Recht in Form von juristisch-institutioneller Positivität handeln kann, sondern um Moralprinzipien. Küsters bemerkt daher in diesem Zusammenhang zu Recht, es gehe bei dieser „Fundierung von Recht in Moral ... schließlich aber nicht mehr um die Begründung von Rechtsnormen, sondern um die Legitimierung von Normen schlechthin."[15] Die Konzipierung der Rechtsinstitutionen als regulatives Prinzip, „das eben nicht der staatlichen Herrschaft bedarf, sondern durch Moral(begründung) gesichert wird", führe zu einer Negation des Rechtsprinzips als Recht, zur „Auflösung von Recht in Moral".[16]

Eine andere Deutung von Recht als Institution im Sinne Habermas' könnte davon ausgehen, daß das moderne Recht in grundlegenden Prinzipien eine Brücke zu anerkannten, lebensweltlich fundierten sittlichen Grundsätzen geschlagen hat. Indem es sich zur Moral öffnet, *integriert es in gleicher Weise Momente prinzipiengeleiteter Reflexion in die juristische Argumentation.* Das mag sich an Institutionen wie den Grundrechten ablesen lassen, die es ermöglichen, staatliche Rechtssetzung und Vollziehung im Lichte grundlegender Prinzipien zu prüfen. Allerdings sind die von Habermas genannten universellen und abstrakten Prinzipien nicht problemlos mit überkommenen Lebenswelten verknüpft. Die Anerkennung der gleichen Freiheit der Rechtspersonen, wie sie in den Grundrechten bzw. in der Volkssouveränität zum Ausdruck kommt, weist eben nicht in überkommene Lebensformen in ihrer Konkretheit zurück, sondern soll über diese hinausführen. Auch ein Reservoir von „Deutungsmustern" und Potentialen zur Konfliktlösung kann struk-

15 G.-W. *Küsters*, Rechtskritik ohne Recht. Zu Habermas' „Theorie des kommunikativen Handelns", in: Rechtstheorie 14, 1983, 100.

16 *Küsters*, a.a.O., 103.

turelle Gewalt entfalten, gegen die gerade offene Prinzipien einer universalistischen Ethik kritisch aufgeboten werden. Es scheint vielmehr sittliche Aufgabe des *mit dem „Medium" Macht verbundenen Rechts* zu sein, gegen Bedrohungen des Humanen in der Lebenswelt Ansprüche menschlicher Freiheit einzulösen.

Nun scheint es aber, daß die im Zeichen kommunikativer Rationalität vorgenommene Ausblendung des Phänomens Herrschaft aus dem Bereich der Rechtsinstitutionen es in der Tat verhindert, diese grundlegenden Prinzipien als Rechtsprinzipien im echten Sinne des Wortes, d.h. im Sinne juristischer Positivität zu begreifen. Insofern Herrschaft für Habermas immer schon mit Formen strategischer Rationalität verknüpft ist, kann sie im kommunikativen Bereich der Rechtsinstitutionen keinen Ort haben. Daraus ist eben zu folgern, daß Recht im Lichte dieser Dichotomie von kommunikativer und strategischer Rationalität als eine wie auch immer durch Herrschaftsstrukturen bestimmte Einrichtung nur als „Medium" verstanden werden kann, das den strategischen Handlungstypus begleitet.

Wie Recht als Medium (System) und Recht als Institution zu verknüpfen und damit eine Verbindung zwischen kommunikativem und zweckrationalem Handeln zu bewerkstelligen sei, kann solcherart nicht thematisiert werden, sobald der Begriff der *Sittlichkeit* in strategisches Handeln und in eine Lebenswelt kommunikativen Handelns aufgelöst wird. Phänomene der Sittlichkeit, die Habermas im Begriff der Lebenswelt gewahrt wissen will, werden aber verengt, wenn man sie nur im Zeichen kommunikativen Handelns erfaßt, denn das Sittliche hat seit je her kommunikative und zweckrationale Aspekte des Handelns in Verbindung gebracht. Wenngleich Habermas zu Recht die bloße „Legitimation durch Verfahren" kritisiert und die Rückbindung an rechtfertigende Prinzipien moniert, so müßten auch diese nicht nur als regulative, sondern als konstitutive Prinzipien – durchaus in rechtsethischer Offenheit – konzipiert sein. Gewiß bringen regulative Prinzipien ein kritisches Potential zur Geltung, doch bleibt ihre tatsächliche praktische Wirksamkeit mangels Einbindung in geschichtlich-konkrete Institutionen fragwürdig.[17] Dazu bedürfte es doch konstitutiver juristischer Prinzipien, deren Institutionalisierung einen für die Konkretisierung von Recht charakteristischen dialektischen Prozeß in prinzipiengeleiteter Offenheit *innerhalb* rechtlicher Institutionen gewährleistet.

Aber gerade auf diese Dialektik von Prinzip und Norm kann sich Habermas auf Grund seiner unüberbrückbaren Dichotomie von kommunikativer und strategischer Rationalität nicht einlassen. Ausdrücklich betont er nämlich: „Die Ambivalenz von Freiheitsverbürgung und Freiheitsentzug kann auf eine Dialektik von Recht als Institution und Recht als Medium nicht zurückgeführt werden, weil sich die Alternati-

17 Kritisch zu diesem „regulativen" Charakter des Legitimationsprinzips bei Habermas äußert sich I. *Maus*, Verrechtlichung, Entrechtlichung und der Funktionswandel von Institutionen, in: Rechtstheorie und Politische Theorie im Industriekapitalismus, München 1986, 317. Indem Habermas „das prozedurale Legitimationsprinzip vom konkreten Prozedere politischer Entscheidungsfindung, sogar von der Institutionalisierung politischer Verfahren überhaupt trennt, (bleibe) die demokratische Struktur seines Begründungsprinzips, der freie und gleiche Diskurs aller von einer Entscheidung Betroffenen, für die Struktur faktischer politischer Entscheidungsverfahren folgenlos" (ebd.)

ve von Freiheitsverbürgung und Freiheitsentzug nur aus der Perspektive der Lebenswelt, d.h. nur in Bezug auf Rechtsinstitutionen stellt" (TkH II, 538).

Das ausschließlich auf strategische Rationalität bezogene Verständnis des Rechts als „Medium" sieht – auf Grund einer allzu einseitig auf globale Rechtskritik bezogenen Perspektive – m.E. daran vorbei, daß das positive Recht ohne sittliche Fundierung, und zwar eben in instutioneller Vermittlung, außerstande wäre, die ihm abverlangten funktionellen Systemleistungen dauerhaft zu erbringen. Der juristische Diskurs ist auch weit komplexer als man ihn von außen und abstrakt zu sehen vermeint. Er ist, und daran ist die Vorstellung vom strategischen Handlungstypus offensichtlich allein bestimmt, im Hinblick auf die individuelle Rechtsbehauptung sehr wesentlich vom strategischen Interessenkalkül der Konfliktsgegner bestimmt. Aber es geht im juristischen Diskurs nicht nur um diese individuelle Rechtsbehauptung, sondern auch um *objektive Rechtsverwirklichung.* Diese wird wesentlich durch die Strukturierung des Konfliktaustrags bestimmt und ist auf eine *prozedural vermittelte Verwirklichung materialer Gerechtigkeit* ausgerichtet. Strategische Rechtsbehauptung soll so institutionalisiert sein, daß sie in die Logik eines rechtlichen Verwirklichungsprozesses eingebunden ist, der selbst ethischen Fundamentalforderungen der Gerechtigkeit verpflichtet bleibt. Dieser Verwirklichungsprozeß mag zwar mangelhaft, und daher zu kritisieren sein, wenn Kommunikation durch sie nicht ermöglicht, sondern unterdrückt wird. Ein isolierendes Konzept kommunikativen Handelns bleibt hingegen in einem unvermittelt-abstrakten Gegenüber zur geschichtlich-gesellschaftlichen Realität rechtlicher Institutionen bzw. stützt so eine problematische, weil idealisierende Vorstellung von einer intakten Lebenswelt, die gegenüber den Bedrohungen systematischer Imperative verteidigt werden müßte.[18]

VI.

Diese Erwägungen können an Hand der Ausführungen von Habermas zur *Verrechtlichungsthematik*, in der die Konzepte von System und Lebenswelt eine bedeutende Rolle spielen, erhärtet werden. Verrechtlichung wird, jedenfalls im Hinblick auf den modernen Sozialstaat, unter dem Gesichtspunkt der *Verdinglichung von Lebensformen* behandelt. Diese Verdinglichung besteht darin, „daß die mediengesteuerten Subsysteme Wirtschaft und Staat mit monetären und bürokratischen Mitteln in die symbolische Reproduktion der Lebenswelt eingreifen" (TkH II, 522). Der soziale und demokratische Rechtsstaat interveniert zwar mit dem Anspruch, im Wege sozialer Steuerung Freiheit real zu verbürgen. Diese Freiheitsverbürgung unterliegt aber der Tendenz, auf Grund der angewandten Mittel in ihr Gegenteil umzuschlagen. Sie greift mit rechtlich-bürokratischen Mitteln in Bereiche ein, deren Handlungskontexte auf Verständigung und Kooperation beruhen und

18 R. *Bubner*, Rationalität als Lebensform, in: Merkur 1982, 354, betont, es gelte, „die im Partiellen steckengebliebene Aufklärung an ihren größeren Möglichkeiten zu messen, anstatt bloß defensiv die tradierten Reste intakter Lebenswelt im Schatten verselbständigter Systemlogik zu pflegen."

bedroht bzw. zerstört sie. Die Umstellung von Sozial- auf Systemintegration wirkt sich *freiheitsgefährdend* aus.

Habermas erläutert dies u.a. an Hand der staatlichen Sozialpolitik in ihrer Tendenz zur *Bürokratisierung* und *Monetarisierung* von Lebensverhältnissen. Soziale Sachverhalte würden durch Verrechtlichung einer „fremden Wenn-Dann-Struktur" und damit einer „gewalttätigen Abstraktion" (TkH II, 532) unterworfen, wobei die konkreten Lebenssituationen, um administrierbar zu sein, notwendig ausgeblendet werden müßten. Das führe zu einer „konsumistischen Umdefinition" (TkH II, 533) konkreter Lebensrisken (z.B. Umstellung auf Geldleistungen) und damit in der Lebenswelt selbst zur Ökonomisierung und finanziellen Bewertung leiblicher wie psychischer Lebensbedürfnisse: „Die dilemmatische Struktur dieses Verrechtlichungstyps besteht darin, daß die sozialstaatlichen Verbürgungen dem Ziel der sozialen Integration dienen sollen und gleichwohl die Desintegration derjenigen Lebenszusammenhänge fördern, die durch eine rechtsförmige Sozialintervention vom handlungskoordinierten Verständigungsmechanismus abgelöst und auf Medien wie Macht und Geld umgestellt werden" (TkH II, 534).

Im Verlaufe dieses Verrechtlichungsprozesses kommt es zur *Institutionalisierung strategischen Handelns* in Bereichen, die bislang nur informell geregelt waren und auf der Basis von *Verständigungsprozessen* funktionierten. Habermas führt in diesem Zusammenhang das Schul- bzw. Familienrecht als Beispiel an. Er zeigt im Anschluß an Simitis auf, wie die Verrechtlichung von Familienverhältnissen, wenngleich in emanzipatorischer Absicht vorgenommen, doch in neue Formen von Abhängigkeiten münde und auf Grund der Justizialisierung von Tatbeständen zu Handlungsformen führe, die der kommunikativen Struktur familiärer Beziehungen unangemessen sei (vgl. TkH II, 540 ff.). Ähnliches läßt sich auch im Bereich des Schulrechts konstatieren. Das legitime Anliegen, rechtsstaatliche Prinzipien auch im Schulbereich zu verankern, führe zu Bürokratismus, Beeinträchtigung pädagogischen Handelns, Entpersönlichung, Verantwortungsabbau u.a.m. (TkH II, 545).

Die Herausarbeitung des Verdinglichungsaspektes gelingt Habermas m.E. auf überzeugende Weise. Es scheint wichtig, sozialstaatlichen Vorstellungen entgegenzutreten, die meinen, man könne im Lichte eines technokratischen Optimismus und linearer Fortschrittsvorstellungen mittels sozialer Intervention Freiheitschancen steigern, ohne die Gefahren einer Instrumentalisierung menschlicher Kommunikation zu sehen. Die kritische Erinnerung an notwendige Grenzen des rechtlich Regulierbaren ist daher von besonderer Aktualität.

Gleichwohl läßt auch hier die Entgegensetzung von System und Lebenswelt eine Fülle von Fragen offen, die das Problem der *Vermitteltheit* beider betreffen. Wenn nämlich Habermas informell geregelte Sphären der Lebenswelt mit den verdinglichenden Verrechtlichungsschüben des sozialstaatlichen Interventionismus konfrontiert, so legt er einen verengten Begriff von Recht zu Grunde. Die strikte Trennung von System und Lebenswelt versagt es ihm zu erfassen, daß diese informell geregelten Sphären ihre Verständigungsleistungen selbst nur unter ganz bestimmten, *rechtlich strukturierten Rahmenbedingungen* erbringen konnten. Sie standen also immer schon unter „medialen" Ermöglichungsbedingungen, waren mit ihnen notwendig verbunden bzw. durch sie auch bedroht. Die rechtliche Machtinstrumentierung mag zwar, historisch gesehen, stärker personalisiert (also über andere Medien wie z.B. „Einfluß“ gesteuert) und mit geringerem staatlich organisiertem Zwangspotential begleitet gewesen sein. Sicher hat die sozialstaatliche Verrechtlichung gegenüber vorgangegangenen Rechtsstrukturen auch an *Eingriffsintensität* zugenommen. Dennoch sollte der Zusammenhang von Verrechtlichung und Verdinglichung nicht auf eine bestimmte Phase der Rechtsentwicklung fixiert werden. Ansonsten besteht die Gefahr, die überkommene, nunmehr durch das Recht des Sozialstaats überformte Lebenswelt als einen Restbestand gelungener Kommunikation zu idealisieren.

Das Problem zeigt sich auch prospektiv, im Zusammenhang mit der Frage, wie die durch bestimmte Verrechtlichung bewirkte Verdinglichung überwunden werden könnte. Eine Chance wird in der Stärkung des kommunikativen Moments, etwa in Form *konsensorientierter Konfliktregelungsverfahren* gesehen, wobei Habermas aber erneut den Rechtsbegriff auf das „Medium“ reduziert. Im Hinblick auf den Rahmen einer rechtsstaatlichen Schulverfassung meint er etwa, dieser „sollte nicht durch das Rechtsmedium, sondern durch konsensorientierte Verfahren der Konfliktregelung ausgefüllt werden“ (TkH II, 546). Zutreffend ist daran sicher die Forderung nach Rückzug des Rechts aus Interaktionsprozessen. Unthematisiert bleibt aber, daß dieser Rückzug des Rechts selbst unter *spezifischen rechtlich institutionellen Ermöglichungsbedingungen* steht, die erst die praktische Chance gelingender Kommunikation eröffnen.[19] Wird nämlich der durchzuführende „Diskurs“ von den ihn gewährleistenden rechtlich-institutionellen Voraussetzungen derart abgelöst betrachtet, so ist fraglich, ob mit dem Begriff der Lebenswelt mehr als die schlechte, weil *abstrakte Utopie* transparenter Kommunikation gemeint sein kann und keineswegs ein umgrenzbarer Horizont geschichtlicher Lebensformen.

19 Dies ist auch einer der zentralen Gesichtspunkte in der Kritik von I. *Maus* (Anm. 17), 316, die betont, „‚Institutionen der Freiheit‘ ..., die sich nicht auf die Restbestände von Lebenswelt beschränkten, sondern auch Zonen autonomer diskursiver Normbildungsprozesse in ‚systemischen‘ Bereichen errichteten, hätten in diese ‚äußere Verfassung‘ Organisations- und Verfahrensnormen für Diskurse unter empirischen Bedingungen aufzunehmen.“

NATURRECHT UND KULTURWISSENSCHAFT

Erwägungen zum Begriff der „Kultur" in der rechtswissenschaftlichen Grundlagendiskussion

Eva Maria Maier

1. Einleitung

Der Begriff der „Kultur" hat erst verhältnismäßig spät, nämlich ab dem Ende des 19. Jahrhunderts, in der philosophischen und juristischen Literatur deutlichere Aufmerksamkeit und gleichzeitig seine hiefür maßgebliche Prägung erfahren.[1] Insbesondere im Zeichen der sogenannten „Kulturwerte" hat er sich seither als gleichermaßen selbstverständlicher wie in seiner systematischen Bedeutung zumeist ungeklärter Topos juristischer Methodenerwägungen erhalten. Die Rede ist etwa vom „Recht als Kulturerscheinung"[2], von diesem verpflichtend vorgelagerten „Kulturnormen"[3]; oder es wird wie in jüngster Zeit erneut der Versuch unternommen, Rechtswissenschaft als „Kulturwissenschaft" zu begründen.[4] Hier nun soll Herkunft und spezifischem Stellenwert des Begriffs der „Kultur" im Rahmen juristischer Grundlagenliteratur sowie dessen Wirksamkeit für die Methodendiskussion der Gegenwart nachgegangen werden.

Zu den Voraussetzungen für das Hervortreten des Begriffs der Kultur gehört jedenfalls notwendig jener neuzeitliche Prozeß der Ablösung entelechial geprägter Ordnungskonzepte, der Natur und Geschichte systematisch (wenn auch nicht notwendig vermittlungslos) auseinandertreten läßt. Dies mündet freilich im 19. Jahrhundert in deren gleichermaßen naturalistische wie historistische Einebnung.[5]

Allerdings kommt im Begriff der Kultur zunächst nicht das Anliegen einer grundlegenden Wesensbestimmung des Menschen zum Ausdruck.[6] So bleibt er etwa bei Kant beschränkt auf die spezifische Naturbestimmung des Menschen, welche im

1 Vgl. Art. „Kulturphilosophie", in: J. Ritter, K. Gründer (Hrsg.), Historisches Wörterbuch der Philosophie, Bd. 4, Darmstadt 1976, Sp. 1309 ff.

2 H. *Coing*, Grundzüge der Rechtsphilosophie. Berlin [4]1985, S. 131 ff.

3 *Ders.*, Grundzüge, S. 190, 214; vgl. auch H. *Henkel*, Einführung in die Rechtsphilosophie. München [2]1977, S. 513 f.

4 So P. *Häberle*, Verfassungslehre als Kulturwissenschaft. Berlin 1982, insbes. S. 47 ff. Vgl. auch dessen ausführliche Literaturnachweise zur juristischen Rezeption des Kulturbegriffs, S. 48 ff.

5 Zum komplementären Verhältnis von Naturalismus und Historismus vgl. R. *Spaemann*, Art. Natur, in: H. Krings u.a. (Hrsg.), Handbuch philosophischer Grundbegriffe, Bd. 4, München 1973, S. 964.

6 Vgl. J. *Schwartländer*, Der Mensch ist Person. Kants Lehre vom Menschen, Stuttgart 1968, S. 54 ff.

Zeichen eines neuzeitlich gewandelten Begriffes von „Natur“ jedoch keinerlei schlechthin gültige Kriterien menschlicher Praxis enthält. Sie bezeichnet vielmehr die bloße „Hervorbringung der Tauglichkeit eines vernünftigen Wesens zu beliebigen Zwecken überhaupt“[7]. „Kultur“ bleibt somit ihrem Begriffe nach als bloße Naturanlage offen auf die vernünftige Selbstbestimmung sich selbst denkender und wollender transzendentaler Freiheit, deren natürliche Verwirklichungsbedingungen sie zum Ziel hat. Diese verbleiben der Freiheit freilich nicht bloß äußerlich, sondern in ihnen wird bloße Natur als Natur eines praktischen Subjekts im Hinblick auf konkrete Ermöglichung von Freiheit immer schon überschritten – freilich ohne daß diese im bloß strategischen Verfügen über naturale Voraussetzungen aufgeht.

Zentrale Bedeutsamkeit und weitgehende Verbreitung in der rechtsphilosophischen Diskussion erlangt der Begriff der Kultur erst als einigender Bezugspunkt ungelöster praktischer Begründungsfragen in der politischen Krise des ausgehenden 19. und beginnenden 20. Jahrhunderts. Nach der endgültigen Ablöse naturrechtlicher Traditionen scheint er, im Durchgang durch einen grundlegenden Wandel des Begriffs der Natur und dessen Entlassung aus jeglichem rechtlichen Begründungszuammenhang, eine neuerliche Hinkehr zu „materialen“ Grundlagen der Rechtsbegründung zu eröffnen,[8] den sich selbst konkurrierende philosophische Richtungen zu eigen machen. Diese universelle Bedeutsamkeit des Begriffs der „Kultur“ geht freilich, wie noch zu zeigen sein wird, einher mit einer charakteristischen systematischen Verengung rechtlicher Grundlagenreflexionen – die ebenfalls allen Richtungen auffällig gemeinsam ist.

2. Zum Verhältnis von „Natur“ und „Kultur“

Dabei stellt sich der Begriff der „Kultur“ zunächst vor allem vor dem Hintergrund einer Grundlagenreflexion dar, die vorwiegend zur Wissenschaftstheorie und strukturellen Erfassung der die gesamte „Objektwirklichkeit“ beherrschenden Einzelwissenschaften geraten ist.[9] In ihm soll sich nunmehr auch ein gemeinsames Prinzip aller nicht naturwissenschaftlichen Disziplinen finden,[10] das insbesondere auch geeignet erscheint, den in der Rechtswissenschaft herrschenden Formalismus zu überwinden. So erscheint es etwa Larenz als das Verdienst der sog. „südwestdeutschen“ Schule des Neukantianismus, durch die systematische Erschließung der „Kulturwissenschaften“, zu denen nunmehr auch die Rechtswissenschaft zählt, „über die im engeren Sinne wissenschaftstheoretische Fragestellung der anderen

7 I. *Kant*, Kritik der Urteilskraft, zit. nach Suhrkamp-Werkausgabe, Bd. X, Frankfurt 1974, S. 390.

8 Vgl. E.-W. *Böckenfördes* Erörterungen zum Wertbegriff, in: Kritik der Wertbegründung des Rechts. Überlegungen zu einem Kapitel „Rechtsphilosophie“, in: R. Löw (Hrsg.), OIKEIOSIS, FS für R. Spaemann, Weinheim 1987, S. 1 ff.

9 Vgl. H. *Rickert*, Vom Begriff der Philosophie, in: Logos 1 (1910/11), S. 13.

10 Vgl. *ders.*, Kulturwissenschaft und Naturwissenschaft. Tübingen $^{4\text{ u. }5}$1921 (hinkünftig zit. als „Kw“), S. 23 ff.

neukantischen Richtungen hinausgewachsen" und „den Weg zu einer neuen Kulturphilosophie und Metaphysik bereitet"[11] zu haben.

Dabei erschließt sich der systematische Stellenwert des Begriffs der „Kultur" weiterhin wesentlich in Gegenüberstellung zu dem der „Natur", wie ihn die Naturwissenschaften methodisch zugrundelegen. So soll der „Alleinherrschaft des Naturbegriffs" bzw. der „naturwissenschaftlichen Weltanschauung"[12] – jedoch ohne deren gleichsam metaphysische Geschlossenheit noch ihren paradigmatischen Charakter ernsthaft in Frage zu stellen – nunmehr auch ein allgemeines Strukturprinzip entgegengestellt werden, welches die bislang fehlende „umfassende philosophische Grundlegung" der „empirischen Kulturwissenschaften"[13] leistet. Dieses trete an die Stelle der herkömmlichen Einteilung nach Gegenstandsbereichen in „Natur- und Geisteswissenschaften" und deren Dualismus von naturhafter „Mechanik" und davon gegenständlich abgehobenem „Seelenleben"[14], welche jedoch gleichermaßen nach dem kausalen Gesetz der Naturwissenschaften bestimmt würden und so wiederum den eigentlich konstitutiven „formalen" Unterschied verstellten.[15] Denn die eigentliche Differenz ergebe sich nicht aus den „sachlichen Eigentümlichkeiten des Materials",[16] sondern sei das Ergebnis abstrahierender wissenschaftlicher Begriffsbildung.[17] Diese sei gleichmäßig auf das gesamte Material empirischer Wirklichkeit bezogen und vermöge gleich dem naturwissenschaftlichen Prinzip der Kausalität analoge Geschlossenheit und wissenschaftliche Leistungsfähigkeit[18] zu vermitteln.

So sei es die Eigentümlichkeit wie das Ungenügen des naturwissenschaftlichen Begriffs, die empirische Wirklichkeit in „generalisierender" Bezugnahme zu einem „homogenen Kontinuum"[19] als einer „Welt reiner Quantitäten"[20] zu formen. Diese Betrachtungsweise sei daher nicht in der Lage, die Vielfalt und „unerschöpfliche Andersartigkeit",[21] das „Einmalige" und „Besondere"[22] der nur in ihrem je individuellen Charakter zu bestimmenden Wirklichkeit in ihrem Begriff aufzufassen. Um in der stetigen Andersartigkeit der Wirklichkeit selbst[23] individuell bestimmte Objekte wissenschaftlicher Darstellung auszumachen, gelte es daher in kulturwissenschaftlicher Perspektive deren Beziehung zu „Kulturwerten"[24] hervorzubringen. So eröffnet sich im Rahmen derselben Wirklichkeit ein prinzipieller wie umfas-

11 K. *Larenz*, Rechts- und Staatsphilosophie der Gegenwart. Berlin ²1933, S. 66 f.
12 *Rickert*, Kw, S. 6 f.
13 *Ders.*, Kw, S. 9.
14 *Ders.*, Kw, S. 13.
15 Vgl. *ders.*, Kw, S. 14 ff.
16 *Ders.*, Die Grenzen der naturwissenschaftlichen Begriffsbildung. Tübingen 1921, S. 143.
17 Vgl. *ders.*, Kw, S. 30 ff.
18 Vgl. *ders.*, Kw, S. 92 f.
19 *Ders.*, Kw, S. 36.
20 *Ders.*, S. 37.
21 *Ders.*, Kw, S. 37.
22 *Ders.*, Kw, S. 44.
23 Vgl. *ders.*, Kw, S. 92 f.
24 *Ders.*, Kw, S. 93.

sender „logischer" Gegensatz von Natur und Geschichte,[25] der freilich bereits eine unvermittelbare Dichotomie von Naturwissenschaft und historisch gewendeter Kulturwissenschaft herbeiführt.

Hierin unternimmt es Rickert, äußerlich an die Tradition naturrechtlich-antithetischer Begriffsbildung – etwa der traditionellen Gegenüberstellung von „nomos" und „physis" bzw. „voluntas" und „natura"[26] – anzuschließen.[27] Doch wird dabei der entscheidende systematische Unterschied zu allen maßgeblichen Entwürfen naturrechtlicher Kritik verwischt, der Zugang zu deren eigentlicher Bedeutung nachträglich verstellt. Diese hatten nämlich nie ein bloß theoretisches Anliegen, schon gar nicht eine abstrahierende Teilung der Wirklichkeit zum Ziel. Den Begriff der „Natur" galt es vielmehr kritisch und emanzipatorisch spezifischen Bedrohungen von Humanität entgegenzusetzen, um auf diesem Wege grundlegende Bedingungen menschlicher Praxis gegenüber deren defizitären Verwirklichungsformen einzumahnen.[28] Auf diese Weise bestimmte sich der systematische Stellenwert von „Natur" zwar wesentlich in Bezug zu seinem dialektischen Gegenbegriff. Dadurch eröffnete sich jedoch stets ein produktives Spannungsverhältnis. In ihm kam vorzüglich die auf Vermittlung gerichtete gegenseitige Verwiesenheit von regulativen „Naturprinzipien" und deren geschichtlichen Verwirklichungsbedingungen zur Sprache. Gleichzeitig wurde deren unaufhebbare Differenz im Hinblick auf alle kontingenten Formen ihrer Realisierung hervorgehoben. Auf diese Weise manifestiert sich der ursprünglich praktische Charakter traditionellen Naturrechtsdenkens.[29] Dieser ist in der spätestens für den Neukantianismus geltenden Parallelisierung und Dichotomie von „Natur" und „Kultur" freilich nicht mehr enthalten.

Zwar wird betont, es handle sich bei dieser Unterscheidung keineswegs um zwei voneinander unterschiedene Welten von Objekten.[30] Vielmehr werde sie durch den „gegensätzlichen" Charakter, nach formal entgegengesetzten „Gesichtspunkten" verfahrender „a priorischer" Wesensbestimmung konstituiert.[31] Beide „Methoden" blieben solcherart in umfassender Weise auf ihren gemeinsamen Gegenstand der „unübersehbaren Mannigfaltigkeit"[32] empirischer Wirklichkeit bezogen und könnten, so Windelband, einander gar nicht „ins Gehege geraten", da sie „diesen ihren gemeinsamen Gegenstand unter zwei ganz verschiedenen Gesichtspunkten betrachteten"[33] und so allererst als Objekt ihrer wissenschaftlichen Erfassung hervorbrächten.

25 Vgl. *ders.*, Grenzen, S. 143 ff.

26 Vgl. R. *Spaemann*, Zur Vorgeschichte von Rousseaus Naturbegriff, in: *ders.*, Rousseau – Bürger ohne Vaterland, München 1980, S. 57 ff.

27 Vgl. *Rickert*, Kw, S. 21.

28 Vgl. R. *Spaemann*, Rousseau, S. 57 ff.

29 J. *Ritter*, „Naturrecht" bei Aristoteles. Zum Problem einer Erneuerung des Naturrechts (1963), in: *ders.*, Metaphysik und Politik. Frankfurt/Main 1977, S. 143 ff.

30 Vgl. *Rickert*, Grenzen, S. 143.

31 Vgl. *ders.*, Kw, S. 30 ff.

32 *Ders.*, Kw, S. 33.

33 W. *Windelband*, Präludien. Bd. 1, Tübingen ^{6}1919, S. 67.

Dies freilich bezeichnet kein Verhältnis gegenseitiger Vermitteltheit im Zeichen der konkreten Ermöglichung menschlicher Praxis, wie dies in den erwähnten antithetischen Begriffspaaren naturrechtlicher Herkunft zum Ausdruck kommt.[34] Vielmehr ist die Entgegensetzung von Natur und Kultur das Ergebnis isolierender Abstraktion nach einem, so Rickert, „formalen Prinzip der Auswahl".[35]

Diese kann jedoch insbesondere die Isolation naturwissenschaftlicher Begriffsbildung gegenüber allen Kriterien praktischer Vernunft nicht überwinden. Vielmehr erweist sie sich selbst lediglich als dualistische Verdoppelung eines szientistischen Wirklichkeitsverständnisses. Diesem liegt wiederum ein durchaus unvermittelter Naturalismus zu Grunde.

Der Begriff der Kultur stellt demgegenüber nur den Versuch dar, durch dasselbe Maß an formalisierender Abstraktion zur bloßen inhaltslosen Form auch die nicht naturwissenschaftlichen Disziplinen zu integrieren. Dadurch wird jedoch gerade die geschlossene Konzeption des Systems ausschließlich empiristisch-theoretischer Erkenntnis (und solcherart zu bestimmender Wirklichkeit) nicht transzendiert, sondern gesteigert. Insbesondere findet im Begriff der – auch die Rechtswissenschaften einschließenden – „Kulturwissenschaften" eine umfassende Einebnung und Umdeutung aller praktischen Reflexion in (historistisch verstandene) Geschichtswissenschaft statt.[36] Auch bleiben deren Methode und Gegenstand weiterhin von jener der „Naturwissenschaften" durch eine solche bloße abstrakte Entgegensetzung komplementärer Strukturmerkmale abgeleitet. Gerade diese vermittlungslose Dichotomie von „Naturwissenschaften" und „Kulturwissenschaften" ist so selbst Ausdruck einer vorgängigen Reduktion aller Wirklichkeit[37] auf bloße Faktizität bzw. pure Naturwüchsigkeit.

3. „Kulturwissenschaft" als Verlust praktischer Vernunft

So verstanden kommt freilich weder dem Begriff der „Natur" noch dem der „Kultur" irgendeine praktische Relevanz zu. Sie enthalten kein Kriterium, nach dem sich menschliche Praxis zu bestimmen bzw. juristische Legitimationsansprüche zu orientieren vermöchten.

Allenfalls kommt darin, von allen Ansprüchen praktischer Vernünftigkeit abgelöst, ein Handlungsbegriff zum Ausdruck, der einseitig am Interesse progressiver Naturbeherrschung orientiert ist. Als solcher verbleibt er jedoch in sich selbst aporetisch. Denn auch der neuzeitliche Begriff der Natur wird nicht adäquat erfaßt, bleibt er bloß naturalistisch auf sich selbst bezogen. Er kommt vielmehr selbst nur in Offenheit hin auf eine ihn je überschreitende und zu sich selbst vermittelnde autonome Praxis zur Geltung, durch die ein solches Naturverständnis zu allererst

34 Vgl. *Spaemann*, Rousseau, S. 57 ff.

35 *Rickert*, Kw, S. 39.

36 Vgl. *ders.*, Kw, S. 20.

37 Vgl. dazu insbes. M. Heideggers Kritik am Begriff des „Wertes", den er zutreffend als „Halbheit" entlarvt, in: Einführung in die Metaphysik. Tübingen ⁴1976, S. 151 f.

freigesetzt ist.[38] Ist doch auch jedwede noch so perfekte technische Naturbeherrschung im Zeichen nachprüfbarer Kausalitätszusammenhänge auf vorgängige praktische Zwecksetzungen verwiesen, die durch instrumentell-naturwissenschaftliches Denken allein nicht einlösbar sind.[39]

Angesichts dieser Tendenz zur formalisierenden Abstraktion überrascht es nicht, daß auch die kulturwissenschaftlichen Disziplinen alle Wirklichkeit, so auch alles menschliche Handeln, zunächst und ausschließlich als geschlossenen abstrakten Zusammenhang „naturnotwendiger" Verknüpfungen[40] begreifen. Erst nachdem das damit verbundene Handlungsmodell solcherart politisch neutralisiert, seiner praktisch-freiheitlichen Struktur entledigt und auf bloße „wertfreie"[41] Faktizität bzw. bloßes instrumentelles „Herstellen" eingeebnet wurde, soll ihm nachträglich und gewissermaßen von außen die aus dem Begriff der Praxis desintegrierte Teleologie aus einem jenseitigen Reich bloß idealiter „geltender" und als „gesollt entgegentretender"[42] Werte erneut zukommen. So tritt freilich bloß dem Reich abstrakter Naturkausalität ein Reich davon abgelöster ebenso inhaltsloser idealer „Zwecke" gegenüber, beide gleichermaßen „Zerfallsprodukte" eines verlorengegangenen Begriffs naturrechtlicher Entelechie[43] bzw. praktischer Vernünftigkeit überhaupt. Nur die äußere „Beziehung auf Werte"[44] qualifiziert naturale Vorgänge äußerlich zu „Kulturobjekten", insoferne an ihnen nunmehr Werte „haften".[45]

Die solcherart hypostatisierten Kulturwerte verbleiben also in einem abstrakten Subjekt-Objekt-Schema im Verhältnis zu dem „nach gewerteten Zwecken handelnden Menschen"[46]. Gegenüber diesem objektivistisch konzipierten „transpersonalen System der Werte"[47] bleibt diesem nur noch die Aufgabe des faktischen Nachvollzugs bzw. der äußeren Applikation desselben – etwa im sogenannten „Kulturwerk" oder der „Kulturtatsache".[48] Freiheit wird so systematisch beschränkt auf das bloß naturale Vermögen der äußeren Entsprechung gegenüber von ihr abgelöst „geltenden" Verhaltensansprüchen. Gerade im Zeichen eines solchen Willkürbegriffs von Freiheit eröffnet sich freilich erst eine nicht vermittelbare Konkurrenz zwischen „einer Gesetzgebung des Müssens und des natürlichen Geschehens und einer anderen des Sollens und der idealen Bestimmung".[49]

38 Vgl. *Spaemann*, Natur, S. 965.

39 Vgl. O. *Höffe*, Sittliches Handeln: Ein Problemaufriß, in: H. Lenk (Hrsg.), Handlungstheorien – interdisziplinär, Bd. II/2, München 1979, S. 623 ff.

40 *Windelband*, a.a.O., S. 69.

41 *Rickert*, Kw, S. 21.

42 *Ders.*, Kw, S. 22.

43 Vgl. R. *Spaemann*, Die Aktualität des Naturrechts, in: F. Böckle, E. W. Böckenförde (Hrsg.), Naturrecht in der Kritik. Mainz 1973, S. 267, vgl. auch *Böckenförde*, a.a.O., S. 3 ff.

44 *Rickert*, Kw, S. 22.

45 *Ders.*, Kw, S. 21.

46 *Ders.*, Kw, S. 21.

47 G. *Radbruch*, Ueber den Begriff der Kultur, in: Logos 1 (1910/11), S. 205.

48 *Ders.*, Kultur, S. 202, 200.

49 *Windelband*, a.a.O., S. 60.

4. Zur rechtsphilosophischen Rezeption

Welche Auswirkungen hat der dargestellte Zerfall praktischer Vernunft für die nachfolgende rechtsphilosophische Grundlagen- und Methodendiskussion?

Eine ausdrücklich kulturwissenschaftliche Deutung rechtsphilosophischer Fragen findet vor allem im „Wertrelativismus" Radbruchs statt, der dessen Hauptwerk bestimmt. Dieser betont den „wertbeziehenden"[50] Charakter von „Rechtsbegriff" und rechtswissenschaftlicher Methode, wonach diesen eine gleichsam vermittelnde Funktion zwischen „Wert- und Seinsbetrachtung" zukomme,[51] der methodische „Dualismus" also zu einem methodischen „Trialismus" ergänzt werde.[52]

Freilich wird dadurch die charakteristische – und zwar durchaus monistische – Verdoppelung von bloßem Faktum und davon abgehobenem Wert keineswegs überwunden oder gar juristisch nutzbar gemacht. Der angestrebte Wertbezug beschränkt sich ebenso wie etwa die Relevanz „logischer", „ästhetischer" und „ethischer Normen" schon bei Windelband seiner Struktur nach auf die bloß nachträgliche „Beurteilung"[53] aus „rein theoretischem Interesse"[54] dessen, was ohnedies „mit faktisch kausaler Notwendigkeit"[55] gedacht oder entschieden wurde. Im Sinne dieses monistischen „Dualismus" ist es auch zu verstehen, daß sich in Radbruchs „historischem Kulturbegriff" sowohl „Wertverwirklichungen" wie „Wertverfehlungen" als „gleichermaßen auf Werte beziehbar"[56] und durch diese konstituiert in gleichmäßiger Harmonie gegenüberstehen.

So wird jedenfalls deutlich, daß einer solchen „apriorischen" „Rechtsidee" bzw. einem damit verbundenen „Reich idealer Werte" keineswegs der Charakter transzendentaler Unbedingtheit zukommt, sondern allenfalls jener durch größtmögliche Abstraktion zu äußerster Inhaltslosigkeit gesteigerter empirischer Grundstrukturen. Folglich ergibt sich die „Einheitlichkeit" der Kultur bei Radbruch auch erst nachträglich aus der Perspektive eines historistisch-abstrahierenden „theoretischen Betrachters",[57] sodaß, so Radbruch, „jede Generation sich selbst zerrissen und (erst) jeder folgenden als einheitlich erscheinen"[58] muß.

Denn ein Allgemeines gerät offenbar von vornherein nur mehr im Sinne bloß empirischer Allgemeinheit als des „durchschnittlich sich Wiederholenden"[59] in den Blick, wohl nach dem Modell der Naturwissenschaften und einer an diesen orien-

50 G. *Radbruch*, Rechtsphilosophie. Hrsg. v. E. Wolf und H.-P. Schneider, Stuttgart [8]1973, S. 92.
51 Vgl. ebd., S. 95.
52 Vgl. ebd., S. 114.
53 *Windelband*, a.a.O., S. 67.
54 *Ders.*, a.a.O., S. 65.
55 *Ders.*, a.a.O., S. 63.
56 *Radbruch*, Kultur, S. 205.
57 Ebd.
58 Ebd.
59 C. *Schmitt*, Politische Theologie. Vier Kapitel zur Lehre von der Souveränität, Berlin [2]1934, S. 22.

tierten Gesetzesmetaphysik. Demgegenüber verhält sich ja auch die schlechthin individuelle vereinzelte Willensbetätigung als Kriterium kulturwissenschaftlicher Betrachtung des Rechts komplementär. Beiden liegt dieselbe isolierende Abstraktion zugrunde und dieselbe alle praktische Relevanz einebnende Disjunktion von Wille und Vernunft, die Entscheidung und Rationalität jeweils unvermittelt auseinandertreten läßt.

Aus einem solchen abstrakten System der „Werte" bzw. dem Verständnis der „Kultur" als der zu einer äußerlich-summativen Einheit zusammengefaßten „Mehrheit von Wertverwirklichungen"[60] lassen sich demnach keinerlei Kriterien zur Bestimmung menschlicher Praxis, noch zur Legitimation oder Kritik rechtlicher Institutionen gewinnen. Unter diesem Gesichtspunkt zeigt es sich als auch wenig wesentlich, ob diese Abstraktionsbegriffe mehr in Anknüpfung an die Scheler'sche „materiale Wertethik" (auf welche der Großteil juristischer Wertbetrachtung zurückgreift)[61] die Dignität ontologisch vorgegebener Wesensinhalte beanspruchen – die erst recht zu grundlegend dezisionären Strukturen hinzutreten – oder neukantianisch auf einen inhaltlich beliebigen Willensakt verweisen.

Versteht man juristische Entscheidung nicht immer schon als Vermittlung eines Unbedingten, etwa im Zeichen der konkreten Ermöglichung transzendentaler Freiheit, gelangt sie nicht über die inhaltsleere Abstraktion einer zufälligen „Vielheit" partikulärer Interessensstandpunkte hinaus. Auch der abstrakt „individualisierende" Charakter des Wertes in der (historisch gewendeten) „kulturwissenschaftlichen" Betrachtung des Rechts kann durch seine punktualisierende Bezugnahme keine Entscheidung als unbedingte, sondern nur als bloß unvermittelt und isoliert „einzelne" erfassen und so ebensowenig wie die bloß „generalisierende Begriffsbildung"[62] der Naturwissenschaften hinreichende Bestimmtheit juristischer Tätigkeit erzeugen. Vielmehr unterwirft sie diese bloß einer ungeschichtlichen Historisierung. Natur wie Geschichte werden gleichermaßen in die Distanz einer geschlossenen abstrakt-empiristischen Wissenschaftstheorie gebracht.

Diese kann freilich einem bestimmten praktischen Anliegen nicht entgehen – nämlich dem der politischen Neutralisierung jeglicher Praxis. Insbesondere betrifft dies auch alle Legitimationsansprüche des Rechts, die im Begriff der „Geltung" eine formalisierende Umdeutung und deren prinzipielle Ausklammerung aus der Rechtswirklichkeit erfahren.[63]

Dieses praktische Defizit schlägt sich gleichfalls gerade in einer mangelnden Geschichtlichkeit des Denkens nieder. Denn eine solche isolierende Abstraktion „historischer" Einzelheiten, die diese aus dem Kontext konkreten Freiheitshandelns löst,

60 *Radbruch*, Kultur, S. 201.

61 Siehe dazu kritisch G. *Luf*, Zur Problematik des Wertbegriffes in der Rechtsphilosophie, in: „Jus Humanitatis", Festschrift für Alfred Verdross zum 90. Geburtstag. Berlin 1980, S. 139 ff.

62 *Rickert*, S. 60.

63 Zur entpolitisierenden Reduktion aller Legitimation auf „Geltung" vgl. C. *Schmitt*, Legalität und Legitimität (1932), in: *ders.*, Verfassungsrechtliche Aufsätze. Berlin 1958, S. 263 f.

ist gerade nicht geeignet, die geschichtlich einmalige Entscheidung in ihrer bestimmten Positivität zur Geltung zu bringen. Die isolierende, letztlich doch nur quantitativ differenzierende Bezugnahme auf das bloße Faktum orientiert sich ausschließlich an dessen technischer Beherrschung und damit gerade an seiner beliebigen Reproduzierbarkeit. Der Begriff der Kultur bleibt in dieser Verwendungsweise Ausdruck dieser Vereinzelung und Reduktion geschichtlichen Freiheitshandelns zum bloß neutralen Objekt der Historie. Er soll deren verlorengegangene Allgemeinheit durch eine nachträgliche bloß summative Einheit und Harmonisierung ersetzen.

5. *Kulturwissenschaft und „Rückkehr des Naturrechts"*

In diesem Zusammenhang fügen sich aber auch die nur scheinbar konkurrierenden Bemühungen der sogenannten „Naturrechtsrenaissance" – wie als erste die der Vertreter der Neuscholastik – um Wiedergewinnung vermeintlich traditionaler Grundlagen des Rechts. Es zeigt sich nämlich, daß diese nicht an die praktische Reflexion des klassischen Naturrechts noch des neuzeitlichen Freiheitsethos anknüpfen, sondern Zuflucht nehmen zu jenem abstrakten Reich der Werte, wie es Neukantianismus und Wertphilosophie gleichermaßen verheißen. Lassen sich doch hier gegenüber einer überwiegend mit der Analyse des positiven Rechts und der Beschreibung historischer Rechtssysteme beschäftigten Rechtstheorie einerseits und gegenüber der politischen Herausforderung durch Aufklärung und Liberalismus andererseits scheinbar Restbestände material-„objektiver" Grundlagen des Rechts ausmachen[64] – wenngleich bloß in „überpositiver und übergeschichtlicher Transzendenz".[65]

Dieses „so zurückgerufene Naturrecht" erweist sich indes, so Ritter, als „das von seiner philosophischen Begründung gelöste Naturrecht in seiner Endschaft",[66] das mehr und mehr dazu übergeht, sich seiner eigenen – vom Positivismus entworfenen – Karikatur[67] anzugleichen. Denn das solcherart zurückgekehrte Naturrecht kann sich kaum mehr auf die Tradition aristotelischer Politik bzw. thomistischer Ontologie berufen, sondern sichert sich die angestrebte Geschichts- und Weltüberlegenheit durch die Rezeption jener Abstraktionen, deren systematischer Stellenwert und Funktion wohl gerade in ihrer begrifflichen Darstellung durch den Neukantianismus am augenfälligsten in Erscheinung treten.

So findet sich bereits bei repräsentativen Vertretern neuscholastischer Rechts-

64 Vgl. D. Petrik, Emil Erich Hölscher (1880–1935) und Karl Otto Petraschek (1876–1950) im Zusammenhang des katholischen Rechtsdenkens. Ein Beitrag zur Geschichte der juridischen Neuscholastik und der Rechtsphilosophie in Deutschland, Paderborn, 1981, S. 70 ff.; vgl. J. *Ritter*, a.a.O., S. 142 ff.; vgl. E. *Przywara*, Die Problematik der Neuscholastik, in: Kant-Studien 33 (1928), S. 82 ff.

65 J. *Ritter*, a.a.O., S. 144.

66 *Ders.*, a.a.O., S. 142.

67 Vgl. etwa die bekannte „Naturrechtskritik" bei H. *Kelsen*, Das Problem der Gerechtigkeit, in: *ders.*, Reine Rechtslehre. Wien ²1960, S. 402 ff.

und Sozialphilosophie die traditionelle Metaphysik längst abgelöst durch den Begriff der „Kultur“ als dem, so etwa Schilling, „Grundbegriff der Sozialphilosophie“.[68] Die ontologische Begrifflichkeit von „existentia“ und „essentia“ beispielsweise erscheint längst übergeführt in jene mit dem Positivismus wesentlich gemeinsame unvermittelte wie analoge Gegenüberstellung von „Sein und Sollen“ bzw. kausalem Naturgesetz und ideal geltendem Kulturwert.[69] Dies ändert sich auch nicht, wenn das positivistische „Grundverhältnis von Sein und Sollen“[70] – nicht mehr bloß der Darstellung „abstrakter Beziehungen“[71] und formalisierender Reduktionen dienen soll, sondern zu gleichsam metaphysischer Bedeutung erhoben wird. Die zugrundeliegende Dichotomie ist auch in jenem komplementären Standpunkt enthalten, der nunmehr ausdrücklich die wesenhafte „Identität von Sein und Sollen“ behauptet[72] bzw. den zwischen Wert und Wirklichkeit vermittelnden Charakter der Kultur herausstellt.[73]

Diese neukantianisch bzw. positivistisch orientierten Systembildungsversuche – und nicht das „klassische Naturrecht“ – haben es auch zu jenem zu Recht fragwürdigen Nebeneinander von positivem und „überpositivem“, natürlichem Rechtssystem gebracht. Dieses stellt freilich bloß die hypostatisierte Verdoppelung eines Rechtsbegriffs dar, nämlich des positivistisch geprägten. Sie ist Ausdruck des Ungenügens einer Rechtspraxis, die sich nur durch den deduktiven Vollzug eines zu größter Abstraktheit hin formalisierten positivistischen Rahmens zu legitimieren sucht. Diesem erscheint die „naturrechtliche“ oder „werthafte“ Komponente freilich bloß unvermittelt hinzugefügt. Ja, sie bleibt darüberhinaus auch demselben Legitimationsmodell verpflichtet, dessen Struktur nur durch die Erschließung weiterer formaler Obersätze angereichert werden soll.[74]

So bekämpft schließlich auch die positivistische Naturrechtskritik, etwa Kelsens, im Abstraktum eines überzeitlichen normativen Gefüges, dessen „Geltungsanspruch“ sich auf die Erwartung jenseitiger Sanktionen stütze, eigentlich die Projektion des eigenen Rechtskonzepts.[75]

Diese wird freilich gleichermaßen von vielen Vertretern solcher „Naturrechtserneuerung“ in Anspruch genommen. Soll doch das Naturrecht nunmehr ein „wahres, wirkliches, geltendes, seiendes Recht“[76] sein, das vom positiven Recht abge-

68 O. *Schilling*, Christliche Sozial- und Rechtsphilosophie. München 1933, S. 50.

69 Vgl. K. *Ritter*, Zwischen Naturrecht und Rechtspositivismus. Witten-Ruhr 1956, S. 23 ff.

70 Ebd.

71 K. *Petraschek*, System der Rechtsphilosophie. Freiburg im Br. 1932, S. 39.

72 Vgl. K. *Ritter*, a.a.O., S. 23.

73 Vgl. *Petraschek*, a.a.O., S. 39.

74 So formuliert C. *Schmitt*, Gesetz und Urteil, Berlin 1932, S. 40 f., treffend: „Die Bemühungen, aus der Idee des Rechts Normen zu konstruieren, die Ableitung solcher Normen aus einem ‚Kulturideal‘, die ... Verweisung an die ‚Natur der Sache‘, oder Bedürfnisse des Verkehrslebens, all das bleibt immer an dem Gesichtspunkt orientiert, die Norm zu liefern, unter die subsumiert werden kann ...“

75 Vgl. *Kelsen*, a.a.O., S. 29 ff., S. 406 ff.

76 V. *Cathrein*, Recht, Naturrecht und positives Recht. Freiburg i. Br. 1901, S. 125.

hoben und schlechthin unabhängig von seiner Positivierung, gleich jenem ein ebenso in sich geschlossenes Normengefüge darstellt. Die apologetische Behauptung einer die positive Rechtsordnung deduktiv verpflichtenden und ihr im Widerspruchsfalle konkurrierenden, kompakten Naturrechtsordnung – wohl auch Ausdruck kirchlicher Bemühungen um Positionsbestimmung bzw. Abgrenzung gegenüber einer endgültig säkularisierten Staatlichkeit – bedient sich hierbei der von Positivismus bzw. Kulturphilosophie bereitgestellten Abstraktionen – etwa der zweier getrennter „Welten", von „Sein und Sollen", „transzendenten" Werten oder einem „jenseitigen" Gesetzgeber.

Dementsprechend weisen auch diese Naturrechtsentwürfe vielfach einen „wohlgeordneten" Stufenbau einer Pluralität von nach wissenschaftlichen Disziplinen gegliederten[77] und linear auf einander bezogenen Werten auf, an deren Spitze als „höchstes Kulturgut" und „absoluter Wert" schließlich die „Ehre Gottes"[78] steht. Aus diesem lasse sich linear-deduktiv die Gestaltung des positiven Rechts – in deutlicher Analogie zur positivistischenKonzeption des Stufenbaus der Rechtsordnung – durch bloße Konkretisierung gewinnen. Diese Ordnung ist freilich längst ihrer teleologischen Struktur entledigt, den „Werten" eignet ein, materielle wie „geistige" oder „religiöse" Güter gleichmäßig betreffender Charakter der Verdinglichung, sodaß sie über das Wirklichkeitsverständnis, mit dem sie konkurrieren, nicht hinausreichen. Eine solche metaphysische „Begriffspyramide" kann auch nicht darüber hinwegtäuschen, daß gerade durch eine derartige lineare Abfolge hierarchisch geordneter Werte die systematische Differenz zwischen einer bloß an technischer Naturbeherrschung orientierten „Werkkultur"[79] einerseits und praktischen oder theologischen Perspektiven andererseits weitgehend eingeebnet wird.

Für die Wertphilosophie wie für die Wiederaufnahme des Naturrechts – als „Kulturrecht" – gilt, wie J. Ritter zutreffend formuliert, daß sie „einerseits die Anerkenntnis des durch die Naturwissenschaft gesetzten Begriffs der Wirklichkeit" enthalten, „andererseits de(n) Versuch, gleichwohl das an sich mit ihm Negierte festzuhalten."[80]

In diesem Sinn soll zunächst die verlorengegangene Einheit in bewußter Entgegensetzung zur herrschenden bloß empirisch-isolierenden Betrachtungsweise erneut im Rückgang auf ein ‚Allgemeines" gewonnen werden, welches im Rahmen eines bloß deduktiven Zusammenhangs die ganze Wirklichkeit – nämlich die ganze empirische Welt – unter sich begreift. Doch kann gerade die so angestrebte Allgemein-

77 Vgl. *Schilling*, a.a.O., S. 52.

78 *Ders.*, a.a.O., S. 47; vgl. zur philosophischen und theologischen Defizienz dieser Konzeption die pointierte Kritik M. *Heideggers*, in: Holzwege. Frankfurt/Main 1950, S. 239 f.: „Der letzte Schlag gegen Gott und gegen die übersinnliche Welt besteht darin, daß Gott, das Seiende des Seienden, zum höchsten Wert herabgewürdigt wird. Nicht daß Gott für unerkennbar gehalten, nicht daß Gottes Existenz als unbeweisbar erwiesen wird, ist der härteste Schlag gegen Gott, sondern daß der für wirklich gehaltene Gott zum obersten Wert erhoben wird."

79 *Ders.*, a.a.O., S. 48.

80 J. *Ritter*, a.a.O., S. 143.

heit als Grundlage eines metaphysischen Ordnungsgefüges sich selbst nur noch an jenem Erkenntnismodell orientieren, dem im Rahmen einer vorweg verkürzenden Interpretation alles Wirklichen allein noch der Charakter generell geltender, „unwandelbarer und unveränderlicher“ Gesetzmäßigkeiten zukommt – nämlich dem der Naturwissenschaften. Allerdings verbirgt sich wohl auch unter einem ausschließlich „naturwissenschaftlich“ bestimmten Wirklichkeitsverständnis nicht minder die Tendenz zur Aufrechterhaltung einer in sich geschlossenen – nunmehr mechanistisch umgedeuteten – jedenfalls von jeglicher Praxis abgelöst existierenden Metaphysik. So stellen auch die ‚allgemeinsten“ und „ersten Begriffe“[81] naturrechtlicher Fundierung bloß empirisch allgemeine „Gattungsbegriffe“[82] dar. Sie sollen ausdrücklich durch Abstraktion aus der „sinnlichen Erkenntnis“[83] sowie der Erfahrung des täglichen Lebens[84] gewonnen werden.

Gerade die für das katholische Naturrecht dieser Zeit charakteristische apologetische Haltung führt so zu „jener eigenartigen Mischung zwischen positivistischer, ja lange Zeit materialistischer, mit Vorzug naturwissenschaftlich orientierter Realwissenschaft und den zaghaften Versuchen einer ‚induktiven Metaphysik‘“.[85]

Die derart gewonnenen bloß formalen Abstraktionsbegriffe zeichnen sich freilich durch ein hohes Maß an Inhaltslosigkeit aus. Sie treten als weitgehend entleerter rationalistischer Rahmen gegenüber der konkreten bloß instrumentellen Verfügbarkeit des Rechts zurück, ja tragen die Tendenz zur Freisetzung beliebiger Entscheidung bereits in sich.

Insbesondere besteht auch ein Zusammenhang zwischen der Wahrung einer „material-objektiven“ Basis des Rechts und seiner „transzendenten“ Zwecke, welche freilich nur mehr äußerst formal an überkommene Gemeinwohlbindungen anknüpfen, und dem Festhalten an einem Konzept traditional-deduktiver Herrschaftslegitimation. Leitend ist wohl das Anliegen, das Recht gegenüber politisch-emanzipatorischer Kritik neutral zu bewahren und gleichzeitig als instrumentell verfügbar sicherzustellen. Dem dient die naturrechtliche oder wertphilosophisch formulierte unmittelbare Evidenz transzendenter Werte ebenso wie deren Ausstattung mit der Dignität eines gleichsam naturwissenschaftlichen Zugriffs zur Wirklichkeit durch den Neukantianismus.

6. Aktuelle Tendenzen

Dieses methodische Erbe scheint indes längst nicht überwunden zu sein. Die dargestellten Begründungsschemata, insbesondere das in ihnen enthaltene praktische Defizit, sind bis in die Grundlagendiskussionen und Methodenerörterungen der Gegenwart – und zwar solcher unterschiedlichster methodischer Zuordnung –

81 Cathrein, a.a.O., S. 23.
82 K. *Ritter*, a.a.O., S. 23.
83 Ebd.
84 Vgl. *Cathrein*, a.a.O., S. 23 ff., S. 131.
85 *Przywara*, a.a.O., S. 79.

weithin wirksam. Sie bestimmen so, ungeachtet der in ihnen enthaltenen Abstraktionen häufig gleichermaßen die meist nur scheinbaren Alternativen aktueller rechtspositivistischer oder „naturrechtlicher" Konzeptionen bzw. den Stellenwert rechtsethischer Argumentation im Rahmen juristischer Methodenlehre.

So sind sich etwa die erwähnten frühen Entwürfe naturrechtlicher Renaissance ebenso wie Naturrechtskonzeptionen und -kritiken bis in die Literatur der Gegenwart in der verkürzenden Darstellung (und systematischen Umdeutung) desselben weithin einig. Sie bewahren nicht die Tradition des – in der rückblickenden Bezugnahme freilich vielfach zu einem geschichtslosen Abstraktum depotenzierten – „klassischen Naturrechts", sondern die jener Engführung praktischen Begründungsdenkens, wie sie in durchaus charakteristischer Weise schon der „kulturwissenschaftlichen" oder wertphilosophischen Betrachtung des Rechts eignet.

Zwar wird etwa in der Regel die Vorstellung von einem kompakten überpositiven, „statischen" Normensystem ausdrücklich distanziert [86] Gleichwohl bleibt dieses Legitimationsmodell auch in allen Versuchen seiner bloßen „Relativierung", „Dynamisierung" bzw. quantitativen Beschränkung aufrecht.[87] Dies gilt auch für den Rückzug auf einen Kernbestand „primärer" Naturrechtssätze. Für diese gelte es sodann in einer weiteren „Schicht", nämlich jener der Mehrzahl „veränderlicher" naturrechtlicher Normen, bloß noch die strategischen Mittel zu seiner jeweils linearen, situationsgemäßen Anwendung bereitzustellen.[88] Auch hierin findet sich ein höchst formalisierter Stufenbau bloß deduktiver Konkretisierung, der nicht geeignet erscheint, irgendeine Begründungsleistung zu erbringen und dessen Ungenügen durch die charakteristische Verdoppelung ein und derselben defizienten Argumentationsstruktur überwunden werden soll. Ähnlich strebt Henkel auf „dem Weg zum ‚richtigen Recht'" eine Synthese aus „überzeitlichen Elementen" des vermeintlichen „klassischen" Naturrechts mit der „Seinskomponente" des Rechts, nämlich seinen historischen Bedingungen bloßer Kontingenz, an.[89] Diese werden nämlich fälschlicherweise als der eigentliche Ort der Geschichtlichkeit des Rechts angenommen.

Solcherart soll offenbar ein „Rest" theoretischer Rationalität zur gewissermaßen „teilweise" deduktiv-linearen Legitimation des Rechts bewahrt bleiben. Hiefür wird typischerweise eine Dualität von an der sogenannten „Natur der Sache" orientierten „Seinsgesetzlichkeit" und den „Sollensanforderungen"[90] von „Werten" oder „Ideen" herangezogen, die deutlich die dargestellte Distinktion von „Natur" und „Kultur" in Erinnerung bringt.[91] Durch diese „abstrakte Grundordnung"[92] sei

86 Vgl. *Coing*, a.a.O., S. 203 ff.; H. *Henkel*, Einführung in die Rechtsphilosophie. München ²1977, S. 512 ff.
87 Vgl. z.B. *Henkel*, a.a.O., S. 517 ff.
88 Vgl. A. *Verdross*, Statisches und dynamisches Naturrecht. Freiburg 1971, S. 92 ff.
89 *Henkel*, a.a.O., S. 521 ff.
90 Vgl. insbesondere *Henkel*, a.a.O., S. 516 ff.; *Coing*, a.a.O., S. 182 ff.
91 Vgl. z.B. *Henkel*, a.a.O., 517.
92 ebd.

jede konkrete rechtsschöpferische Tätigkeit auf übergeschichtlich-unwandelbare Weise vorstrukturiert.

Der behauptete Unbedingtheitscharakter solcher „Grundstrukturen“ scheint indes umso fraglicher, als die angestrebte „apriorische Werteinsicht“[93] stets zu einer Mehrzahl mehr oder minder hierarchisierter (oder gleichrangiger) „Wertmaßstäbe“ führt.[94] So ziehen etwa Henkel und Bydlinski im Anschluß an Radbruchs Lehre von der „Rechtsidee“[95] bzw. vom „übergesetzlichen Recht“[96] drei gleichrangige „Fundamentalprinzipien“, nämlich jene der „Gerechtigkeit, Zweckmäßigkeit und Rechtssicherheit“[97], als „wertbezogene“ Bestandteile des Rechtsbegriffs heran.

Vor allem aber treten derartige abstrakt-objektive „Ordnungselemente“[98] typischerweise bloß komplementär zu einem ungebrochen positivistisch konzipierten Geltungsbegriff hinzu.[99] So wird vor allem der Anspruch des Rechtspositivismus, „das positive Recht zu beschreiben, auszulegen und systematisch zu erfassen“, so Verdross, „ohne in eine Kritik seines Inhalts einzugehen“,[100] als erster Schritt auch eines „naturrechtlichen“ oder wertorientierten Ansatzes integriert. Dessen begriffliche Leistungen werden gewürdigt,[101] einzelne Elemente mehr oder minder umfangreich auch als Basis eines im Hinblick auf andere normative Prämissen erweiterten Rechtsbegriffs herangezogen.[102] Der positivistische Rechtsbegriff sei bloß „ergänzungsbedürftig“,[103] an ihn soll werthaftes Material äußerlich herangeführt werden, um ihn so rechtsethisch anzureichern.[104]

Dieses Nebeneinander von positivistischem Rechtsbegriff und werthaftem Prämissenmaterial (welches seine Herkunft wohl in den Anfängen kulturwissenschaftlicher oder „naturrechtlicher“ Bemühungen um Grundlagenerneuerung hat) zeigt sich vielfach in der juristischen Methodenlehre als charakteristische Dissoziation von Vernunft und Entscheidung. Dies bedeutet, daß der Anspruch einer unmittelbar theoretischen Ableitung juristischer Entscheidungen zum Teil aufrechterhalten bleibt – der inhaltlich zu bestimmende „Rest“ jedenfalls kriterienloser Dezision preisgegeben wird.[105]

93 *Coing*, a.a.O., S. 202.
94 *Coing*, a.a.O., S. 192 ff.
95 Vgl. *Radbruch*, Rechtsphilosophie, S. 119 ff.
96 Vgl. *Ders.*, Gesetzliches Unrecht und übergesetzliches Recht, in: *ders.*, Rechtsphilosophie, S. 344 ff.
97 Vgl. *Henkel*, a.a.O., S. 389 ff.; F. *Bydlinski*, Juristische Methodenlehre und Rechtsbegriff. Wien – New York 1982, S. 317 ff.
98 *Henkel*, a.a.O., S. 518.
99 Vgl. *Bydlinski*, a.a.O., S. 257 ff.; *Verdross*, a.a.O., S. 93 f.; deutlich *Henkel*, a.a.O., S. 517 ff.
100 *Verdross*, a.a.O., S. 94.
101 Vgl. R. *Dreier*, Der Begriff des Rechts, in: NJW 1986, S. 895.
102 Vgl. ebd.; vgl. insbesondere *Bydlinski*, S. 253 ff.
103 Ebd.
104 Vgl. *Dreier*, a.a.O., S. 895.
105 Vgl. die Kritik von *Luf*, a.a.O., S. 144 ff.

Jedoch erweisen sich auch die solcherart herangezogenen „Ordnungsprinzipien" als äußerst inhaltsleer. Sie verbleiben entweder im Bereich bloß empiristisch-abstrahierender Bezugnahme auf „typische soziale Situationen und Beziehungen"[106] oder sollen komplementär dazu einen Restbestand an bloß noch intuitiver „Wesensschau" zugänglichem Ethos bewahren. Beide Versuche können jedoch kaum hinreichend argumentativ eingelöst werden[107] und laufen so Gefahr, in eine praktischer Reflexion entzogene bloß strategische Handhabung des Rechts zurückzufallen.

106 *Coing*, a.a.O., S. 207.
107 Vgl. die Kritik *Böckenfördes*, a.a.O., S. 12 ff.

MINDERHEITENAUTONOMIE ALS ELEMENT EUROPÄISCHER RECHTSKULTUR

Ein Problemaufriß am Beispiel Südtirol

Wolfgang Mederer

1. Autonomie, Volkssouveränität, Toleranz

In der allgemeinen Staatslehre wird „Autonomie" als jener Raum verstanden, innerhalb dessen ein Verband nach selbstgesetzten Regeln lebt.[1] Seit *Kant*, durch dessen Theorie der Autonomie die staatsrechtlich-institutionelle Selbstbestimmungsdebatte der Aufklärung im Rahmen der bürgerlichen Gesellschaft umfassende philosophische Relevanz erhielt[2], wird mit dem Begriff der Autonomie sowohl die Selbstbestimmung des vernünftigen Individuums als auch die – demokratische – Selbstgesetzgebung in Kollektiven vom Verein bis zum Staat bezeichnet. Was *Kant* in ein philosophisches System gestellt hat, wurde ein halbes Jahrhundert vor ihm – wenn auch noch zögernd – auf seinen bis heute gültigen Begriff gebracht: „Autonomus; qui est sui juris, qui nullius imperio obest, der sein eigen Herr ist".[3]

Dieses Autonomie-Axiom, das in der zitierten Kurzform freilich eine Vielzahl an Deutungswegen offenhält, hatte in Anwendung auf soziale Systeme die revolutionäre Konsequenz, die „Souveränität des autonomen Volkes über die Legitimität der alten Herrscher"[4] zu stellen. Die neue bürgerliche Öffentlichkeit, die diesem Axiom im 18. und 19. Jahrhundert Schubkraft verleihen konnte und die zu Beginn des 20. Jahrhunderts die politische Landkarte Europas grundlegend umgestaltet hatte, war die *„Kommunikation"*, nicht auf „Repräsentation" hin angelegt.[5] Diese kommunikative Grundstruktur des demokratischen Staates der Aufklärung und des Bürgertums lief zwangsläufig auf eine Politisierung der *„Volkssprache"* hinaus.

Der moderne Staat, der dem staatsphilosophischen Postulat der Aufklärung zufolge von nun an „Volksstaat" in dem Sinne sein sollte, „daß die staatliche Ordnung

1 Vgl. Norbert *Wimmer*, Wolfgang *Mederer*, Die staatsrechtliche und finanzielle Bedeutung der Autonomie am Beispiel Südtirols, in: Juristische Blätter (JBl) 1985, 518–528 (520) mwN.

2 Vgl. u.a. die Nachweise bei Joachim *Ritter* (Hg.), Historisches Wörterbuch der Philosophie I, Basel–Stuttgart 1971, Stichwort Autonomie, 701 f.

3 *Basilii Fabri*, Thesaurus Eruditionis Scholasticae (1726) 278, zit. nach *Ritter*, Wörterbuch 702.

4 Handwörterbuch der Sozialwissenschaften. Zugleich Neuauflage des Handwörterbuchs der Staatswissenschaften, hg. v. Erwin von *Beckerath* u.a., Bd. 7, Tübingen 1961, Stichwort Nationalismus, 541.

5 Vgl. dazu u.a. Jürgen *Habermas*, Strukturwandel der Öffentlichkeit. Untersuchungen zu einer Kategorie der bürgerlichen Gesellschaft, Neuwied 1986[16].

und die zu ihrer Durchsetzung dienende Staatsgewalt nicht der Machtentfaltung des Herrschers, sondern den Bedürfnissen und Wertvorstellungen des Volkes dienen soll"[6], war gehalten, *Regeln* über seine nunmehr kommunikative Grundstruktur aufzustellen. Die Festlegung einer Staatssprache, ja die Entwicklung zum Nationalstaat, ist eine in diesem Konzept notwendig vorgezeichnete Entwicklungsstufe zum demokratischen Verfassungsstaat.[7] In ihr ist jedoch zugleich der Umschlag in jenen autoritären, irrationalen Nationalismus angelegt, der sich etwa bei Heinrich von *Kleist* und Ernst Moritz *Arndt* von der Aufklärung löst[8] und letztlich in jene rassentheoretisch „fundierte" Katastrophe mündet, die in der ersten Hälfte unseres Jahrhunderts *auch* die geistigen Fundamente Europas erschüttert hat.

Diese Umschlagfigur ist es, die den skeptischen Blick verursacht, von dem die Forderungen ethnischer Minoritäten nach Autonomie im Staatsverband zuweilen begleitet werden. Als Folge- und Komplementärphänomen des Nationalstaatsgedankens des 19. Jahrhunderts werden Autonomieforderungen ethnischer Minoritäten rasch eines epigonenhaften „Mini-Nationalismus" verdächtigt.

Drei sozialwissenschaftliche und sozialphilosophische Diskussionslinien der Gegenwart um die Begriffe *„Minderheiten"*, *„Regionalismus"* und *„offene Gesellschaft"* zeigen, daß es – mancher nationalistischer Mißtöne zum Trotz – bei der Forderung nach sprachlich-kultureller Autonomie *im Grunde* um die alte ehedem revolutionäre Forderung geht, „sein eigen Herr" zu sein.

Anders zu sein und dies, ohne weitere Rechtfertigung, *sein zu dürfen* bloß weil man es *ist*, zeigt sich – so der Sukkus dieser drei Diskussionlinien – als *ein stets von neuem zu erringendes Ergebnis des neuzeitlichen Bewußtseins.* Sein Träger, das autonome und vernünftige, auf diese Eigenschaften aber nicht reduzierbare Individuum, hat im Zuge der komplexer werdenden modernen Gesellschaft erst lernen müssen, das Vermögen der Vernunft nicht nur sich, sondern auch anderen und diesen auch dann, wenn sie anders denken, anders sprechen, anders sind, zuzuschreiben und schließlich diese Eigenschaft als Bedingung einer offenen Gesellschaft allen Widersprüchen zum Trotz durchzuhalten.[9]

Daß diese Haltung eine existentiell notwendige Basis menschenwürdigen Daseins in komplexen Gesellschaften ist, zeigt nicht zuletzt das nach wie vor gegebene potentielle Naheverhältnis von *Folklore und Terror*[10] auf Seiten ethnischer Minder-

6 Peter *Pernthaler*, Allgemeine Staatslehre und Verfassungslehre, Wien–New York 1986, 35.

7 Zu diesem Ansatz vgl. insb.: Karl W. *Deutsch*, Nationenbildung – Nationalstaat – Integration, Düsseldorf 1972 sowie *ders.*, Nationalism and Social Communication, Cambridge (Mass.) – New York – London 1953; s.a. Peter *Alter*, Nationalismus, Frankfurt/Main 1985.

8 Vgl. dazu das Kapitel „Neue Bezugsfelder: Nation, Europa, Weltstaat" in Wolfgang *Mederer*, Romantik als Aufklärung der Aufklärung? Ein Beitrag zur Rekonstruktion politischer Theorie in der deutschen Romantik, Frankfurt – Bern – New York – Paris 1987, 128–138, insb. 129 f.

9 Vgl. dazu die Einleitung zu Johannes *Neumann*, Michael W. *Fischer* (Hg.), Toleranz und Repression. Zur Lage religiöser Minderheiten in modernen Gesellschaften, Frankfurt/Main 1987, 9.

10 Vgl. dazu z.B. Hermann *Lübbe*, Die Gegenwart der Vergangenheit. Kulturelle und politi-

heiten, dem das potentielle Naheverhältnis von *Toleranz und Repression*[11] auf Seiten der Mehrheit durchaus entspricht: „eine kleine Gruppe, die sich bewußt absondert und etwas Besonderes sein will, produziert Ärger; dieser aber ruft repressive Reaktionen hervor".[12]

2. Gesellschaftliche und rechtliche Dimension

Nun, die Neuordnung Europas in den Nationalstaaten des 20. Jahrhunderts hat „kleine Gruppen" dieser Art, die als sprachlich-kulturell eigenständig gelten oder gelten wollen, „Ethnien" in der heute üblichen Bezeichnung der Allgemeinen Staatslehre [13], in großer Zahl produziert: Allein in der Europäischen Gemeinschaft zählt die Gruppe ethnischer Minoritäten 62 Millionen Menschen.[14] Minderheiten in Westeuropa außerhalb der „Zwölfergemeinschaft"[15] sowie die zahlreichen Minderheiten in Osteuropa[16] kommen zu dieser Zahl noch hinzu. Betrachtet man die europäischen Staaten im einzelnen, so sind bloß „Island und ... die sogenannten Zwergstaaten San Marino, das Fürstentum Liechtenstein, allenfalls – aber das ist schon weniger deutlich zu bemerken – das Fürstentum Monaco und Andorra"[17] ethnisch homogen.

Minderheitenprobleme – das sind – so läßt sich auch anhand ethnischer Minoritäten deutlich zeigen, Probleme *qualitativer* Natur[18] mit einem gelegentlich großen

sche Funktionen des historischen Bewußtseins, Vorträge der Oldenburgischen Landschaft, Heft 14, Oldenburg 1985, 18: „In Extremfällen ... verliert dann auch der Regionalismus seine freundlich-folkloristische Qualität und wird terrorfähig".

11 So der Titel des von Johannes *Neumann* und Michael W. *Fischer* hg. Sammelbandes (Anm. 9).

12 ebd., Einleitung, 10.

13 Vgl. Theodor *Veiter*, Nationalitätenkonflikt und Volksgruppenrecht, Bd. I (Entwicklungen, Rechtsprobleme, Schlußfolgerungen), München 1984², 243; s.a. *Pernthaler*, Allgemeine Staatslehre (Anm. 6), 40 ff. sowie Fried *Esterbauer*, Zur Bedeutung des Begriffs der Minderheiten, in: Plural Societies, Leiden, vol. XVI, no. 1/February 1986, 52–60.

14 So der am 25.3.1987 vorgelegte Bericht des belgischen Europaparlamentariers Willi *Kuijpers* über „Sprachen und Kulturen der regionalen und ethnischen Minderheiten in der Europäischen Gemeinschaft"; vgl. dazu: Ein Schritt zum EG-Volksgruppenrecht, in: „Dolomiten" v. 21./22.3.1987/6 (Bozen).

15 Umfassend hiezu Jochen *Blaschke* (Hg.), Handbuch der westeuropäischen Regionalbewegungen, Frankfurt/M. 1980 sowie Manfred *Straka* (Hg.), Handbuch der europäischen Volksgruppen, Wien – Stuttgart 1970.

16 Vgl. *Straka* (Hg.), Handbuch, sowie die statistische Übersicht in *ders.* (Hg.), Die Karte der Völker und Sprachen Europas unter besonderer Berücksichtigung der Volksgruppen, Graz 1979, 12 ff.

17 Theodor *Veiter*, Die rechtliche Lage der ethnischen und sprachlichen Minderheiten in Europa – positive und negative Aspekte, in: Theodor *Veiter* (Hg.), Burgen – Regionen – Völker, FS für Franz Hieronymus Riedl zur Vollendung des 80. Lebensjahres, Wien 1986, 189–214 (192). Dies gilt nicht nur für Europa, sondern generell: Nur 9 % der Staaten der heutigen Welt sind ethnisch homogen (vgl. das Vorwort von Josef *Stingl* zu *Veiter*, Nationalitätenkonflikt, 5 (Anm. 13)).

18 Vgl. Volker *Winterfeldt*, Minderheiten: Ein Problemaufriß, in: *Neumann/Fischer* (Hg.), Toleranz (Anm. 9), 60–68 (60).

quantitativen Stellenwert. In dieser Hinsicht treffend hat *Lyotard* im Rahmen der allgemeinen Minderheitendiskussion komplexe moderne Gesellschaften als ein „patchwork von Minderheiten"[19] bezeichnet. Auf theoretischer Ebene relativ einfach zu lösende menschenrechtliche Grundfragen verspannen sich im konkreten Macht- und Ohnmachtsgefüge dieses „patchwork" zu gesellschaftlichen Problemen, die den Blick auf die Grundfragen verstellen. *Ent*spannung äußert sich dann all zu oft in Form von Gewalteruptionen, deren Legitimationsversuche zwischen Verzweiflung und vermeintlich gutem Gewissen anzusiedeln sind.

Wenn nun, mit Blick auf ethnische Minderheiten, aus diesem „patchwork" Südtirol herausgegriffen wird, so deshalb, weil sich in Südtirol[20] innerhalb eines Jahrhunderts sämtliche Varianten des Umgangs mit und der Selbstbehauptung von ethnischen Minderheiten konzentrieren. Nur die allerletzte Variante, der Genozid, kommt in der Geschichte Südtirols nicht vor.

In drei Etappen, Monarchie, Zwischen- und Nachkriegszeit, läßt sich die Entwicklung in Südtirol gliedern. 1918 war die Normalität der Mehrsprachigkeit der „Gefürsteten Grafschaft Tirol" zerbrochen. Verfassungsrechtlich gewährleistet durch Art. 19 StGG[21], rechtsstaatlich faßbar durch zweisprachige Publikation von Reichs- und Landesgesetzblättern[22] – so wurde etwa auch das Innsbrucker Stadt-

19 J.-F. *Lyotard*, Das Patchwork der Minderheiten. Für eine herrenlose Politik, Berlin 1977.

20 Die umfassendste Literatursammlung bietet Theodor *Veiter*, Bibliographie zur Südtirolfrage 1945–1983, Wien 1984.

21 Der Art. 19 des Staatsgrundgesetzes vom 21. Dezember 1867, RGBl. 142, über die allgemeinen Rechte der Staatsbürger für die im Reichsrate vertretenen Königreiche und Länder lautet:

„Alle Volkstämme des Staates sind gleichberechtigt, und jeder Volksstamm hat ein unverletzliches Recht auf Wahrung und Pflege seiner Nationalität und Sprache.

Die Gleichberechtigung aller landesüblichen Sprachen in Schule, Amt und öffentlichem Leben wird vom Staate anerkannt.

In den Ländern, in welchen mehrere Volksstämme wohnen, sollen die öffentlichen Unterrichtsanstalten derart eingerichtet sein, daß ohne Anwendung eines Zwanges zur Erlernung einer zweiten Landessprache jeder dieser Volksstämme die erforderlichen Mittel zur Ausbildung in seiner Sprache erhält".

22 S. die „Einleitung zu dem allgemeinen Reichs-Gesetz- und Regierungsblatte für das Kaiserthum Österreich" v. 2.4.1849, das auch den Text des kais. Patents v. 4.3.1849 über die „Einführung eines allgemeinen Reichs-Gesetz- und Regierungsblattes" enthält, in: Reichs-Gesetz Ergänzungen 1849, I–VI. *§ 1* des kais. Pat. sieht „ein allgemeines Reichsgesetz- und Regierungsblatt in allen landesüblichen Sprachen" vor; die als Durchführungsverordnung zu qualifizierende „Einleitung" des Innen- und des Justizministeriums legt zehn verschiedensprachige Ausgaben fest (S. VI); *§ 4* bestimmt, daß „in jedem Kronland ... ein Landesgesetz- und Regierungsblatt in den Landessprachen mit beigefügter deutscher Übersetzung erscheinen" wird.

Die Volkszählung 1857 weist für Tirol folgende „umgangssprachliche" Gliderung der einheimischen Bevölkerung auf:

	deutsch	italienisch	ladinisch
Kreis Innsbruck:	201.001		
Kreis Brixen:	204.017	4.384 = 2,0 %	14.498 = 6,5 %
Kreis Trient:	6.300 = 1,9 %	321.031	
insgesamt:	411.318 = 54,8 %	325.415 = 43,3 %	14.498 = 1,9 %

recht in deutscher *und* italienischer Sprache kundgemacht[23] –, war die nationale Herkunft im Rahmen der monarchischen Staatskonstruktion ebenso gleichgültig und „unpolitisch" wie im Rahmen der liberalen Grundrechts- und Verfassungskonstruktion. „Politisch" war sie allenfalls durch soziologisch faßbare Unstimmigkeiten zwischen den verschiedenen Nationalitäten; und „politisch" wurde sie endgültig durch die Dreiteilung der „Gefürsteten Grafschaft Tirol" in das österreichische, rein deutschsprachige Nord- und Osttirol auf der einen und das (fast) rein deutschsprachige Südtirol („Alto Adige") sowie das (fast) rein italienischsprachige

(berechnet aus: Tafeln zur Statistik der österreichischen Monarchie. Zusammengestellt von der k.k. Direction der administrativen Statistik. Neue Folge III. Band, Die Jahre 1855, 1856 und 1857 umfassend, Wien 1861, Ersther Theil, A. Land und Bewohner, 1. Heft, Tafel 2 (Bevölkerung sammt Zahl der Wohnorte, Häuser und Familien nach der Zählung vom 31. October 1857), 48.)

Über die Selbstverständlichkeit der Mehrsprachigkeit Tirols in und gegenüber Ämtern gibt Johann Nepomuk Frh. *di* Pauli, Italiener unter Österreich-Deutsche unter Italien, in: Süddeutsche Monatshefte, Oktober 1925, Deutsch-Südtirol, Das Land an der Etsch und im Gebirge, 14–18 (16 f.), Auskunft: „Der Einfluß der italienischen Landtagsabgeordneten in Österreich war größer als der Einfluß der Parlamentsdeputierten des Trentinos in Italien. Den Italienern stand im alten Landtag, die Vizepräsidentenstelle zur Verfügung, auch hatten die Italiener ihre Vertretung im Landesausschuß. Im Landtag selbst konnten die Italiener sich stets ihrer Muttersprache bedienen, sie hatten Sitz und Stimme in allen Unterkommissionen, kurz sie waren vollkommen gleichgestellt mit den Deutschen. Österreich war ein vielsprachiger Staat; es war daher nur natürlich, daß der Italiener, soweit sein Sprachgebiet reichte, auch in seiner Muttersprache verhandeln konnte. Dieses Recht war ihm auch im Instanzenzug gewahrt".

23 Gemeinde-Statut für die Landeshauptstadt Innsbruck/Statuto comunale per la città capitale provinciale d'Innsbruck, Gesetz- und Verordnungsblatt für die Gefürstete Grafschaft Tirol und das Land Vorarlberg 1874/116. Dies hat seinen einfachen rechtlichen Grund darin, daß das Gemeindestatut als Landesgesetz eben zweisprachig zu publizieren war.

Die Volkszählung 1857 weist für den Kreis Innsbruck, der sich mit dem heutigen Nordtirol ziemlich genau deckt, und damit auch für die Stadt Innsbruck, keinen einzigen einheimischen italienischsprachigen Einwohner auf (s. Anm. 22). Gemäß den Volkszählungen von 1880, 1890 und 1910, bei denen Italiener und Ladiner gemeinsam erfaßt wurden, beträgt der Anteil der italienisch-ladinischen Sprachgruppe an der einheimischen anwesenden Bevölkerung der Stadt Innsbruck 2,5 %, 2,1 % bzw. 2,0 %. Als „einheimisch" galt jeder, der in einem der im Reichsrat vertretenen Königreiche und Länder, nicht aber in den Ländern der ungarischen Krone, heimatberechtigt (= zuständig) war. (Prozentzahlen berechnet aus: für 1880: Oesterreichische Statistik, herausgegeben von der k.k. Statistischen Central-Commission, I. Band, Die Ergebnisse der Volkszählung und der mit derselben verbundenen Zählung der häuslichen Nutztiere vom 31. Dezember 1880 in den im Reichsrathe vertretenen Königreichen und Ländern, 2. Heft, Die Bevölkerung der im Reichsrathe vertretenen Königreiche und Länder nach Religion, Bildungsstand, Umgangssprache und nach ihren Gebrechen, Wien 1882, 46, für 1890: Special-Orts-Repertorium für Tirol. Neubearbeitung auf Grund der Volkszählung vom 31. December 1890, herausgegeben von der K.K. Statistischen Central-Commission/Repertorio Speciale dei Luoghi nel Tirolo. Nuovo Compilazione pubblicata in base ai risultati dell'anagrafe 31. dicembre 1890 dall' I. R. Commissione Centrale di Statistica, Wien 1893, 1; für 1910: Spezialortsrepertorium für Tirol und Vorarlberg, bearbeitet auf Grund der Ergebnisse der Volkszählung vom 31. Dezember 1910, hg. von der K.K. Statistischen Zentralkommission, Wien 1917, 1).

Trentino (ehemals „Welsch-Tirol")[24] als Provinzen der italienischen Republik auf der anderen Seite. Die Zwischenkriegszeit bot dann der Südtiroler Bevölkerung bloß die Wahl zwischen Aussiedlung und Assimilierung.[25]

Heute präsentiert sich die „Autonome Provinz Bozen – Südtirol" als eine sowohl völkerrechtlich[26] als auch innerstaatlich[27] wohl verankerte Autonomie. Obgleich in konkreten Anwendungs- und Durchführungsfragen problembefrachtet[28] und umkämpft, kann die Autonomie Südtirols neben den Autonomien von Åland, Färöer und Grönland[29] im europäischen Maßstab durchaus als beispielgebend betrach-

24 Die letzte Volkszählung der Monarchie (1910) ergibt für Tirol folgendes, hier vereinfacht dargestelltes Bild:

	Einwohner	deutschsprachig	ital.-/ladinisch	anderssprachig
Nordtirol	299.403	295.867	2.352 (= 0,8 %)	1.184
Südtirol	233.459	215.352	16.510 (= 7,1 %)	1.597
Trentino	383.403	13.893 (= 3,6 %)	366.844	2.666
insgesamt	916.265	525.112 (= 57,3 %)	385.706 (= 41,9 %)	5.447

Die hier angeführten Zahlen ergeben sich aus der nach politischen Bezirken aufgeschlüsselten Volkszählungsstatistik (Spezialortsrepertorium 1917, 102–104; s. Anm. 23). Die politischen Bezirke Tirols aus dem Jahr 1910 sind zwar mit der heutigen Gliederung in Nordtirol, Südtirol und das Trentino nicht völlig deckungsgleich, die hier vorgenommene Umlegung der Bezirke auf die heutige Gliederung verzerrt das Bild jedoch nur unwesentlich. Die vielfach kritisierte (vgl. z.B. Georg *Pockels*, Tirol, in Karl Gottfried *Hugelmann* (Hg.), Das Nationalitätenrecht des alten Österreich, Wien 1934, 545–568, hier 546 f.) gemeinsame Erfassung der italienischen und ladinischen Sprachgruppe läßt für Südtirol auf Basis der Volkszählungen der Monarchie keine Aussagen zu. Hier gibt die Volkszählung 1857 einen Anhaltspunkt (s. Anm. 22).

25 Vgl. den umfassenden Kommentar zum Gesetzesdekret vom 2. Februar 1948, Nr. 23 betreffend die Revision der Südtiroler Optionen von A. L. *Farina*, Le opzioni nell' Alto Adige, Edizione dell' Istituto d'Assistenza legale agli Optanti, Rom – Bozen 1950.

26 „Pariser Vertrag" zwischen Österreich und Italien vom 5.9.1946; er bildet im englischen, französischen, russischen und italienischen Wortlaut als Anlage IV einen Bestandteil des Friedensvertrages mit Italien 1947, veröffentlicht in: United Nations Treaty Series, Bd. 49 (1950) Nr. 747; in Italien mit Gesetzesdekret vom 28.11.1947, Nr. 1430, kundgemacht im Supplemento ordinario alla Gazzetta Ufficiale (G.U.) della Repubblica Italiana vom 24.12. 1947, Nr. 295, „sanktioniert"; in Österreich nicht amtlich publiziert.

27 Art. 116 der Verfassung der italienischen Republik vom 1.1.1948, G.U. 1947, Nr. 298, sowie Autonomiestatut der Region Trentino-Südtirol vom 29.1.1948, G.U. 1948, Nr. 62, Amtsblatt der Region Trentino-Oberetsch 1949, Nr. 1; den Änderungen durch das neue Autonomiestatut (G.U. 1972, Nr. 3) sowie durch G.U. 1963, Nr. 10 und G. U. 1972, Nr. 63 folgte ein mit Dekret des Präsidenten der Republik vom 31.8.1972, Nr. 670, genehmigter vereinheitlichter Text, abgedruckt in: Autonome Provinz Bozen-Südtirol, Südtiroler Landesausschuß (Hg.), Das neue Autonomiestatut (1984) 57–100.

28 Vgl. exemplarisch Ivo *Winkler*, Die Einführung der unteren Stufe der Verwaltungsgerichtsbarkeit in Italien, in: Die Verwaltung 4/1984, 492–512.

29 zu Åland vgl. Anette *Rein*, Die Ålander, in: *Blaschke* (Hg.), Handbuch (Anm. 15), 31–35 mwN sowie Jaakko *Nousiainen*, The Finnish Political System, Cambridge (Mass.) 1971, zu Färöer und Grönland vgl. insb. Isi *Foighel*, A Framework for Local Autonomy: The Greenland Case, in: Yoram *Dinstein* (Hg.), Models of Autonomy, New Brunswick–London 1981, 31–52.

tet werden.[30] Diese Territorialautonomie mit ihrem quasi-souveränen Gehalt[31] hat sämtliche Schichten der historischen Entwicklung von Minderheitenschutzrechten im Rahmen der europäischen Rechtskultur aufgenommen und vermag daher die gewählte thematische Einschränkung, als „pars pro toto" gewissermaßen, zu rechtfertigen.

Als *erste* und älteste *Schicht* ist hier der *Minderheitenschutz in Form völkerrechtlicher Verträge* zu nennen. Es ist bemerkenswert, daß sich ein positivierter nationaler Minderheitenschutz erstmals bereits kurz nach der Formulierung des Nationalstaatsgedankens findet und so mit der Genese des Nationalstaats von Beginn an gekoppelt ist: Art. 1 der Schlußakte des Wiener Kongresses von 1815 sieht vor, den in Rußland, Preußen und Österreich lebenden Polen „nationale Einrichtungen" zu sichern.[32]

Die zahlreichen Minderheitenschutzbestimmungen nach dem Ersten Weltkrieg verdichten dann diese 1815 einsetzende und im 19. Jahrhundert schütter fortgesetzte[33] Tradition zu einem Vertragsnetzwerk unter der Ägide des Völkerbundes.[34] Freilich blieben diese Verträge, von einigen Ausnahmen abgesehen, *wenig wirkungsvoll.*[35] Doch auch dies hat *Tradition*: Bereits die erwähnte Schlußakte des Wiener Kongresses von 1815 sah „nationale Einrichtungen" für die polnische Bevölkerung nur in einem Ausmaß vor, das Rußland, Preußen und Österreich „ihnen zu geben für nützlich und angemessen erachten".[36]

Das *Pariser Abkommen* zwischen Österreich und Italien[37], das an diese Tradition der Verträge anknüpft, sieht für die „deutschsprachigen Bewohner der Provinz Bozen und der benachbarten zweisprachigen Gemeinden der Provinz Trient ... die volle Gleichberechtigung mit den italienischsprachigen Einwohnern im Rahmen besonderer Maßnahmen zum Schutz der völkischen Eigenart und der kulturellen und wirtschaftlichen Entwicklung der deutschen Sprachgruppe" (Art. 1) sowie die „Ausübung einer autonomen Gesetzgebungs- und Vollzugsgewalt" (Art. 2) vor.

Das daraufhin *1948* beschlossene *Autonomiestatut* erfaßte dann jedoch nicht nur Südtirol, sondern auch noch das Trentino, wodurch der italienischsprachige Bevölkerungsteil in der autonomen Region die Mehrheit stellte. Erst das sog. *„Süd-*

30 So etwa *Wimmer/Mederer*, JBl 1985 (Anm. 1), 518 und Christoph *Schreuer*, Autonomy in South Tyrol, in: *Dinstein*, Models of autonomy (Anm. 29) 53–63 (62 f.); vgl. a. Hanspeter *Neuhold*/Waldemar *Hummer*/Christoph *Schreuer*, Österreichisches Handbuch des Völkerrechts, Bd. 1, Wien 1983, Rz. 1201.

31 *Wimmer/Mederer*, JBl 1985, 518 ff., 522 f.

32 Vgl. Walter *Mayer*, Die Souveränitätsbeschränkungen Italiens im Friedensvertrag vom 10. Februar 1947, Diss. Innsbruck 1949, 15 f., 34 f.

33 Vgl. ebd., 16 ff.

34 S. die Übersicht bei *Veiter*, Nationalitätenkonflikt (vgl. Anm. 13), 29 ff.

35 Vgl. ebd., 26 sowie Kurt *Rabl*, Minderheitenschutz in der Völkerbundära, in: Theodor *Veiter* (Hg.), System eines internationalen Volksgruppenrechts, 2. Teil: Innerstaatliche, regionale und universelle Struktur eines Volksgruppenrechts, Wien 1972, 97–115, insb. 111 ff.

36 *Mayer*, Souveränitätsbeschränkungen (vgl. Anm. 32), 16.

37 S. Anm. 26.

tirol-Paket"[38] aus dem Jahr *1969* bzw. die seit *1972* mit der Erlassung des neuen *Autonomiestatuts*[39] einsetzende praktische Durchführung der in ihm beschlossenen Maßnahmen gewährte der deutschsprachigen Bevölkerung in Südtirol einen *greifbaren und umfassenden* Minderheitenschutz. Gleichwohl ist darauf hinzuweisen, daß nach wie vor nicht alle „Paket"-Maßnahmen durchgeführt sind.[40]

Seit 1948 ist also die erste Schicht des ethnischen Minderheitenschutzrechtes, das Völkervertragsrecht, mit der *zweiten Schicht*, der *innerstaatlichen Normierung eines effektiven Minderheitenschutzes*, eng verwoben. Die Entwicklung der Südtiroler Autonomie mit den Stufen Pariser Abkommen – Autonomiestatut 1948 – „Paket" – Autonomiestatut 1972 samt Durchführungsbestimmungen belegt dies deutlich. Auch die *dritte* und letzte *Schicht* von Minderheitenschutzrechten, die Entwicklung *individueller, in den allgemeinen Grund- und Freiheitsrechten aufgehender Schutzrechte*, wurde von Italien im Rahmen der UNO, des Europarates und nicht zuletzt der KSZE mitgetragen.[41]

Die UNO – bei der Ausarbeitung dieses dritten Typus federführend – hat sich insbesondere durch ihre eigentümliche Interpretation[42] des vielfach normativ verankerten „Selbstbestimmungsrechts der Völker"[43], auf das im gegebenen Zusammenhang nur hingewiesen, nicht aber eingegangen werden kann, von der Schutzvertrags-Tradition des Völkerbundes entfernt, da diese zumindest tendenziell den

38 Das Paket wurde am 23. November 1969 von der Landesversammlung der Südtiroler Volkspartei mit knapper Mehrheit angenommen, am 4. Dezember 1969 von der italienischen Kammer und am 5. Dezember vom Senat gutgeheißen sowie am 16. Dezember 1969 vom österreichischen Nationalrat zustimmend zur Kenntnis genommen; vgl. a. Autonome Provinz Bozen-Südtirol (Hg.), Das neue Autonomiestatut (Anm. 27), 4 sowie *Neuhold/Hummer/Schreuer*, Handbuch (Anm. 30), RZ. 1197 f.

39 S. Anm. 27.

40 Eine zum Zeitpunkt der Manuskriptabgabe (September 1987) nach wie vor aktuelle Liste ausstehender Durchführungsbestimmungen enthält die Broschüre: Autonome Provinz Bozen-Südtirol (Hrg.), Autonomiestatut, 125 (Anm. 27). Die dort abgedruckte Liste bereits veröffentlichter Durchführungsbestimmungen (121 ff.) ist um das Dekret des Präsidenten der Republik v. 6.4.1984, Nr. 426 (Durchführungsbestimmungen zum Sonderstatut für Trentino-Südtirol über die Errichtung des regionalen Verwaltungsgerichts Trient und die autonome Sektion Bozen), kundgemacht in G.U. v. 8.8.1984, Nr. 217 zu ergänzen.

41 Vgl. insb. Art. 27 des Internationalen Paktes über bürgerliche und politische Rechte und Art. 14 der Europäischen Konvention zum Schutz der Menschenrechte und Grundfreiheiten. Im Rahmen der KSZE könnte das Ende Februar in der zweiten Session der Wiener Folgekonferenz von Ungarn mitverfaßte kanadische Dokument über die kulturelle Eigenständigkeit und den Schutz nationaler Minderheiten neue Akzente setzen, vgl. den Bericht: Abrüstungs- und Menschenrechtsdebatte in Wien, in: Neue Zürcher Zeitung v. 7.4.1987 (Fernausgabe Nr. 80/4).

42 Zur Kritik dieser Interpretationslinie siehe die Zusammenfassung der wesentlichen Einwände bei Héctor *Gros Espiell*, Das Selbstbestimmungsrecht des Volkes Südtirols aufgrund des Völkerrechts, Bruneck 1987.

43 Vgl. z.B. Art. 1 Abs. 2 der Charta der Vereinten Nationen, Art. 1 Abs. 1 des Internationalen Paktes über bürgerliche und politische Rechte sowie Art. 1 Abs. 1 des Internationalen Paktes über wirtschaftliche, soziale und kulturelle Rechte.

staatlichen Souveränitätsanspruch zu unterlaufen in der Lage war.[44] Die UNO hat jedoch insofern an die Völkerbundära[45] angeknüpft, als sie – in verstärktem Maße – *Minderheitenschutzrechte als Individualrechte normierte.* Dies wird von Volksgruppentheoretikern, Regionalismusforschern und Völkerrechtlern als *Manko* beklagt: Die Gewährleistung von Individualrechten reiche nicht hin, eine ethnische Minorität ausreichend zu schützen. Erforderlich sei eine völkerrechtliche *Ergänzung* des individualrechtlichen Minderheitenschutzes durch *kollektive* Schutz- und Förderungsrechte.[46]

Die Ursachen dieses Mankos liegen im Wesentlichen in zwei Bereichen: zum einen in der – begründeten – Furcht der Staaten vor *Souveränitätsverlusten* und zum anderen in den – ebenso begründeten – Schwierigkeiten bei der *Definition*[47] ethnischer Minderheiten.

Pernthaler hat darauf hingewiesen, daß die ausschließliche Gewährleistung individueller Minderheitenschutzrechte durch die UNO ihre Erklärung durch die „sachlich durch nichts gerechtfertigte Grenzziehung in der Haltung der meisten westlichen und afro-asiatischen Staaten" findet, „die durch eine internationale Verankerung des Gruppenschutzes eine potentielle Gefährdung ihrer nationalen Einheit und Souveränität erblicken".[48] Auf der anderen Seite konstatiert *Pernthaler* rechtsdogmatische und rechtspolitische Probleme des Volksgruppenschutzes in sozialistischen Verfassungen, in welchen die „zugebilligten kollektiven Rechte ... ausschließlich Instrumente der staatlichen Machtausübung bzw. der ideologischen Beherrschung des einzelnen durch die Gruppe"[49] sind. Doch auch hier spielen zudem Argumente staatlicher Souveränität eine bedeutende Rolle.[50] Die Entwicklung eines völkerrechtlichen Schutzes ethnischer Minderheiten findet bis heute jedenfalls am Souveränitätsanspruch der Staaten eine deutliche Grenze.

44 S. die Nachweise bei *Wimmer/Mederer* (Anm. 1), 522 f.

45 Vgl. *Veiter*, Nationalitätenkonflikt (Anm. 13), 34 f.

46 So zuletzt umfassend Wolfgang *Burtscher*, Les lacunes de l'ordre juridique international en matière de protection de minorités, in: Europa Ethnica 2/3, 1986, 57–64, 130–139.

47 S. dazu das Handwörterbuch der Sozialwissenschaften, Stichwort Nationalismus (Anm. 4), 540 f., sowie zur Begriffsbildung umfassend Jochen *Blaschke*, Volk, Nation, Interner Kolonialismus, Ethnizität. Konzepte zur politischen Soziologie regionalistischer Bewegungen in Westeuropa, Berlin 1985.

48 Peter *Pernthaler*, Gruppenschutz im Volksgruppenrecht und seine Verbindung zum individellen Minderheitenschutz, in: *Veiter* (Hg.), System (Anm. 35), 90–96 (91) unter Hinweis auf den sowjetischen Resolutionsentwurf vom 2. November 1950 (A/C, 3/L. 77 = Un.-Doc. E/CN 4/516 S. 2), der eine Positivierung des Selbstbestimmungsrechts im Rahmen eines kollektiven Minderheitenschutzes vorsah. Zum Verhältnis von Gruppenschutz und Individualschutz allgemein vgl. a. *ders.*, Der Schutz der ethnischen Gemeinschaften durch individuelle Rechte, Wien 1964.

49 *Pernthaler*, Gruppenschutz (Anm. 48), 95.

50 Vgl. z.B. *Veiter*, Nationalitätenkonflikt (Anm. 13), 184.

3. Entwicklungslinien

Gleichwohl kommt dem Prinzip „Autonomie" in der modernen Staatslehre eine große, im Steigen begriffene Bedeutung zu. Funktional betrachtet steht es heute am Schnittpunkt dreier bedeutsamer, in allen hochindustrialisierten Staaten beobachtbarer Entwicklungstendenzen, die auf staatsrechtlicher und politisch-soziologischer Ebene gleichermaßen zu verfolgen sind. Zum einen werden, getragen von zunehmender ökonomischer Verflechtung, in vermehrtem Maße Zuständigkeiten in Gesetzgebung und Vollziehung an überstaatliche Einheiten übertragen: der *Nationalstaat* herkömmlicher Prägung zeigt Souveränitätsverluste und *Auflösungserscheinungen nach „oben"* hin. Zum anderen führen sowohl Ineffizienz als auch Bürgerferne zentraler Verwaltungseinheiten zu Dekonzentrationsbemühungen und Delegation staatlicher Souveränitätselemente an unterstaatliche Einheiten – Bundesländer, Kantone, Provinzen, Regionen: hier zeigt der klassische Nationalstaat *Auflösungserscheinungen nach „unten"*. Schließlich führen zunehmende Legitimationsdefizite des modernen demokratischen Rechts- und Verfassungsstaates in der Variante des Parteien- und Verbändestaates kompensatorisch zu einer tendenziellen *Aufwertung der Idee der Volkssouveränität*,die ja einen zentralen geistesgeschichtlichen Ausgangspunkt der demokratischen Entwicklung Europas darstellt.

Diese Entwicklungslinien bilden den Rahmen für die seit Mitte der siebziger Jahre erneuerte Regionalismusdebatte, die, der plakativen Einteilung *Blaschkes* folgend, von „Linksrevolutionären", „Nationalrevolutionären" und „konservativen Kritikern" getragen wird.[51] Minderheitenautonomien stellen sich innerhalb dieser Debatte als Spezialfall jenes „Aufstands der Provinz"[52] dar. Sie legitimieren ihre Forderungen nach größerer Kompetenzen- und Steuerhoheit mit ihrem Wunsch nach *Erhaltung einer sprachlich-kulturellen Identität*, die sie nicht aufgeben wollen und die vom Großteil des Staatsvolkes unterschieden ist.

Gewiß, auf *juristischer Ebene* bedarf es der *Ergänzung* – keinesfalls der Ersetzung – des individuell-menschenrechtlichen Schutzes durch kollektive Schutzrechte im Völkerrecht, die eine materielle Gleichstellung von Angehörigen einer ethnischen Minderheit erst ermöglichen. Die rein innerstaatliche Gewährung kollektiver Schutzrechte ist zwar – das Beispiel Südtirol zeigt es – möglich und zur Verwirklichung eines substantiellen Minderheitenschutzes unumgänglich, leidet aber mangels entgegenstehender völkerrechtlicher Bindungen an der theoretisch jederzeit gegebenen Widerrufsmöglichkeit durch den Zentralstaat. Sie kommt daher frühneuzeitlichen „Toleranzen" näher als „Rechten" im demokratischen Verfassungsstaat. Der *Nationalstaat* als Orientierungsrahmen der Rechtsentwicklung entpuppt sich hier,

51 *Blaschke*, Volk, Nation (Anm. 47), 20–30, insb. 29.

52 So der Titel des von Dirk *Gerdes* hg. Sammelbandes: Aufstand der Provinz. Regionalismus in Westeuropa, Frankfurt – New York 1980, zur Einordnung von Minderheitenautonomien unter den allgemeinen Begriff des Regionalismus s.a. Hermann *Lübbe*, Die große und die kleine Welt. Regionalismus als europäische Bewegung, in: Werner *Weidenfeld* (Hg.), Die Identität Europas, Bd. 225 der Schriftenreihe der Bundeszentrale für politische Bildung, Bonn–München 1985, 191–205, vgl. a. Peter *Alter*, Nationalismus, (Anm. 7), 139–148.

von seiner ursprünglich revolutionären Forderung nach Volkssouveränität entfernt, als Hemmschuh der Rechtsentwicklung.

Freilich, die Forderungen ethnischer Minderheiten werden nicht bloß von dem hier grob skizzierten Rahmen einer nach wie vor nationalstaatlichen Denkmustern verhafteten Rechtskultur eingeengt. Gleichwohl stehen sowohl in der europäischen Rechtskultur als auch in der mit ihr eng verwobenen europäischen „Denkkultur" genügend Traditionselemente zur Verfügung, um „Minderheiten" gleich welcher Art *auf Akzeptanz gegründete Rechte* und nicht bloß auf Toleranz fußende Sonderregeln zu gewährleisten.

In einer offenen, pluralistischen Gesellschaft können Nationalitätenprobleme angesichts der demographischen Gegebenheiten in Europa letztlich nur durch den *Aufbau einer bikulturellen Identität* in gemischtsprachigen Gebieten überwunden werden, in der Zweisprachigkeit weder ein Kennzeichen einer sozialen Elite noch einen Schlüssel zu sozialem Aufstieg darstellt, sondern vielmehr den Status jener Selbstverständlichkeit erhält, der heute der Beherrschung *einer* Hochsprache zukommt: es geht um die „kommunikative Kompetenz" des einzelnen in einer mehrsprachigen demokratischen Gesellschaft.

Bemühungen in der Schweiz, die sich als Staat mit vier National- und drei Amtssprachen versteht[53], weisen in diese Richtung: das seit Mitte der siebziger Jahre laufende Projekt einer Vorverschiebung des Fremdsprachenunterrichts ist heute „etwa auf halbem Wege".[54] Die Stichworte „Kommunikation" und „Akzeptanz" betiteln die Intention dieses Projekts. Parallel zu dieser innerstaatlichen Mehrsprachigkeit wird in zunehmendem Maße auch der internationalen Mobilität Rechnung zu tragen versucht.[55]

Daß diese Bemühungen erst in den letzten Jahren politisch relevante Wirkungen zeigen, verdeutlicht die Schwierigkeiten dieses gesellschaftlichen Lernprozesses die die Kapazität gesellschaftlicher Lernfähigkeit mitunter zu übersteigen drohen. Meistert die pluralistische Gesellschaft jedoch diese Hürden, ist sie fähig, Toleranz gegenüber Andersartigen nicht nur nicht zurückzunehmen, sondern vielmehr zur Akzeptanz zu transformieren, so bleibt die traurige Bilanz, die der Bonner Sprachwissenschafter Leo *Weisgerber* anläßlich einer Analyse der Übersetzung des Pariser Abkommens ziehen mußte, – hoffentlich – nur als Anekdote lebendig: „de facto sind alle wichtigen Wörter des Satzes Fehlübersetzungen".[56]

53 Art. 116 der Bundesverfassung der Schweizerischen Eidgenossenschaft vom 29. Mai 1874. Die verfassungsmäßige Anerkennung des Rätoromanischen als Nationalsprache wurde mit Volksabstimmung vom 20.2.1938 angenommen.

54 Vgl. Aldo *Widmer*, Vorverschiebung des Fremdsprachenunterrichts. Argumente – Geschichte – Überblick, in: Neue Zürcher Zeitung v. 17.3.1987 (Fernausgabe Nr. 62)/39.

55 Eine Untersuchung über multinationale Kindergärten belegt exemplarisch diese Tendenz: Silvia *Hüsler-Vogt*, Kinder ausländischer Familien im Kindergarten, hg. v. Schweizerischen Kindergärtnerinnenverein, Zürich 1985. In bezug auf *religiöse* Kindererziehung leitet Konrad *Dilger* (Die Rechtsstellung des Islam in der Bundesrepublik Deutschland, in *Neumann/Fischer*, Toleranz (Anm. 9), 118–135 (119)) die Forderung nach bikultureller Erziehung aus Art. 1 Abs. 1 des Grundgesetzes der Bundesrepublik Deutschland ab.

56 Leo *Weisgerber*, Übersetzungsfehler im Südtirol-Konflikt, Innsbruck 1961, 15 f.

DEMOKRATIETHEORETISCHE UND GRUNDRECHTLICHE ASPEKTE DES ZIVILEN UNGEHORSAMS

Erhard Mock

I.

„Ziviler Ungehorsam“ ist fürs erste die mehr oder minder geglückte Übersetzung des angelsächsischen Konzepts des „civil disobedience“. Ungleich schwieriger als die Übersetzung erweist sich die Übertragung dieses Konzepts in kontinentaleuropäische Rechtskulturen, insonderheit in die der Bundesrepublik Deutschland oder Österreichs. In diesen geographischen und politischen Breiten hat ja das Phänomen des Ungehorsams – historisch gesehen – vergleichsweise wenig zur Entwicklung einer demokratischen politischen Kultur und einer entsprechenden Rechtskultur beigetragen. Das Scheitern der bürgerlichen Revolution 1848 bedeutete, daß der Weg zur Demokratie für lange versperrt blieb. Die schließlich doch erfolgte Konstitutionalisierung stand aber immer noch unter dynastischem Vorzeichen. Getragen war die Konstitutionalisierung von der Methode des staatsrechtlichen Positivismus des letzten Drittels des 19. Jahrhunderts, die wenigstens ein großes Ausmaß an Rechtsstaatlichkeit erringen konnte. Als politische Tugend wurde die absolute Folgebereitschaft gegenüber staatlicher Autorität ausgegeben, die in der Gegenüberstellung von politischem Staat und weitgehend unpolitischer Gesellschaft ihre strukturelle Entsprechung fand.[1]

Die auf den Trümmern des Ersten Weltkrieges errichtete Demokratie erreichte die Legitimität nicht, nicht zuletzt deshalb, weil das Fortwirken des autoritären Politikverständnisses die Sicht für eine auf Parteien und Verbände aufbauende Gemeinschaft trübte. Schließlich wurde in einem Freund-Feind-Denken das Politische erschlossen, wozu Carl Schmitt die Formel lieferte: Wer den gleichen Feind hat, ist „gleichartig“ – ab 1933 „artgleich“.[2]

Nach der Überwindung des Nationalsozialismus entfaltete sich, mit Unterschieden, die hier vernachlässigt werden können, sowohl in der Bundesrepublik Deutschland wie in Österreich ein repräsentatives demokratisches System, das im Pluralismus der Ideen, der Gruppen, Parteien und Verbände, kompetitiven Wahlen und einem effektiven Grundrechtsschutz die Bedingungen seiner Legitimität zu gewinnen suchte. In der Bundesrepublik Deutschland kam es dabei immer wieder zu Wellen des Protestes und zur Ausgrenzung aus dem System des Pluralismus. Bis Mitte der Sechziger Jahre gaben dazu allein die politischen Grundsatzfragen der

1 Vgl. M. *Greiffenhagen*, Politische Tradition, in: M. Greiffenhagen/S. Greiffenhagen, Handwörterbuch zur politischen Kultur der Bundesrepublik Deutschland, Opladen 1981, 373.

2 Vgl. C. *Schmitt*, Verfassungslehre. München–Leipzig 1928, 247.

Remilitarisierung und der atomaren Bewaffnung Anlaß. Danach folgten dicht aufeinander, durch die Studentenbewegung verbunden, die sogenannte Außerparlamentarische Opposition und die Anti-Notstandsbewegung. Hausbesetzungen, die Lehrlingsbewegung und die Emanzipationsbewegung der Frauen und der Widerstand gegen Datenmißbrauch vervollständigen das Bild. In den Beschlüssen gegen Extremisten im öffentlichen Dienst kumulierte die Ausgrenzung. Schließlich prägen die Gegner des Hochrüstens, die Kernkraftgegner und die Umweltschützer das Protestpotential der Bundesrepublik Deutschland. Österreich wurde, wenn überhaupt, nur verspätet und abgeschwächt von diesen Wellen des Protests getroffen, was aber nicht bedeutet, daß keine Sensibilisierung in Fragen der Energie- und Umweltpolitik eintrat. 1978 verwarf Österreich die Nutzung der Kernenergie zur Gewinnung elektrischer Energie in einer Volksabstimmung. Der ökologische Protest fand im Dezember 1984 mit der Besetzung der Hainburger Donauauen zur Verhinderung der Rodungen für einen Kraftwerksbau auch in Österreich ein eindrucksvolles Beispiel. Für beide Staaten zeichnet sich spätestens seit der Mitte der Siebzigerjahre ein langfristiger Paradigmenwechsel ab, der in Bürgerinitiativen zu Umwelt- und Energiefragen, aber auch in der Thematisierung der Ökologie wenigstens in Teilen der Parteienlandschaft und durch einen Teil der Medien seinen Ausdruck findet.[3]

II.

Die Wellen des Protestes mit ihren Ausschreitungen und Rechtsverletzungen haben weder in der Bundesrepublik Deutschland noch in Österreich zur Erschütterung der politischen Ordnung geführt. Die rechtskulturelle Verarbeitung dieser Phänomene jedoch steht noch weitgehend aus. Entweder wird nämlich hiezu in den Höhen des Widerstandsrechtes angesetzt, das die Bundesrepublik Deutschland sogar positiviert hat, oder aber es wird ganz einfach die Parole „Gesetz ist Gesetz“ mit viel Aufwand paraphrasiert.[4] Dabei wird – bildlich gesprochen – zu hoch oder zu niedrig angesetzt. *Der Blick für die legitimierenden Prinzipien des Verfassungsstaates geht dabei verloren.*

3 M. *Pfüller*, Protestbewegung, in: M. Greiffenhagen/S. Greiffenhagen, a.a.O., S. 390 ff. Vgl. K. W. *Brand*/D. *Büsser*/D. *Rucht*, Aufbruch in eine andere Gesellschaft. Neue soziale Bewegung in der Bundesrepublik. Frankfurt a.M.–New York 1984; vgl. W. *Hauer*, Hainburg. Eisenstadt 1985.

4 Vgl. die Argumentation auf der Ebene des Widerstandsrechts: A. *Arndt*, Agraphoi Nomoi – Widerstand und Aufstand, NJW 1962, 430 ff.; P. *Schneider*, Widerstandsrecht und Rechtsstaat, AöR 89 (1964) 1 ff.; A. *Kaufmann*/L. E. *Bachmann* (Hg.), Widerstandsrecht. Darmstadt 1972; J. *Isensee*, Das legalisierte Widerstandsrecht, Bad Homburg v.d.H. 1969; für die Betonung der Legalität statt vieler: R. *Scholz*, Rechtsfrieden und Gewaltmonopol – Grundlagen des Rechtsstaates, in: B. Rill/R. Scholz, Der Rechtsstaat und seine Feinde. Heidelberg 1986, 71 ff.; Th. *Mayer-Maly*, Die Bedeutung des Gewissens für das Widerstandsproblem der freiheitlichen Mehrparteiendemokratie. In: Geschichte und Gegenwart, 5. Jg., Feber 1986, 19 ff.

Absicht dieser Bemühungen soll es sein, das angelsächsische Konzept der „*Civil Disobedience*“ vor den skizzierten Erfahrungen des Protestes und der damit verbundenen Rechtsverletzungen zu rekonstruieren und es dann auf seine *demokratietheoretische* und *grundrechtliche* Tragweite zu prüfen. Um ein mögliches Mißverständnis gleich auszuräumen: Es gibt auch im Konzept der „Civil Disobedience“ kein *Recht* auf Ungehorsam.

Als Ahnherr dieses Konzepts wird der amerikanische radikal-nonkonformistische Schriftsteller Henry David Thoreau angesehen. Thoreau publizierte ab 1849 leidenschaftlich aus politisch-moralischer Position gegen staatliches Unrecht, im besonderen gegen die Sklaverei, und propagierte und praktizierte als Mittel des Protests Steuerverweigerung. Seine Schriften haben eine breite Wirkung entfaltet, unter anderen auf Nikolajewitsch Leo Tolstoi. Mahatma Gandhi wiederum setzte sich früh mit Tolstoi und Thoreau auseinander.[5] Durch Gandhis Wirken und Schriften entstand im Kampf um Indiens Unabhängigkeit so etwas wie ein erstes Konzept des zivilen Ungehorsams. Gandhis Verdienst war es, den Gedanken der Gewaltlosigkeit (ahisma, nonviolence) mit dem Begriff des zivilen Ungehorsams verknüpft zu haben, wenngleich er selbst im politischen Kampf dies nicht immer einzuhalten imstande war.[6] Gandhis Konzept wurde bereits in den Dreißigerjahren in den Vereinigten Staaten von bürgerrechtlichen Strömungen aufgegriffen. Doch erst in den Sechzigerjahren kam es in der Auseinandersetzung mit dem Kampf gegen die Rassendiskriminierung, der Studentenrevolte und der Opposition gegen den Vietnam-Krieg zu einer Renaissance in Theorie und Praxis des zivilen Ungehorsams – mit all seinen Implikationen und Restriktionen. Die in revolutionärem Pathos agierenden europäischen Studentenbewegungen hat diese Auseinandersetzung kaum erreicht.[7] Erst der eingangs geschilderte Paradigmenwechsel hin zu den Fragen der Ökologie hat die Frage einer konzeptuellen Abstützung der Handlungspraxis gegen Staatsunrecht gestellt. In den Achtzigerjahren wird hierzulande an die Civil-Disobedience-Debatte der Sechzigerjahre in den Vereinigten Staaten angeknüpft.[8]

Der Rekurs erfolgt dabei auf die im Zentrum der amerikanischen Debatte stehenden sogenannten „orthodoxen“ Autoren wie Christian Bay, Hugo A. Bedau, Joseph Betz, William T. Blackstone, Rex Martin, John Rawls und Rudolph H.

5 Vgl. Th. *Laker*, Ziviler Ungehorsam, Geschichte – Begriff – Rechtfertigung. Baden-Baden 1986, 18 ff u. 29 ff.

6 a.a.O., S. 137 f.

7 S. *Rucht*, Recht auf Widerstand – Aktualität, Legitimität und Grenzen „zivilen Ungehorsams“, in: G. Guggenberger/C. Offe (Hg.), An den Grenzen der Mehrheitsdemokratie. Köln 1984, 262.

8 Dafür stehen u.a.: R. *Dreier*, Recht – Moral – Ideologie. Frankfurt a.M. 1981, 198 ff.; *ders.*, Widerstandsrecht im Rechtsstaat? Bemerkungen zum zivilen Ungehorsam, in: Recht und Staat im sozialen Wandel. Festschrift für H. U. Scupin zum 80. Geburtstag, Berlin 1983, 537 ff.; *ders.*, Widerstandsrecht und ziviler Ungehorsam im Rechtsstaat, in: P. Glotz (Hg.), Ziviler Ungehorsam im Rechtsstaat. Frankfurt a.M. 1983, 54 ff.; J. *Habermas*, Ziviler Ungehorsam – Testfall für den demokratischen Rechtsstaat. Wider den autoritären Legalismus in der Bundesrepublik, in: P. Glotz (Hg.), a.a.O., 29 ff.; D. *Rucht*, a.a.O.; G. *Frankenberg*, Ziviler Ungehorsam und Rechtsstaatliche Demokratie, JZ 1984, 266 ff.

Weingartner.[9] Bestimmend wurde in diesem Kreis die bereits 1961 veröffentlichte Definition von zivilem Ungehorsam durch Bedau. Er schreibt: „Anyone commits an act of civil disobedience if and only if he acts illegally, publicly, nonviolently and conscientiously with the intent to frustrate (one of) the laws, policies, or decisions of the government."[10] Rawls, auf den die Auseinandersetzung hierzulande meistens rekurriert, hatte seinen Standpunkt mit ausdrücklichem Bezug auf Bedau bereits 1969 niedergelegt.[11] Mit geringfügigen Änderungen ging dieser in sein Hauptwerk „A Theory of Justice" ein. Dort wird ziviler Ungehorsam mit folgenden Worten charakterisiert: „... a public, nonviolent, conscientious yet political act contrary to law usually done with the aim of bringing about a change in the law or policies of the government."[12] In der deutschen Übersetzung wird von „... einer öffentlichen, gewaltlosen, gewissensbestimmten, aber politischen, gesetzwidrigen Handlung, die gewöhnlich eine Änderung der Gesetze oder der Regierungspolitik herbeiführen soll", gesprochen.[13]

Diese Formel muß aus dem Kontext erläutert werden, gewissermaßen in ihre „Tatbestandselemente" zerlegt werden: *Erstens*: Ziviler Ungehorsam soll auf jeden Fall eine *bewußte Regelverletzung* sein, zumindest in dem Sinn, daß nicht lediglich ein Testfall für eine Prüfung der Verfassungsmäßigkeit geschaffen wird. D.h. die Opposition soll auch bestehen bleiben, wenn das, wogegen er sich richtet, als verfassungsgemäß erklärt wird.[14] Anders gewendet: Ziviler Ungehorsam geht davon aus, daß er formell rechtswidrig oder zumindest in seiner Rechtmäßigkeit umstritten ist.

Zweitens: Ziviler Ungehorsam soll ein *normativ begründeter* Akt sein.[15] Rawls verwendet dazu die Adjektiva „*gewissensbestimmt, aber politisch*".[16] Gemeint ist damit die Qualität des zivilen Ungehorsams als Akt, der von „politischen Grundsätzen geleitet und gerechtfertigt wird, d.h. von Gerechtigkeitsgrundsätzen, die die

9 Ch. *Bay*, Civil Disobedience: Prerequisite for Democracy in Mass Society, in: D. Spitz (ed.), Political Theory and Social Change, New York 1967, 163 ff.; H. A. *Bedau*, On Civil Disobedience, in: Journal of Philosophy 58 (1961), 653 ff.; J. *Betz*, Can Civil Disobedience be Justified?, in: Social Theory and Practice 1 (1970), 13 ff.; W. T. *Blackstone*, Civil Disobedience: Is it Justified?, in: The Southern Journal of Philosophy 8 (1970), 233 ff.; R. *Martin*, Civil Disobedience, in: Ethics 80 (1970), 123 ff.; J. *Rawls*, A Theory of Justice. Cambridge Mass. 1971; dtsch. Eine Theorie der Gerechtigkeit. Frankfurt a.M. 1975, 2. Aufl. 1979; R. H. *Weingartner*, Justifying Civil Disobedience, in: Columbia University Forum 9 (Spring 1966), 38 ff.; ferner: H. A. Bedau (ed.), Civil Disobedience. Theory and Practice. Indianapolis–New York 1969.

10 H. A. *Bedau*, On Civil Disobedience, in: Journal of Philosophy 58 (1961), 661.

11 J. *Rawls*, The Justification of Civil Disobedience, in: H. A. Bedau (ed.), Civil Disobedience. Theory and Practice. Indianapolis–New York 1969, 246: „... a public, nonviolent, and conscientious act contrary to law usually done with the intent to bring about a change in the policies or laws of the government."

12 J. *Rawls*, A Theory of Justice. Cambridge Mass. 1971, 365.

13 J. *Rawls*, Eine Theorie der Gerechtigkeit. 2. Aufl. Frankfurt a.M. 1979, 401.

14 a.a.O., 402.

15 Vgl. G. *Frankenberg*, Ziviler Ungehorsam und Rechtsstaatliche Demokratie, JZ 1984, 269.

16 a.a.O., 401.

Verfassung und die gesellschaftlichen Institutionen im allgemeinen bestimmen".[17] Seine Eigenschaft als „gewissensbestimmt" erweist sich dadurch, daß die eben charakterisierten politischen Grundsätze aufrichtig *und* kommunikabel vorgetragen werden. Darin liegt der Unterschied zur Weigerung aus Gewissensgründen (conscientious objection), die in aller Regel sich nur durch ihre Authentizität ausweist.[18] Die Regelverletzung soll auf eine formell rechtmäßig beschlossene Politik oder Norm zielen, die für illegitim ausgewiesen wird, um deren Änderung zu bewirken.

Drittens: Ziviler Ungehorsam ist *öffentlich*. Rawls vergleicht ihn mit einer „öffentlichen Rede". Er hat „Appell" zu sein.[19] Rawls setzt hier offenbar auf die besondere Publizität, Symbolkraft und Fähigkeit zur Dramatisierung, die in der bewußten Regelverletzung liegen kann.

Viertens: Ziviler Ungehorsam ist *gewaltlos*. „Jede Beeinträchtigung der bürgerlichen Freiheiten anderer würde vielmehr die Aktion nicht mehr als zivilen Ungehorsam erscheinen lassen."[20] Das schließt *offene Gewalt* aus. Der extensive, „verflüssigte" Gewaltbegriff strafrechtlicher Normen, insbesondere der Nötigungstatbestände ist jedoch nicht der seine. Die borderline cases von Sitzblockaden u.ä., die die Bewegungsfreiheit unbeteiligter Dritter einschränken, bewegen daher Öffentlichkeit, Justiz und Wissenschaft am meisten.[21] Der zivile Ungehorsam ist aber noch in einem anderen Sinne gewaltlos. „Das Gesetz wird gebrochen, doch die Gesetzestreue drückt sich im öffentlichen und gewaltlosen Charakter der Handlung aus, in der Bereitschaft, die gesetzlichen Folgen der Handlungsweise auf sich zu nehmen. Die Gesetzestreue trägt dazu bei, der Mehrheit zu verdeutlichen, daß die Handlung tatsächlich gewissenhaft und aufrichtig ist und sich an den Gerechtigkeitssinn der Öffentlichkeit wendet."[22] Zusammenfassend läßt sich sagen: Das Konzept des zivilen Ungehorsams versucht, mit der *normativen Eingrenzung* der Protestmittel ihre Akte *einsichtig* und *akzeptabel* zu gestalten.[23]

Anzumerken ist, daß die hier gegebene Begriffsbildung wohl insofern angemessen ist, als ein empirischer Bezug auf die gemeinsamen Merkmale von Protestaktivitäten hergestellt wird, die üblicherweise als „ziviler Ungehorsam" beschrieben werden. Die Zuordnung normativer oder normativ interpretierbarer Merkmale, etwa der Gewaltfreiheit, wird dabei in Kauf genommen. Dreier hält dies für „legitim, weil der Begriff, sofern er unter moralphilosophischen oder juristischen

17 a.a.O., 402.

18 a.a.O., 403 ff. Vgl. E. *Mock*, Gewissen und Gewissensfreiheit. Berlin 1983, 141 f. u. 149.

19 a.a.O., 403.

20 a.a.O., 403.

21 Österr. EvBl. 1974/200: auch das Umringen und Beengen einer Person kann Gewaltausübung sein; ByVRS 60, 189: Die gewaltsame Einwirkung kann auch in einem *Unterlassen* bestehen, so z.B. ... in der *Nichtaufhebung einer Blockade*, Sitzstreiks, Verkehrsblockaden oder sonstige Demonstrationen mit allgemein-politischer Zielsetzung außerhalb von legalen Arbeitskämpfen werden in der BRD im Hinblick auf Nötigung sowohl dem Grundsatz wie in der Einzelabgrenzung divergent beurteilt. Nachweise bei A. *Schönke*/H. *Schröder*, Strafgesetzbuch, Kommentar, 22. Aufl., 985, 1466.

22 *Rawls*, a.a.O., 403 f.

23 Vgl. G. *Frankenberg*, a.a.O., S. 169 f.

Aspekten gebildet wird, stets auch die Bedingungen definiert, unter denen man bereit ist, über moralische oder rechtliche Rechtfertigung zivilen Ungehorsams zu reden."[24]

Rawls Überlegungen münden schließlich in folgenden drei Bedingungen der Rechtfertigung von zivilem Widerstand: *Erstens* muß die Ungerechtigkeit, gegen die sich der Protest richtet, *wesentlich* und *eindeutig* sein. Im Kontext von Rawls Theorie der Gerechtigkeit heißt dies, daß ziviler Ungehorsam nur in Anbetracht *schwerer Verletzungen des Grundsatzes der gleichen Freiheit*, etwa des Wahlrechts, und *eklatanter Verletzungen des Grundsatzes der fairen Chancengleichheit*, was weniger eindeutige Appelle eröffnet, auszuüben sei.[25] *Zweitens* müssen die legalen Korrekturmöglichkeiten versagt haben, aussichtslos erscheinen oder nicht zur Verfügung stehen.[26] Und *drittens* beschränke der Umstand, daß mehrere Minderheiten gleichermaßen Grund zum zivilen Ungehorsam haben, dessen Ausübung auf den Umfang, der die Achtung von Gesetz und Verfassung nicht zerstört.[27]

III.

Mit überlegener Pointiertheit hat John Rawls sein Konzept des zivilen Widerstandes selbst für die „Fast-Gerechtigkeit" einer entfalteten Demokratie vindiziert.[28] In dieser „Fast-Gerechtigkeit" kann die Mehrheitsregel zu einem bloßen Instrument abgestuft werden und die gleiche Freiheit und die faire Chancengleichheit können die Entscheidungen leiten.[29] Damit fordert Rawls zum Überdenken der Legitimitätsbedingungen der Mehrheitsregel und der Funktion der Grundrechte geradezu heraus, baut doch sein Konzept des zivilen Ungehorsams auf den Appell an die Mehrheit oder wenigstens an eine mögliche künftige Mehrheit. Die Grundrechte wiederum bilden den Kern von „Gerechtigkeitsgrundsätzen, die die Verfassung und die gesellschaftlichen Institutionen im allgemeinen bestimmen".[30]

Man könnte die Mehrheitsregel durch ihre Alternativenlosigkeit begründen. Und in der Tat – manche Begründung läuft darauf hinaus: Mehrheit – was sonst? Aber die Mehrheitsregel erhält ihre Legitimität nur unter besonderen Bedingungen. Schon John Locke fordert am Beginn des modernen Verfassungsstaates dafür einen geeinten „politischen Körper". Das Einigungswerk des „original compact" ist kein Ergebnis einer Mehrheitsentscheidung, sondern ruht auf Einstimmigkeit.[31] Das

24 R. *Dreier*, Widerstand und ziviler Ungehorsam im Rechtsstaat, in: P. Glotz (Hg.), Ziviler Ungehorsam im Rechtsstaat, Frankfurt a.M. 1983, 63.

25 *Rawls*, a.a.O., 409 f.

26 a.a.O., 410 f.

27 a.a.O., 411 f.

28 insbes. a.a.O., 428 f.

29 a.a.O., 392 f., 81 ff. u. 409.

30 a.a.O., 402.

31 John *Locke*, Über die Regierung, VIII, 95 ff. (The Second Treatise of Government), übers. v. D. Tidow, Reinbek 1966, 78 ff.

heißt, damit die Mehrheit mit Bindungswirkung für die Minderheit entscheiden darf und kann, muß eine geeinte, von allen bejahte Gemeinschaft bestehen, die Mehrheitsentscheidungen auch für die überstimmte Minderheit erträglich macht. Nur ein massiver *vorpolitischer Konsens* und eine über die konstituierende Rechtsgemeinschaft hinausgehende *politisch-kulturelle Identität* lassen die Mehrheitsregel legitim erscheinen. Dies illustriert auch der Umstand, daß in Umbruchszeiten die Mehrheitsentscheidung durch vertragsähnliche Übereinkünfte und Proporzregeln ersetzt werden, weil die Mehrheitsregel sich als Pazifizierungsinstrument begrenzt erweist.[32] Die Mehrheitsregel greift eben nur, wenn ein genügend breites Band an Interessen und Grundüberzeugungen wie Homogenität das Überstimmtwerden im Einzelfall verschmerzbar macht. Dieser Komplex kann hier nicht vertieft werden. Der Hinweis auf die Voraussetzung eines *Basiskonsenses* für die Legitimität der Mehrheitsregel im dargestellten Zusammenhang muß genügen. Einen Basiskonsens als Bezugsrahmen seines Appells braucht aber ziviler Ungehorsam wie der Fisch das Wasser. Solch ein Basiskonsens ermöglicht es aber erst, sich darüber auf Dauer zu verständigen, auf welche Entscheidungsbereiche die Mehrheitsregel überhaupt Anwendung finden kann und in welchen sie zu unterbleiben hat. Oder anders gewendet, festzustellen, worüber nicht abgestimmt werden darf. So erweist sich die wohl *erste* Legitimationsbedingung der Mehrheitsregel, nämlich, daß die Mehrheit nicht über alles und nach Gutdünken beschließen darf, als wesentliche Bedingung für erfolgreichen zivilen Ungehorsam.

Das legitim erfahrene Verhältnis von Mehrheit und Minderheit schließt aber wenigstens noch ein *Zweites* ein: Akzeptierbar und legitimierbar ist die Mehrheitsregel aber nur, wenn der jeweiligen Minderheit die reale Chance verbleibt, Mehrheit zu werden, um über den disponierbaren Teil der Entscheidungsbereiche nach einem peaceful change auf Zeit verfügen zu können und so frühere Mehrheitsentscheidungen korrigieren zu können. Dies hat aber nur dann einen Sinn, wenn die bereits getroffenen Entscheidungen de facto *nicht irreversibel* sind. Denkt man an die Kernenergie, die Waffentechnologie, die Gentechnologie, die Möglichkeiten der Datenmanipulation oder nur an die Verkehrs-Industrie- und Umweltpolitik wie an die Städteplanung, ist klar, was gemeint ist.[33] Hier steht man in der Tat vor Entscheidungen mit unvergleichbarer zeitlicher Reichweite. Es ist wohl kein Zufall, daß sich an diesen Fragen das Protestpotential demokratisch verfaßter Staaten verkrallt. Wo nämlich die Revidierbarkeit von Entscheidungen mißachtet wird, bleibt für zivilen Ungehorsam nur mehr die Chance, weitere irreversible Entscheidungen hintanzuhalten.

Basiskonsens, die Offenheit und Revidierbarkeit von Entscheidungen erweisen sich so sowohl als Grundlagen und Bedingungen der Legitimität von Mehrheitsentscheidungen wie als Voraussetzungen für das Konzept des zivilen Ungehorsams.

32 B. *Guggenberger*/C. *Offe*, Politik aus der Basis-Herausforderung der parlamentarischen Mehrheitsdemokratie, in: *diess.*, An den Grenzen der Mehrheitsdemokratie, Köln 1984, 11 f.

33 B. *Guggenberger*, An den Grenzen der Mehrheitsdemokratie, in: B. *Guggenberger*/C. *Offe*, a.a.O., 189 f.

Ein recht verstandener ziviler Ungehorsam fordert mit anderen Worten nichts anderes ein als legitime Mehrheitsentscheidungen. Der Vollständigkeit halber muß angeführt werden, daß die Legitimität von Mehrheitsentscheidungen über die beiden genannten Bedingungen hinaus gebunden sein kann. Zu denken ist hier vor allem an schwerwiegende Verletzungen des bundesstaatlichen Prinzips, wo ein solches verfassungswirksam ist.

Abschließend soll nach der Bedeutung der *Grundrechte* im Verhältnis zum Konzept des zivilen Ungehorsams gefragt werden. Diese finden ihre vorrangigste Aufgabe im *normativen Begründen des Protests*, der einer bewußten Regelverletzung zugrunde gelegt werden soll, ihre vornehmliche Rolle. D.h. die Grundrechte als Ausdruck von „Gerechtigkeitsgrundsätzen, die die Verfassung und die gesellschaftlichen Institutionen im allgemeinen bestimmen“[34], haben vornehmlich eine bestimmte Norm oder eine bestimmte Politik als illegitim auszuweisen.

Andererseits lassen sich alle Akte zivilen Ungehorsams wegen ihres Appellcharakters grundsätzlich als solche Akte betrachten, die in dem Schutzbereich der Grundrechte der Meinungs- und/oder der Versammlungsfreiheit fallen, worauf vor allem R. Dreier hingewiesen hat.[35] Dies freilich nur, wenn man das Schrankenproblem vorerst einmal ausklammert, denn ein Akt ist im Ergebnis ja nur dann eine berechtigte Grundrechtsausübung, wenn er sich innerhalb der Schranken des betreffenden Grundrechts einordnen läßt. Dazu sei folgendes Beispiel gegeben: Eine Sitzblockade, die unbeteiligte Dritte in ihrer Bewegungsfreiheit einschränkt, kann den Tatbestand einer Nötigung erfüllen, da der strafrechtliche Gewaltbegriff über die direkte physische Gewalt hinausreicht. Um zum, sicher auf wenige Ausnahmen beschränkten, Ergebnis einer grundrechtlichen Rechtfertigung zu gelangen, sind zwei Wege denkbar: Der erste schließt von vornherein die im strafrechtlichen Sinn gewaltsame Meinungsäußerung und Versammlungsteilnahme aus dem Schutzbereich des Grundrechts aus. Eine Korrektur wäre nur insofern denkbar, als man einen anderen grundrechtlichen Gewaltbegriff definierte als den der Nötigung. Der zweite Argumentationsweg geht davon aus, daß selbstverständlich auch eine im strafrechtlichen Sinne gewaltsame Meinungsäußerung und Versammlungsteilnahme eine solche bleibt. Ob sie nun grundrechtlich zu schützen ist, hängt aber von einer Güterabwägung, in concreto der der Meinungs- und Versammlungsfreiheit und der des Nötigungstatbestandes ab. Dies kann dazu führen, daß nur geringfügige Behinderungen der Bewegungsfreiheit Dritter den Vorrang der Meinungsfreiheit ergeben. Zur Verdeutlichung: Der erste Weg schließt von vornherein gewisse Akte vom Grundrechtsschutz aus, während der zweite erst nach einer Güterabwägung über die Grundrechtsschranken entscheidet.[36]

So erfreulich die grundrechtliche Rechtfertigung zivilen Ungehorsams im Einzel-

34 *Rawls*, a.a.O., 402.

35 Zum folgenden: R. *Dreier*, Widerstand und ziviler Ungehorsam im Rechtsstaat, in: Ziviler Ungehorsam im Rechtsstaat, P. Glotz (Hg.), Frankfurt a.M. 1983, 54 ff. u. 64 ff., u. A. H. *Klein*, Ziviler Ungehorsam im demokratischen Rechtsstaat?, in: Freiheit und Verantwortung im Verfassungsstaat, B. Rüthers/K. Stern (Hg.), München 1984, 177 ff.

36 a.a.O., 65.

fall sein kann, bringt sie doch einen Normalisierungseffekt, der den Appellcharakter des Protestes allzusehr relativieren kann. Die Spannung zwischen Legalität und Legitimität erschiene allzu leicht aufgehoben. Denn anstatt über die Legitimität der bekämpften Norm oder Politik wird ja über die Rechtfertigung der bewußten Regelverletzung abgesprochen, die nur in Einzelfällen dem bekämpften Bereich angehören wird. Dem Appell zivilen Ungehorsams nützt es wenig, wenn über Demonstrationsrechte argumentiert und entschieden wird, etwa bekämpfte Diskriminierungen aber argumentativ ausgeklammert werden. Eine „Normalisierung" scheint dem zivilen Ungehorsam zu widerstreben. Dies soll aber nicht heißen, daß Akte zivilen Ungehorsams Delikte im üblichen Sinn wären. Ihre Privilegierung hätte ihrer Differenzierung als politische Taten zu entsprechen.

Die versuchte demokratietheoretische und grundrechtliche Verortung des zivilen Ungehorsams läßt aber die Frage offen, ob und wie dieses Konzept in Protestpotential hineinzuwirken imstande ist. Hier kann nur eines festgestellt werden: Die Betonung der Gewaltlosigkeit hat bei der überwiegenden Zahl von Protestteilnehmern die subjektive Bewußtseinslage voll erreicht – keineswegs bei allen. Freilich meinen sie nicht den „verdünnten" strafrechtlichen Gewaltbegriff. Ziviler Ungehorsam bedient sich bewußter Regelverletzungen, freilich – wie gezeigt – im Bemühen um die Loyalität gegenüber der Ordnung als solcher. Es muß in diesem Zusammenhang die Frage offenbleiben, ob sich die Mehrzahl der spektakulären Aktionen der letzten Jahre tatsächlich gegen schweres Unrecht gewendet hat. Allein man kann darin auch einen Fortschritt sehen, vielleicht einen Schritt zu einer reiferen politischen Kultur, die die Spannung von Legalität und Legitimität auch bis hin zum notwendigen Ungehorsam auslotet. In geographischen und politischen Breiten, die keine erfolgreich zu Ende geführte Revolution erfahren konnten, muß dies nicht unbedingt zum Nachteil sein.

THE ECOLOGICAL CRISIS: DILEMMA OF SOCIAL THEORY

Péter Paczolay

The mass application of the results of technical and technological development led, about the second half of the 20th century, to a crisis in ecology. The solution of the dangerous situation thus produced is partially also a technological task: up-to-date technologies of environmental protection must be developed. On the other hand social directives will have to find out the principles, methods, and procedures suitable for the adaptation of social change to the ecological crisis, in order to give an adequate response to a challenge of unparalleled quality and extent, which is a menace to mankind and to the entire system of its environment.

In the present study I wish to consider some dilemmas of social decision-making connected with the ecological crisis. Naturally, decisions in this connection have a very wide scope which cannot be practically determined: essentially all decisions influencing or transforming the environment in some way or other can be included here. I wish to examine the chances of social directives and decision-making destined to prevent "harmful environmental changes". Other terms (e.g. ecological decision, etc.) likewise refer to this simplified, abstract category. The question is posed whether social leadership, its "comander's unit", i.e. politics and its perhaps most important instrument, i.e. law, as well as social theory of course, are able to overcome the ecological crisis with the presently available means. The answer to all this is sought on the level of abstract political and legal theory.

Crisis of Decision-Making Procedures

It is an interesting but not surprising phenomenon for the hermeneutic concept of history as of a homogeneous system that the new problems raised by the ecological crisis evoke a number of classical questions and theories of political and legal philosophy.

In the introduction the alternatives constituting the subject of ecological decision-making were reduced to two assumptions: one concerns the protection of the environment, the safeguarding or restoring of the ecological equilibrium, while the other casts its vote in favour of a detrimental change of the environment dictated by an alien interest. Three essential relationships of decision-making will be examined, namely a) who decides? b) what kind of values are considered? and c) what is the procedure? There is a broad range of possibilities for solutions: ad a) decisions by a narrow elite up to the widest publicity, from representation to direct participation; ad b) from a competition of values with equal chances up to the definite preference of a certain value, ad c) from an unanimous decision to the majority principle, etc.

In politics the interests of various groups and rationalizations based on different logics conflict. The basic dilemma of politics is to harmonize, in the case of conflicting interests, the content and the formal side when selecting the appropriate means: whether to realize the ideal of equality as a value by means of a guarantee of formal (legal) equality (which naturally does not mean real equality), or driven by the idea of realizing an equality *in substantia*, the guarantee of formal equlity is abandoned. Besides equality/inequality it will be similarly difficult to find a balance in the case of other pairs of value. In terms of democratic theory this represents the dilemma between the formal and the substantial sides of democracy.

From the ecological point of view the basic problem of its realization is the formal requirement of a democratic decision-making, a direct and wide range participation, the widest possible publicity, and the supervision by power. From the viewpoint of the substantial value, however, the claim must be maintained that all decisions be considered with regard to the environment as to a value of absolute priority. However, the utilization of the traditional democratic principles and procedures does not ensure that the solution of environmental protection will be chosen. The traditional principles of democratic decision-making are based on the democratic character of procedure and of form, while the content of the decisions is not evaluated. Thus, e.g., the utilization of the majority principle appears to be an acceptable solution, in particular if it is supplemented by some kind of protection of minority rights and by the acknowledgement of the formula of "provisional obedience under protest" as a minimum. The minority is expected to show a behaviour appropriate to the majority decision, without having to give the impression of a decision by consensus; i.e., it may maintain and advocate its dissenting opinion. This is done in the belief that the decision in question has only temporary character and may be changed, after a time, by a new decision and may be revised at the next election.

In this logic there is no place for environmental decisions concerning the introduction of an irreversible process. When such a policy is not more subject to the scheme mentioned above two different opinions may be formulated: in the technocrat's view technological development and concomitant changes are an objective necessity and are not subject to political decision; on the other hand, the ecological view is that, just because of the irreversible consequences of the decisions, the formal-procedural democracy of decision-making is insufficient and the environment, as a substantive value, must have preference over other interests. It follows that the majority principle cannot be utilized since, from the ecological point of view, a right decision is the one protecting the environment. That means that where the selection can only have one proper outcome – i.e. a decision for the value appearing as absolute –, selection as a procedure will be deprived of its meaning.

Let us consider schematically the logical possibilities of selection and its consequences connected with the assumption of an absolute value:

1. "Everyone unanimously supports the ecological argument." In this case the situation produced is optimal since the democracy of formal procedure and the selection of value coincide. The decision is supported by everybody so that it becomes binding for everyone.

2. "The majority supports the ecological argument." Also in this case the decision is binding for the entire community, but the minority disagreeing with the decision reserves the right of publishing separate opinions in the hope to validate them in a later decision.

3. "The ecological argument is supported by the minority only." In this case the majority decision detrimental to the environment must be executed. Conforming to their logic, ecological movements argue for the right of veto of the minority in decisions of importance, i.e. that the execution should depend on total unanimity. The fear of the "tyranny of the majority" and the efficient protection of minority rights are a theme of long standing in political philosophy. According to Edmund Burke, owing to the bindung character of legal regulations, only unanimous decisions accepted by everyone are binding, while the majority principle is "one of the most violent fictions of positive law", aiming to secure the generally binding character of law; this principle can be accepted by the community only in terms of an acquired habit of obedience and discipline.

4. "Everybody is opposed to the ecological argument." For the maintenance of the ecological value as a basic criterion even the unanimous support of the contrary argument cannot be accepted. However unanimous the decision concerning a dangerous or harmful change of the environment is, that does not imply that a destruction of the environment cannot or will not occur. Though here is no conflict within the community, the consequences of ecological decisions being unlimited in space and time, considerable interests could be victimized (surrounding communities, future generations). This theoretically strained but by no means irrealistic possibility proves that, in this problem, considerations and interests well beyond the given community may have an important role to play.

Thus from the ecological angle the majority principle is not suitable and another form of the predominance of the opinion, representing the absolute value, should be established. In the history of ideas this will recall, *inter alia*, the theories of welfare paternalism, of enlightened despotism, of the general will and of the ruling elite. A combination of these different theories seems to be justified in so far as each of them assumes a center of power – independent of formal-procedural conditions – that is able to lead society on the basis of a substantive value not formally determined. These are attempts to reach beyond the problem of majority/minority.

The first two theories are historically precapitalistic, but as a behaviour, as a style of political guidance it will also be found later on and derives from the concept of the infancy and ignorance of "the people". On the other hand, the concept of the general will is connected with the theory of government by the people. "But, it may be asked, how can a man be free and yet constrained to conform to a will which is not his own? How comes that the members of the opposition can be at the same time free and yet subject to laws which they have not voted?"[1] This

1 Jean-Jacques *Rousseau*, The Social Contract = Social Contract. Ed. by Ernest Barker, Oxford 1947, Book IV, chap. 2, p. 389.

torturing dilemma of the Anglo-Saxon typed liberal establishment (and, generally, of the formal solutions based on the majority principle) is solved by means of the fiction of the "general will" (*volonté générale*). "The constant will of all the members of a State is the general will, and by virtue of it they are citizens and free men. When a law is proposed in the assembly of the People, what they are asked is not whether they approve or reject the proposal in question, but whether it is or is not in conformity with the general will, which is their will."[2] The method of showing the way to the unrecognized interest is the compulsion to be free. "Whoever shall refuse to obey the general will must be constrained by the whole body of his fellow citizens to do so: which is no more than to say that it may be necessary to compel a man to be free."[3]

Finally the theory of the ruling elite is, in contrast to the previous one, not a theoretical construction but a principle derived from the reality of practice of political power, according to which, even in democracies, a minority has actual power.

The question may arise whether the solution of the ecological crisis and the validation of the absolute value could be attained by compelling those unable to recognize their own long-term interest to "freedom"? Or, in the opposite way: would it not be satisfying to entrust decision-making to an assumedly ethically committed elite having special technical knowledge?

The fundamental difference between the two approaches lies with the diametrically opposed concept of participation. According to Rousseau participation – on the lines of ancient democracy, connected with a sharp criticism of the British representative system – is compulsory. On the other hand, according to the elite theory, participation in modern democracies is formal; it has but little influence on actual decision-making and the exercise of power, and even this slight influence can be manipulated.

In our days none of the solutions may serve as an example: the Rousseau-typed participation is illusory, while the condemnation of the masses *a limine* to political passivity is anti-democratic. In connection with ecological problems the importance of the personal participation of everybody is manifested in the present political and state framework on the local level. Here there are considerable possibilities of active, individual participation; similarly, attempts to establish alternative forms of living may get some credit; however, the simple addition of local results will not produce the total required for the solution of the problems, let alone an arrangement of global order.

At present, on the central state level, a medley of various procedures of decision-making can be found. Here a parallel influence is exerted, e.g., by the following:

– the elite (particularly in expert questions, but often the most essential decisions are made by a handful of people exercising actual political power, even misusing democratic procedures);

2 Ibid., p. 390.
3 Ibid., Book I, chap. 7, p. 261.

– the state, either as the centralized and hardly restricted supreme power, or as the executor of the decision formed on a democratic-pluralistic basis;
– the procedures restricting and controlling state power (ensuring publicity, the possibility of court action – in the USA the so-called "class-action" –, the enforcement of the right to a healthy environment, etc.);
– direct actions and procedures (referendum, civil disobedience, demonstration, seizure, etc.).

Political decision-making, the role of the state and the law ought to be reconsidered, irrespective of the social system. Institutional solutions unsuited for the new problems should be eliminated, and the problems requiring new solutions must be identified. These two fields will be the primary areas of change. The task of social sciences is the research of these basic problems and the elaboration of proposals for their solution.

Until then only security solutions of a temporary and subsidiary nature should be promoted:

1. Solutions with irreversible environmental consequences should be delayed or at least restricted to a range where the solution may be altered by a later solution; i.e., the procedure should remain inside of the present-day rules of the game and logic of the political establishments. In this connection the criterion of the content is the presumption of environmental value: it must be proved, therefore, that the solution does not cause irreversible damage to the environment.

2. In the range of the political system this will require a reduction of the number of decisions concentrated in the hands of the elite. For solutions affecting practically every member of the society in a most direct form control is indispensable; according to our present knowledge this can only be realized through the actual participation of the widest publicity. (At the same time a considerable share of the solutions as well as of the partial solutions will inevitably remain in the hands of a "few". The institutional regulation and control of the latter is unsolved.)

In conclusion it must be said that at present neither the procedure of political decision-making nor the political establishment ensure a preference to the ecological argument: this stands equally for the authoritarian system, for that of direct intervention, for that based on a pluralistic assertion of interest, or for the liberal one. As far as the government is concerned the aim and the basis of its legitimate title are the promotion of economic growth and of material welfare. In the course of governmental activity the viewpoints of environmental protection are doubtlessly considered to an increasing extent. Yet no government would undertake to give absolute validity to the ecological viewpoint, though that may be necessary in the given case. That is why the development of prohibitive mechanisms preventing decision of irreversible effect still remains an institutional solution of a temporary and subsidiary character, allowing the participation of all persons affected by publicity and control. This principle – originating from Roman law – has been present in European political thought and social organization throughout the ages, as formulated in the following: "Quod omnes similiter tangit, ab omnibus comprobetur." (Cod. Iust. 5,59,5,2)

The Changing Role of Law

The two problems treated up to now, i.e. the desirable methods of social guidance in modern complex societies and the uncertainty in decision-making connected with ecological questions and with its theoretical expedients cannot avoid to have an impact on law. Law plays a particular role in directing society as a whole, and its function is the maintenance of society as a system. From the functional angle law therefore is essentially an instrument used by politics and the state, to guide society. Beside this instrumentalistic function law has another important function which evolved in the course of a democratic social development, viz. the protection of the rights of the individual, the establishment of legal guarantees and of the possibilities of legal protection. In the first case we consider the role of law from the side of the state, in the second from the side of society and of its members. Law is simultaneously an instrument of and a check imposed on the state. In other words with the development of the bourgeois social order and of the modern state law's functions directed at "order and freedom" on the one hand and at "regulation and individual rights" on the other fell apart.[4]

What is expected of law on both sides? Law is unable to fulfil adequately its role if legal provisions and norms are not abided by those affected; the fundamental requirement of the directing and system-preserving function of law is that it is observed. On the other hand this is rather a primary requirement of legal security: the possibility to reckon with the implementation of legal regulations and to figure it out for a comparatively long run of time. Accordingly for the first type the infringement and the missing compliance with the law is a dysfunction, while for the second type this is given by the arbitrary application of law and by abuse of power. Within the given legal system the one or the other of the functions may get an overweight; the fact whether law is primarily an instrument of politics or whether formalism and the procedural and guaranteed character of legal regulation are the determining feature may be utilized as a typology in the classification of individual legal systems; in general, however, the mixture or coexistence of the two aspects is characteristic. (E.g., as far as the history of socialist law is concerned it was considered as an instrument of politics – not in the least for local-historical reasons –, yet also the elements of juristic formalism, so characteristic of bourgeois societies, were also present.)

If the twofold function of law is considered with regard to the problems of ecology it may be said right away that the hitherto unsolved theoretical dilemmas of social directives and political decision-making are likewise valid for law in its instrumental role. The dilemmas are even corroborated by the specific problems of the legal sub-system; one of the most important problems in this connection is just the conflict of the two functions. The question is whether law should function as an instrument of operative social guidance (here we assume that there is a possibility of uniform guidance in our complex and rapidly changing modern so-

4 Max *Weber*, Rechtssoziologie. Neuwied 1960, pp. 273 s.

cieties), or whether it should rather supervise that formal-procedural rules and guarantees are abided by with meticulous care? The possible role played by law will change therefore according to whether the social theory behind it requires its contribution to an increased harmonization and concentration of state guidance, or it is required rather to render possible the representation and protection of potentially vulnerable interests.

The other internal contradiction of law is closely connected with what has been said before. The contradiction exists between general security and stability on the one hand and the requirements of change and development on the other.[5]

Law is fundamentally expected to comply with both stability and change. The law's task is to follow the social and economic processes with the lowest possible lapse of time; this should not be regarded as mere self-adaptation, but also as directing and influencing these processes in the longest possible run. At the same time, in order to fulfil its function, law must have stability, a sort of permanence. This is a consequence of the nature of legal norms. Whether we think of the so-called "duty-imposing laws", which in the sanctions hold out the prospect of advantages or drawbacks designed to influence human behaviour in a given direction, or whether we have in mind the so-called "power-conferring rules" (more characteristic of modern legal systems) which do not prescribe or prohibit a certain behaviour but allow it to move in a way to attain legal validity ultimately[6], it may be said that, in absence of a sort of calculability, there will be a low level of abiding by the law and legal security will be impaired, etc.

Law operates with concepts and institutions of a thousand of years, adapting these to changing circumstances. If law is considered to be a direct instrument of politics and is used as a governmental technique to solve the tasks of the day, it means disregarding its inner logic and leads to the often mentioned overregulation, consequently to the dysfunction and to the impairment of prestige of and trust placed into law. Though even without that we have to count with a serious and permanent tension existing between the long historical past of legal institutions and the requirement of stability on the one hand and the necessity of self-adaptation on the other.

The earlier unimaginable acceleration of the scientific and technical development strains law's ability of self-adaptation in a high degree. In response to social challenges and with a view of the requirements of the "acceleration of time" law has become as early as at the beginning of this century more and more a deliberate instrument of social guidance, losing its independence and its role of a "carrier of absolute values". i.e., contrary to the second its first function becomes dominant again. Compared to the liberal concept of state and law this means a period of re-amalgamation of politics and law. This phenomenon is considered by several authors in a way that in the democratic states of pluralistic political establishment law

5 Roscoe *Pound* (Interpretation of Legal History, Cambridge 1923) is a classic of this recognition.

6 H. L. A. *Hart*, The Concept of Law. Oxford 1961, pp. 27–35.

is not an instrument of the over-centralized and unrestricted political power but is subordinated to democratic policy. Theoretically I do not believe this to be a satisfactory solution.

Both in its stability and its changes law shows, next to the advantages, considerable drawbacks which cannot be eliminated; at the most by calculating price and profit the better solution (or the smaller evil) may be chosen. If, however, it is difficult to change the law sooner or later it will lose touch with the changes of social conditions to be regulated and will become anachronistic, retardative, or even the source of injustice. When, on the other hand, law is changed often and to a large extent, it will become uncertain, untrustworthy and incalculable, with the mass of existing legal regulations getting confused. Law will be no longer capable of its only alternative: self-adaptation, and will no longer function as an instrument. The worldwide crisis of legislation shows how difficult it is for law to find the balance between stability and change.

With a view to the questions of ecology, however, the main insufficiency is not that but the fact that a democratic-pluralistic background in itself does not warrant a solution. (It should be noted that in other cases as well democracy is no panacea for solving the task of modernization.) I tried to show above that from among the various possible alternatives of political decision-making none may be proclaimed the sole salutary solution. The political procedures of social guidance leading out from the ecological crisis are theoretically not marked out; the methods hitherto known and proved suitable in other questions failed in succession. In this case the democratic character of politics making use of law does not create a background for decision-making ensuring the appropriate functioning of law.

As to the background it fails also in another connection. In order to function as a regulator of social coexistence law does not obtain an appropriate commission from society: in the natural and economic sciences the most important questions have not been decided on a general level though the social-economic background of legal efficiency could only be created if the social or alternative responses were elaborated. Such responses are missing. Thus, *inter alia*, science is unable to forecast the possible consequences of its own development; the functions of economic growth creating welfare, justifying the system of power, etc., are a factor that neither the state nor society would like to give up. At the same time the concrete interpretation of the magic formula of "growth harmonized with the interests of environmental protection" is still missing; nobody knows whether the forthcoming techno-economic development will produce means to solve the crisis or not etc. If there is no social background the lofty principles and tasks designated for law in the field of environmental protection (primarily the field of prophylaxis, such as prevention, rationalization) will remain a declaration on paper. If at all legal instruments will prove more efficient in the field of partial tasks or of defensive protection *a posteriori*, however, these measures do not change the social conditions serving as a basis for the harm done. Hence the typical feature that the most widespread legal instrument of environmental protection is the fine (and the indemnity). The grave faults of this solution are: a) it is applied after the event and the condition of its application is the harm sued; b) the extent of ascertained damage is made dependent (according to Hungarian law) on parameters determined in advance by the legal regulations: thus the legal fiction of unharmful pollution is created. Quoting the Law on the Protection of Environment (No. II, 1976, art. 52, par. ⟨2⟩): "In the interpretation of the present Law a pollution or damage is considered harmful or dangerous, respectively, the extent of which surpasses the limit value determined in separate legal regulations"; to continue, c) assets mobilized in the form of fines and indemnities are not destined for the protection of environment and are generally used by the corrective state or the victim to another purpose; d) the amount presumably to be paid can be economically calculated in advance and becomes a concrete element of economic rationalization, moreover, it may be compensated (e.g. by raising prices).

In case of environmental protection also various legal instruments fail or try to turn into their opposites, in which case their accomodation to the legal system as a whole may be disturbed. This is shown by a simple example. One of the best known rules of law forbids to extinguish or endanger human life. This generally recognized rule belonged earlier to a relatively well circumscribed range of formally displayed behaviours, while at present, indirectly, quite a lot of behaviours may be included in the range of endangerment. The most spectacular change has ensued with the element traditionally believed to be defined in the most exact way: the instrument. The place of direct physical force, earlier easy to circumscribe, has been taken over by factors as, e.g., radioactive pollution, where criminal and general responsibility cannot be established, if for no other reason, then because of the impossibility to produce an evidence as to the relationship of cause and effect. The increase of mortality is no basis for an impeachment. Can we show one or another environmental pollution to have caused lethal cancer? Is it possible to trace the cause of and the environmental harm itself damaging genes in the heavily damaged newborn? No. The traditional logic and instrumental system of penal law are unable to do so; the range of "relevant behaviour" must necessarily be narrowed; law must satisfy itself with the cases of physical force capable of being localized (knifing, strangulation, etc.), though the injuries caused by these behaviours usually affect a limited number of victims, while, by applying modern technology, mass catastrophes may be caused.

The recent (and promising) solutions which break up existing legal concepts and wish to alter or to develop further the content of legal institutions operate with the categories of public interest and of environmental public property. The introduction of so-called popular actions, instituted from public interest and with a preventive character against the danger of environmental pollution, entails the reversal of the traditional model of the rules of procedure and will require new responses also on the part of the organizations of judicature.

The crisis of the traditional legal concept, however, will entail effects even beyond this range. Two basic elements of these effects were treated at length in the part on political decision-making, they should be repeated here from the legal point of view only:

a) According to the modern concept of law it is a decision which can be changed by a later decision.[7] In the case of environmental protection numerous decisions entail *ipso facto* irreversible consequences, while other decisions, seemingly of partial character and effect, contribute by their accumulation to environmental transformation, liable to become irreversible at a given point. In such cases law invests irreversible and, as has been seen, also scientifically, technically, and even economically unsufficiently founded decisions with binding force. This situation queries the traditional concept of law and has consequences in two directions: on the one hand it increases – perhaps in an unsupportable way – the responsibility of legislation, while on the other it promotes disobedience towards law.

b) In analyzing decision-making procedures I referred already to the extreme though real case when the community makes decisions about irreversible environmental destruction endangering persons being temporarily outside of the community, e.g., future generations. Positive law, created by a community in disregard of outside interests may be confronted by another system of normative rules. In this concept law may not be limited to the manifestations of the will of those creating or entitled to create the rules, but a superior value must be brought in the play. Ultimately this value will prove absolute, since, in our example, in the sense of pure ecological logic, it must prevail even against the will of the entire community. If we accept that environmental protection is not solely a relative value to be confronted with other values and occasionally to be estimated, but that in certain legal decisions it must prevail irrespective of the numerical ratio of those representing other values, then we consider an absolute value beyond of – or, one is inclined to say superior to – positive law. This will become a kind of thinking in terms of natural law which compares the positive law created by man to a superior or absolute value, and since we deal with secular values, with nature and generations to come we have here a type of secularized natural law. The renewal of thinking in terms of natural law may generally be observed whenever the traditional functions of positive law prove to be a fiasco like, e.g., after the Second World War when certain responsibilities were established.

To consider environmental protection an absolute value is, at present, certainly optimistic. Yet the interests of environmental protection are gradually realized; they can be felt more and more in the political and legal decisions and, generally, also the ecological sensitivity of the members of society is increasing. The logic and function of society and its sub-systems cannot change from one day to the other and there exists no Archimedean point outside the world from where such a change could be carried out. In spite of its positive sides this gradual change is insufficient to solve certain problems (the placement of waste, the utilization of atomic energy, etc.) and also, in the sum of its effects, does not promise the solution of the economic crisis.[8]

It can be imagined that, ultimately, society will be able to adapt itself to the

7 Niklas *Luhmann*, Rechtssoziologie. Hamburg 1972, Bd. 2, pp. 217–227.

8 Niklas *Luhmann*, Ökologische Kommunikation. Wiesbaden – Opladen 1986.

crisis but the way has not yet been recognized by our present sociological knowledge. It is true as well that, like the bird of Minerva, social theories arrive always late to reality.

The following problems of law confronted to the ecological crisis have been dealt with:

a) the lack of a social background (of a sound foundation of techno-economic knowledge) for decision-making;

b) the tension between the functions of law, directed to the guidance of society (instrumental function), on the one hand, and its function providing formal guarantees and legal security, on the other;

c) as an analogy to the above, the lack of equilibrium between self-adaptation and the tasks of stability and legal security;

d) the crisis or changed state of certain legal institutions;

e) the impossibility to use the traditional modern legal concept of "decision changeable by decision" in the case of decisions initiating irreversible processes;

f) the appearance of a specific kind of thinking in terms of natural law.

Until law and legal science are unable to solve the problems mentioned at least in part one has to count with a decrease of the extent of abiding by the law in connection with ecological problems. The components of this process are the following:

a) forthcoming legal instability, the quantitative increase of legal regulations, and the perturbation of legal security impair the prestige of law;

b) when the legal decision selected from the plurality of conflicting interests injures strongly the disregard of interest, the infringement of lawful rights or the disobedience in respect of law will become more frequent, in particular if the selected decision is no actual remedy to the problem. Examples herefore are the factories continuing pollution in spite of a fine. That in such cases people often do not abide by the law can be a consequence of material and technical conditions being non-available, in such cases legal obligation by itself is ineffective;

c) the esteem of legal regulations is impaired if the positive law is confronted with an order of values deemed superior (e.g. with the mentioned specific type of natural law, or with morals). In such cases the elements of legal injury (infringement of a legal rule), of legal disobedience (rejection of the law) and of civil disobedience intermingle. This can be well observed in ecological movements and initiatives.

From the inferior ability of law to solve the problems of ecology a temporary and subsidiary consequence may be derived, namely that in case of unsolved dilemmas the variant with presumable less damage must be chosen. Formal procedures and guarantees must be created in order to enable law to remain within its own logic; i.e., not to endow with a compulsory character irreversible decisions entailing damage past recall. Thus the function of formal regulation and of prohibition for motives of guarantee would become stronger in law, which doubtessly is no solution from the point of view of social directives but makes it possible to delay greater harm.

Until law is unable to regulate the new social problems in an adequate way and by their contents, the role of the moral regulation system will unavoidably remain the higher one. The crisis of the institutions, the lack of the ability, or even of the desire to face the ecological challenge induce the representatives of human ecology to regard the individual as the starting point of change. The requirement to create a new form of living in order to solve a crisis different from and more dangerous than the earlier ones is in reality nothing else but to formulate again the general and eternal task of human kind. This is the requirement of the full realization of personality, of rendering life reasonably, while constantly perfecting it, and of altering our way of life.

The awakening of consciousness in the individual in respect of moral duties plays a role not only in the utopistic hopes to change mankind but also in the extremely increased responsibility of scientists, of experts in conclusive positions and of the political and legal decision-makers (legislators, judges). Thus the role of individual ethical consciousness becomes more intensive in the processes which earlier were exempt from ethics and morals: the selection of values will depend, in the place of objectively measurable norms, ever more on the discernment of individual people. This solution can be called optimistic out of the feeling of emergency, since it presumes the moral sense of people to function well in the average. It is not a fortuitous thing that European democratic social theory endeavoured ever since Aristotle (Politics, Book III) to attain that law should become, instead of the reign of men, the reign of the laws, and that the political establishment should exclude or reduce the role played by individual character and discretion in the making of decisions.

The peculiar gap between the natural and the social sciences continues to increase. Social science which so often considered the exact character of the natural sciences as a model, stands helplessly in front of the torturing problems brought about by the scientific development, and ultimately, morals will have to make the choice. In the range of human sciences this will lead to a renaissance of the so-called speculative disciplines, of ethics and philosophy. This again points out the importance of education in the classical sense along with the necessity of professional training.

PERSPECTIVES FOR A SOCIALIST AXIOLOGY OF LAW

Zoltán Péteri

I.

The relevance of the value-problem for law and legal thinking may be easily realized by the well-known fact that legal rules always refer to some behaviour as a desirable or condemnable "model" of human action.[1] It hardly needs proof that this fact – i.e. law as indicating behaviours to be followed or, on the contrary, to be abstained from viz. threatened with sanctions – supports the evidence concerning the existence of different evaluations connected with human actions. In the law-making process for instance the legislator selects from the huge mass of social relations and activities those requiring legal regulation. One group of them evaluated positively by the legislator, i.e. representing a certain "*value*" for him viz. the given community, will be protected or even promoted by the legislator, while the other group, deserving a negative evaluation as a "*non-value*", needs to be limited or hindered by means of law. In the course of law-application the value-aspects as well raise problems which are connected e.g. with the criminal's responsibility and its consequences in the form of appropriate sanctions, and which will be decided according to the judge's evaluation of actual human behaviour and its circumstances. Moreover, in the whole process of the realisation of law, the citizens' voluntary adherence to legal rules is conditioned by their positive appreciations or evaluations while, on the contrary, their negative attitude or opposition against certain legal rules or the whole system of legal regulation has, in most cases, its roots in a negative value judgement. Consequently there is no need to be caught by the idea of some just, eternal, "natural" law in order to accept the existence of the value-element as one of the indispensable components of law. Nevertheless, socialist legal thinking used for several decades to ignore – similarly to Molière's famous hero, Monsieur Jourdan – its "talking in prose", i.e. the acknowledgement of this obvious truth. The problem of values and evaluations was considered as a kind of taboo and even in recent times, characterized by the decline of the so-called "socialist normativism" connected with the name of Vyshinsky, the new initiations were restricted mostly to the sociological aspects of law, i.e. the origin and the social effects of legal regulation.[2] The research of the value-problem was pushed, up to the present, into the background, in spite of the fact that socialist legal theory – in

1 V. N. *Kudryavtsev*, Pravo i povedenie. (Law and Behaviour) 1978, p. 1.

2 O ponimanii sovietskogo prava. Krugly stol. (The Concept of Soviet law. A Round Table). Sovietskoe gossudarstvo i pravo. 7 (1979), p. 56–73.

fighting against the so-called bourgeois positivist tendencies – has, at all times, professed itself as a committed, "party-minded", i.e. evaluating, theory.[3]

Nowadays in every respect the time has come to definitely overcome the previous negative attitude in regard of values and evaluations. Moreover, socialist legal theory cannot be satisfied with the recognition of value-orientation, or the "party-minded" character, of socialist science in general but it has to do its best to seek after the verification of its evaluations. As socialist legal rules – as legal rules in general – have to correspond to a value-system prevailing in a given society, the question is to be answered whether these evaluations, supported also by socialist legal theory, could be justified by the strength of some objective measure, or, on the contrary, whether these questions of values and evaluations do not belong to the world of science but to that of faith or "ideology". In this case the task of legal theory could be limited only to the presentation of various aims as possible alternatives for human action or, at most, to make the choice easier for persons obliged to "evaluate" as legislators, judges, or simple citizens obeying legal rules.

This basic question – as it is well-known – has mostly been answered in the negative by the various bourgeois positivist schools. According to Kelsen's "pure" theory of law the values, viz. evaluations, being subjective, cannot be admitted into the realm of the scientific study of law as an objective phenomenon.[4] Other authors going not so far in denial are inclined to admit that evaluations are almost inescapable even in the realm of pure science and the value judgements entering into law – e.g. considerations of what would be a "just" rule or decision – "even though not objective in the sense of being based on absolute truth, may, nevertheless, be relatively true, in the sense of corresponding to existing moral standards of the community"[5]. Thus the firm denial held so stubbornly by legal positivists seems to disappear and pave the way for a more relativistic approach. It has been admitted that "there is nothing inconsistent or incompatible with a positivist outlook in acknowledging the essential role of human values in law and human society. What the positivist rejects is neither evaluations nor their effect on human institutions, but only the logical or practical possibility of establishing a scale of absolute values which govern mankind universally without distinction of time or place"[6].

No doubt, this conciliatory admission on the part of legal positivists seems to come very close to the Marxists' denial of the existence of so-called "absolute truths".[7] The gist of the matter lies, however, not in the acknowledgement of the changing character of human values or evaluations but rather in the interpretation of the possibilities and limits of the scientific methods in their verification. In this

3 A. F. *Teerdanzev*, Das Prinzip der Parteilichkeit in der marxistisch-leninistischen Staats- und Rechtswissenschaft. In: Beiträge zur Rechtsmethodologie und Rechtsmethodik. 1980, p. 9.

4 H. *Kelsen*, The Natural Law Doctrine Before the Tribunal of Science. Western Political Quarterly. 1949, p. 481–513.

5 *Lloyd*'s Introduction to Jurisprudence. Fifth ed. by Lord Lloyd of Hampstead and M. D. A. Freeman. 1985, p. 65.

6 Ibid., p. XIII.

7 F. *Engels*, The Housing Question. In: Marx and Engels, Selected Works. 1978, III, p. 365 s.

sense the positivist approach in general may be considered as rather unsatisfactory for socialist legal thinking having its starting point in Marxian philosophy and, so, denying the allegedly irreconcilable controversy between the so-called "scientific" approach and the existence of objective values dominating human actions. The Marxists' rejection of the Neokantian idea concerning an allegedly independent realm of values may not be considered as tantamount to the denial of the possibility of an objective foundation of values, viz. evaluations, though their existence is conditioned necessarily also by subjective factors, having their roots in human mind.

II.

The negative position taken by socialist legal theory concerning values and evaluations may, undoubtedly, be motivated by the fact that this problem in general and that of the legal values have hitherto been dealt with mostly by scholars caught by idealistic ideologies (Weltanschauungen). This characterization seems to be appropriate not only concerning the centuries-long history of natural law schools but also some modern thinkers belonging to the various schools of the so-called "philosophy of values" (Wertphilosophie).

A common feature deserving special attention of these approaches lies in their calling attention both to values to be realized by law and evaluations as one of the inherent criteria of its study in general. By questioning the nature of a "right" law as one of the "valuable" achievements of human development, these schools have had much in common with Marxist legal theory.[8] The positivist attitude reluctant to evaluate the social phenomena on the basis of an eternal and universal validity of the so-called natural law has, undeniably, been the "conditio sine qua non" of the secularization of legal science. On the other hand, however, by rejecting this standard of evaluation inherited from an idealist philosophical approach, it has excluded from the sphere of scientific investigation also the idea of *evaluation in general* and, by doing so, it has acknowledged – though indirectly – every social phenomenon to be equivalent, at least from a "scientific" point of view.

The basic turn in this scientific attitude, characterized as a renaissance of the idea of a "material" philosophy of law[9], has had its roots in this weak point of Weber's and Radbruch's value-relativism, characteristic also for other positivist schools. Though some of its elements have appeared already in the first decades of our century, however, the new scientific investigations regarding values and evaluations may be traced back to the tragic historical events of the recent past. The identification of law with legal rules – or with any other commands properly passed by state organs – has opened up the path for a terribly distorted legal practice supported or, at least, accepted by the prevailing positivist legal theory. The

8 Z. *Péteri*, Influence of Natural Law on Positive Law. In: Z. Péteri (ed.), Études on droit comparé – Essays in Comparative Law. 1966, p. 47, 59.

9 A. *Verdross*, Abendländische Rechtsphilosophie. 1958, p. 200–205.

drastic violations of the spirit, or idea, of law, the cynical misuse of legal forms in the service of inhuman purposes and – last not least – the bankruptcy of positivist theories in the fight against Fascism drew attention anew to the relation between law and value and to the questions of evaluation in the field of jurisprudence.

It may be considered therefore but as a logical consequence of this bankruptcy that after the fall of Fascism so many eminent scholars including Radbruch himself, held as necessary the reassessment of his former views. The term "gesetzliches Unrecht" introduced by Radbruch[10] and used as an antithesis to the positivist slogan "law is law" (Gesetz ist Gesetz) led him to the doctrine that the fundamental principles of morality were parts of the concept of law, so no positive enactments, however clearly they were expressed and however clearly they conformed with the formal criteria of validity of a given legal system, could be valid if they contravened basic principles of morality.[11] In a similar sense, the essence of law was disclosed by another eminent German author in its moral foundations, i.e. in the demands of justice, the dignity of man, faithfulness, and reliability.[12]

The renaissance of such ideas, previously connected with the natural law schools, seems to remain flourishing also in recent times, and the specifications of the basic principles of morality as "values" inherent in the concept of law may be considered as one of the chief subjects of modern legal philosophy.[13]

III.

In socialist legal theory it seems to be justified by various considerations to raise the question regarding values viz. evaluations. On the one hand the firm rejection of an infamous political practice based on an anti-humanistic value-system or, more precisely, a systematized implementation of some "anti-values", may be considered as the primary task of any theory linked with the concept of law worthy of its name. On the other hand, the critical examination and refusal of the various idealistic value-theories deserve particular attention on the part of any materialistic approaches in this field. All this, however, may be regarded as the performance of only one, though primarily important, *critical* task, i.e. to compose an antithesis to the theses supported by political or ideological antagonists. The synthesis, however, necessitated by the socialist development both in theory and practice would only

10 G. *Radbruch*, Gesetzliches Unrecht und übergesetzliches Recht. In: Rechtsphilosophie. 1950, p. 347–357.

11 G. *Radbruch*, Fünf Minuten Rechtsphilosophie. In: Rechtsphilosophie, 1950, p. 336.

12 H. *Coing*, Grundzüge der Rechtsphilosophie. 1950, p. 147.

13 H. L. A. *Hart*, Positivism and the Separation of Law and Morals. Harvard Review 1958, p. 593–629; L. L. *Fuller*, Positivism and Fidelity to Law – a Reply to Professor Hart. Harvard Law Review 71, p. 630–672; J. *Rawls*, A Theory of Justice. 1972; R. *Dworkin*, Is Wealth a Value? Journal of Legal Studies 1980, p. 191–208.

be completed by the construction of a new, *positive* value-theory resting upon a materialistic basis.

To complement this task, the well-known Marxian idea concerning the material unity of the world may be taken as a starting point. The authors of the "Deutsche Ideologie" have recognized but a sole, material reality. The development of this reality – the historical process – is composed, on the one hand, of the history of nature, and that of men, on the other.[14] This process is determined by the objective, dialectical law of development discovered already by Hegel but understood by Marxists in a materialistic sense as laws of material substance, and not those of a self-fulfilling Idea.[15] The general validity of these dialectical laws in the fields of both nature and society is presupposed by the material unity of the world, and a basic importance has to be attached to history as a general science explaining their effects.

The genesis of the ideas and institutions of mankind has to be traced back – according to Marx – to the relations of production as "the real foundation, on which legal and political superstructures arise and to which definite forms of social consciousness correspond"[16]. Thus, men's ideas and institutions have their origin, in the last analysis, in objective material factors, independent of human will, and by their attachment to the changes realized in the material basis of the given society they have themselves a changeable character.

The self-assertion of the objective laws of social development, however, shows up different characteristic features on the level of their "particularity" as a consequence of man's different relation to nature and, respectively, to society. As was pointed out by Marx, "distinction should always be made between the material transformation of the economic conditions of production which can be determined with the precision of natural science, and the legal, political, religious, aesthetic or philosophical – in short, ideological – forms in which men become conscious of this conflict and fight it out"[17]. And "the reflections of all these struggles in the brains of the participants' political, legal, philosophical theories, religious views ... also exercise their influence upon the course of the historical struggles and in many cases determine their form in particular"[18].

From all this, conclusions may be drawn also for the concept of values and evaluations in a Marxist sense. First of all, in the framework of a materialistic understanding of the Universe, there can be no place for the existence of an a-priori realm of values, independent of material life, as presupposed by Plato and his

14 K. *Marx*/F. *Engels*, The German Ideology. In: T. B. Bottomore (ed.), Karl Marx Selected Writings in Sociology and Social Philosophy. 1961, p. 220 ss.

15 K. *Marx*, Preface to the Second (German) Edition of the "Capital". In: K. Marx, Capital. New York, Modern Library, p. 25.

16 K. *Marx*, Preface to Contribution to Critique of Political Economy. In: Bottomore, ibid., p. 67.

17 Ibid., p. 68.

18 F. *Engels*, Letter to J. Bloch, September 21, 1880. In: Marx/Engels, Selected Correspondence. 1976, pp. 384 s.

modern successors.[19] On the contrary, values and evaluations are connected to the "real foundation", i.e. to the relations of production of a given society as they express the objective demands of the members belonging to antagonist classes and held by them as "valuable", viz. "worthless" by reason of their objective interests based on their contrasted places in society. Consequently, it seems to be justified to say that one of the chief tasks of a Marxist theory of values has also been at present to reject the claims at an allegedly absolute validity of some "values", by proving their qualities conditioned both historically and socially.

On the other hand, however, the role of the subjective factors emphasized repeatedly by the founders of Marxism-Leninism seems to indicate also another approach in the field of values viz. evaluations. Man, being capable to think and have his way by himself, has a possibility to choose between alternatives open to him, by attaching a positive or negative evaluation to them, sometimes opposed to his objective interests. In striving for the materialistic foundation of values one has therefore to take into account their double character: their dependence on the objective factors of social development on the one hand, and their dependence on the evaluating activity of the human mind, on the other.

The socialist legal theory took at first a completely negative stand on the value-problem as – allegedly – characteristic of idealistic philosophies. Some authors inclined to accept it only as restricted to the field of logic, i.e. as a problem of the adequate reflection of the objective reality by the human mind.[21] By the same token, the "right" law was deemed as the appropriate reflection of the class will, however, without any attempt to explain the chances for its recognition or evaluation.[22] Sometimes the question of evaluation was raised in connection with the educative role of the socialist law, as that of legal practice and, more precisely, state legislation, the latter being obliged to meet the requirements of adequately reflecting the "developing social relations"[23]. However, for want of a more profound analysis of those requirements providing for a possible basis or an objective measure of any evaluations in the field of law, the problem may not be considered as cleared up unambiguously.

Actual research work devoted to the value-problem as a distinct field of socialist legal theory started by criticizing the most important previous value theories (of natural law, legal existentialism, relativist legal philosophy) in the early sixties, its

19 V. *Kraft*, Grundlagen einer wissenschaftlichen Wertlehre. 1937, p. 3–11.

20 H. *Klenner*, Fragen eines Rechtswissenschaftlers an die Liebhaber der Moral unter den Juristen. In: Wert und Recht. Wissenschaftliche Zeitschrift der Friedrich-Schiller-Universität Jena, 28 (1979).

21 I. *Szábo*, A burzsoá állam – és jogbölcselet Magyarországon. (The Bourgeois Philosophy of State and Law in Hungary). 1955, p. 358.

22 T. *Vas*, A scocialista jogalkotás föbb kérdései. (Fundamental Questions of Socialist Law-making). Jogtudományi Közlöny 13 (1958), p. 430.

23 K. *Kulcsár*, A jog nevelö szerepe a scocialista társadalomban. (The Educative Role of Law in the Socialist Society) 1961, p. 231.

results having been summarized both in comprehensive monographies[24] and independent studies, sometimes collected also in volumes[25]. Their authors were unanimous in rejecting the bourgeois value relativism and in searching for an objective foundation of values viz. evaluations but – as opposed to any idealistic approach – based on materialistic philosophical ideas.

IV.

In the framework of a socialist legal axiology, three classes of topics should be dealt with:

a) the values inherent in the law, i.e. the value of law itself,

b) the values to be realized by the law;

c) the (positive or negative) evaluation of legal phenomena.[26]

As was rightly pointed out by Haney[27] the answer to questions concerning the value of law viz. the values to be realized by it is dependent on man's evaluations, i.e. the measure of "right" and "wrong" as accepted by him and applied to legal phenomena.

The value related either to an ideal to be realized or an actually existing thing appreciated as valuable by human beings is always connected, directly or indirectly, with material life. On the other hand, it is attached necessarily to the human being itself: it is always the evaluating subject which attributes a certain value to the phenomena of the world or to one of their elements. The value does not belong, therefore, to a distinct realm independent of man's material life but the various aspects of reality may become "valuable" for man. The human act of evaluation comprises both the goals to be achieved in the future and the phenomena of the past and the present, man being able to appreciate all of them. By the same token, evaluations may be related both to persons, things or abstract terms viz. their characteristics, and to active or passive behaviours, happenings or purposes as well. Each of these evaluations may be characterized by the human momentum of appeal or rejection, depending on the evaluating subject and indicating a motivation for his actions in the overwhelming majority of cases.

The objective and subjective aspects are therefore inseparably intertwined in

24 G. L. *Seidler*, Doktryny prawne imperialismu. (Legal Doctrines of Imperialism) 1961; V. A. *Tumanov*, Burzhuasnaia pravovaia ideologia. (Bourgeois Legal Ideology) 1971; V. *Peschka*, A modern jogfilozófia alapproblénái. (Basic Problems of Modern Legal Philosophy) 1972; M. *Michailova*, Kritika na relativizme pravoto. (Criticism on Legal Relativism) 1974; H. *Klenner*, Rechtsphilosophie in der Krise. 1976.

25 A. *Naschitz*, Wert- und Wertungsfragen im Recht. Revue Roumaine des Sciences Sociales 9 (1965), p. 3–23; Z. *Péteri*, Die Kategorie des Wertes und das sozialistische Recht. Wissenschaftliche Zeitschrift der Friedrich-Schiller-Universität Jena 15 (1966), p. 427–429; Kritikai tanulmányok a modern polgári jogelméletröl. (Critical Studies on Modern Bourgeois Legal Theory), 1963; Wert und Recht. 1979

26 R. *Lukić*, Théorie de l'État et du droit. 1974, p. 33.

27 G. *Haney*, Bewertung, Wert und Werte des Rechts. In: Wert und Recht. 1979, p. 9.

the process of evaluation, the subjective act referring always to a past, present or future reality, or to one of its aspects, moreover, in the last analysis every evaluation may be deduced from the objective existence of the evaluating subject, i.e. from his place in society and his objective interests.

The value of any kind of object or phenomenon can be but perceived in its relation with human being, i.e. on the strength of its recognized ability to satisfy a sort of human need. As a consequence of this subjective elements prevail in the course of man's choice between different values and in the hierarchy of values established by him and showing very great differences. The question just arises, by recognizing the necessarily subjective character of human evaluations and their considerable differences, where an objective foundation of our evaluations could be deduced from. How is one able to evaluate phenomena with an objective validity surpassing individual inclinations?

Human evaluations – as pointed out also by previous value theories – may lay claim to an "objective" validity only when, surpassing the differences originated from individual characteristics (economic, cultural level, descent, tast etc.), they are related to some values based on a generally accepted or valid measure. The existence or non-existence of such measure has been the basic question of all value theories. Namely, the childish belief in the "general" character of our own evaluations as a "naive self-evidence"[28] taking its source in the inexperience of the youth will soon disappear by reason of contrasted facts. This disillusionment may, undoubtedly, be relieved and quickened by man's primary surroundings, the values viz. evaluations accepted and validated in this circle will – sometimes by "overruling" his "innate" inclinations – promote the process of socialization, i.e. man's accomodation to "valid" norms. This "validity", however, may not be regarded as having an "absolute" character, either on the contrary, it greatly differs in time and space. The question may, therefore, reasonably rise, whether the different, moreover antagonistic views concerning values could be reconciled in the framework of an actually general and universal system of values.

This question was answered in the affirmative by previous allusions to some "innate" values rooted deeply in man's individual and collective life. These values – e.g. food, housing, clothes etc., besides organization, security, ownership, education of children, etc. – may be considered as "objective" in the sense of their universal validity, i.e. as those without which no human society could exist.[29] A similar approach was initiated in the socialist legal theory by A. Naschitz, by alluding to the "continuous" or "constant" elements of regulation having a validity at all times.[30] On this basis even a whole catalogue of legal values could be established.[31]

28 W. *Windelband*, Einleitung in die Philosophie. 1914, p. 251.

29 *Kraft*, p. 249.

30 *Naschitz*, p. 17 s.

31 M. *Samu*, A jogi érték és a jogyakorlat. (Legal Value and Legal Practice) Állam – és Jogtudomány 21 (1978), p. 426.

New considerations in this field were then taken by Peschka, by calling attention to the Marxist meaning of "human substance"[32]. By reason of this subjective value-judgements may be rendered on the basis of their conformity with human substance as an objective measure of values. Consequently, the values expressed and intended to be realized by the socialist law have to be rooted in the general characteristic traits of human substance. The objective tendencies of social development show the way for its full accomplishment. The attribute of "valuable" may be attached therefore to legal rules being in conformity with these objective tendencies, paving the way for the gradual development of human substance, and in general, the question concerning the value-character of a given legal rule may be answered by its aptitude for promoting or inhibiting social evolution.[33]

This answer may by all means the considered as rather ambiguous as it always depends on the interpretation – subjected to space and time – of human substance. The presupposition of its eternal, unchangeable character evidently leads to the blind-alley of the natural law thinking, and even if we only accept some "constant" or "dominant" components of it as elaborated by Marxist philosophy (such as, e.g. human labour, the social character of man, or the desire for consciousness and universality)[34], it may hardly be doubted that the constant character of these components is highly limited and relative being dependent on space and time. The question implying also a demand on law and legal theory is, therefore, a historical one: what should be the value-content of legal rules based on the general concept of "human substance", borrowed from Marxist philosophy?

Taking into account man's characteristics as originated from his being a "zoon politicon" in Aristotle's sense, the value judgements manifesting themselves in the legal rules should correspond to the requirements of the social co-existence implying not only the fulfilment of certain elementary needs but also the tending and caring of the social relations towards a free accomplishment of the human being.

It is a well-known fact that also the bourgeois legal theory has shown up certain achievements in searching for an answer to this question. By choosing the individual as a starting point, the initial efforts in this field suited rather the demands of liberal capitalism in identifying the ultimate, or basic, value in the most perfect development and deployment of the individual life, or, of the possible greatest number of citizens.

As a continuation of the previous course of thought, the "most perfect life" means the full realization of human substance for Marxist social sciences. The social objectives indicating this very direction have been identified and explained as values several times by socialist legal theory (see, for example, the researches relating to the democratic character, educative role or, respectively, to the func-

32 V. *Peschka*, Érték és jogtudomány. (Value and Jurisprudence) Állam – és Jogtudomány 21 (1978), p. 420.

33 V. *Peschka*, Die Theorie der Rechtsnormen. 1982, p. 187.

34 Gy. *Márkus*, Marxizmus és antropológia. (Marxism and Anthropology) 1966, p. 49.

tion, of socialist law in protecting the socialist order)[35]. It is always a serious matter both for legal theory and, at the same time, for legal practice when a legal rule of the socialist state – as a consequence of some misunderstanding, or misrepresenting, social reality, or of any other motives – does not correspond to the previously mentioned requirements and, thus, it does not express the values of a given community. The legal character of such norms cannot be denied. Yet, the norm in question, not being in concordance with the values to be realized by socialist law, lacks its stimulative impact and cannot count on a voluntary pursuance by the citizens. On the other hand, legal rules containing value judgements accepted by the individuals or by the groups of citizens, become, as a kind of "self-fulfilling prophecy", influencing factors in furthering the condition of man's social existence.

This stimulating impact has to be taken into account also in the further course of socialist development. It is desirable therefore that the content of legal rules should always be in concordance with the values accepted by the given society.

35 Z. *Péteri*, Az értékek objektiv megalapozásának kérdései a scocialista jogelméletben. (Problems of the Objective Foundation of Values in Socialist Legal Theory). Állam – és Jogtudomány 21 (1978), p. 436.

ZUSAMMENHANG VON RECHTSKULTUR UND RECHTSPOLITIK

Mihály Samu

I.

Der Zusammenhang von Rechtskultur und Rechtspolitik wird vom gegenwärtigen rechtlichen Denken weder in den bürgerlichen noch in den sozialistischen Rechtssystemen in Evidenz gehalten. Vielmehr ist ein gewisser Widerstand zu bemerken, dies aus Angst vor der möglichen Unterordnung der Rechtskultur unter die Politik. In dieser Hinsicht muß in erster Linie auf die historische Tatsache verwiesen werden, daß die Institutionen der Macht den Gebrauch der Mittel und Errungenschaften der Rechtskultur beträchtlich beeinflußt haben und daß dabei die Rechtspolitik eine Vermittlerrolle spielen kann.[1]

Im Hinblick auf die Vielschichtigkeit der Beziehungen von Rechtspolitik und Rechtskultur können drei Relationen hervorgehoben werden. Die eine ist, daß der Bereich der Rechtspolitik als Faktor die innere Entwicklung der Rechtskultur, die Herausbildung ihres Selbstentwicklungsmechanismus sowie dessen Festigung fördert. Die andere ist, daß in der inneren Bewegung der Rechtskultur die praktischen Probleme als rechtspolitische Ziele oder Bestrebungen zum Ausdruck kommen. Die dritte schließlich ist, daß Entwicklung und Niveau der Rechtspolitik, die Realisierung der rechtspolitischen Bestrebungen auf der Entwicklung und auf dem Einfluß der Rechtskultur beruhen.

II.

1. Bei der Erfassung des Wesens der Rechtskultur ist es zweckmäßig, auf die begrifflichen Definitionen zu verweisen, um aufgrund von kritischer Analyse, Verwerfung, Annahme oder Weiterdenken die hauptsächlichsten begrifflichen Kennzeichen zu bestimmen.

Die Literatur behandelt als hauptsächlichste Aspekte der Rechtskultur die Kenntnis des Rechts, das Rechtsbewußtsein der Staatsbürger, ihre Informiertheit im Recht sowie die bewußte Rechtsbefolgung. Dabei wird die Rechtskultur in den meisten Fällen mit der Bildung der Juristen, dem rechtlichen Fachwissen oder der rechtlichen Bildung entweder der Gesamtheit der Gesellschaft oder deren führender Klasse identifiziert.

Diese Anschauung ist auch in der Rechtswissenschaft zu finden: in den mit der Rechtskultur verbundenen Hinweisen und Bemerkungen werden das kulturbedingte

1 Mihály *Samu*, Politika – jogpolitika – jog. (Politik – Rechtspolitik – Recht). Jogtudományi Közlöny, 1974/8, S. 401.

Verhalten des Juristen, seine Schulbildung, seine Erfahrung, seine rechtsanwendende und rechtsschaffende Erudition, sein Wissensmaterial (die humanistische oder naturwissenschaftliche Grundbildung) oder die Verwendung der Ergebnisse von Medizin, Psychologie und sonstigen Wissenschaften sowie ihren Einbau in die rechtliche Regelung in den Vordergrund gestellt. Daran schließt sich die Anschauung, welche unter Rechtskultur lediglich die Rechtswissenschaft, die Entwicklung der unterschiedlichen Zweige der Rechtswissenschaft, die Verbreitung der wissenschaftlichen Begriffe und Kenntnisse sowie ihren Einbau in das rechtliche Denken versteht.[2] Eine ähnliche Einengung ist die, welche als Rechtskultur die Rechtsideologie, die Ideen des Rechts, seine prinzipiellen Forderungen höherer Ordnung betrachtet. In der Rechtsliteratur verwenden wir den Begriff der Rechtskultur auch für die Erarbeitung von Rechtsdogmatik und Rechtstechnik. Diese Erklärung enthält das fachliche Wissen, das Expertenwesen der Juristen, die Qualitätsforderungen der rechtlichen Vorschriften und Entscheidungen, die Errungenschaften von Gesetzgebung und Rechtsanwendung sowie ihre bleibenden Ergebnisse.[3]

Hervorzuheben ist die Annäherung, welche die Rechtskultur in einer humanen Justiz oder im Humanismus des Rechts erblickt, darunter auch den Komplex der rechtlichen Werte, die höheren rechtlichen Grundprinzipien und die Geltendwerdung der Rechtssicherheit.[4] Weiterhin wird auch die Ansicht formuliert, daß sich die Existenz der Rechtskultur oder ihre Entwicklungsebene in der Geltendwerdung von Gesetzlichkeit zeigt.[5] Als charakteristische Erklärung tritt jene auf, welche die progressive gesellschaftliche Rolle des Rechts oder das positive Verhältnis zu den Rechtsregeln mit der Rechtskultur identifiziert. Die weitestgehende Erklärung in dieser Hinsicht identifiziert die Einführung rechtlicher Vorschriften und Forderungen in die gesellschaftliche Rolle des Rechts oder das positive Verhältnis zu den Rechtsregeln mit der Rechtskultur. Die pointierteste Erklärung in dieser Hinsicht ist die Aufnahme der rechtlichen Vorschriften und Forderungen in das gesellschaftliche Bewußtsein, das alltägliche Denken und Verhalten der Menschen (d.h. unter Rechtskultur wird die Rechtssozialisierung verstanden).

Die Hinweise auf die Eigentümlichkeiten der Rechtskultur erfolgen im allgemeinen nicht im Hinblick auf die Konkretheit der historisch-kulturellen Entwicklung und die inhaltlichen Unterschiede, sie heben lediglich abstrakt und einseitig je eine Erfahrungstatsache oder einen spezifischen Zusammenhang hervor. Diese Erklärungen, Hinweise und Bestimmungsversuche können dennoch nicht völlig verworfen und auch nicht als unbegründet qualifiziert werden, weil es offensichtlich ist, daß die Rechtskultur die rechtlichen Kenntnisse, das mit Recht verbundene Bewußtsein und fachliche Wissen, die rechtlichen Werte, die Rechtsideologie und die Rechts-

2 Demgegenüber wurde auch in der ungarischen bürgerlichen Rechtsphilosophie formuliert: „die Rechtskultur ist nicht nur eine Wissenschaft, sondern auch Praxis". Barna *Horváth*, Revezetés a jogtudományba (Einführung in die Rechtswissenschaft). Szeged 1932, S. 76.

3 Imre *Szabó*, Jogelmélet (Rechtstheorie). Budapest 1977, S. 110.

4 Vgl. Gustav *Radbruch*, Der Geist des englischen Rechts. Göttingen 1958, S. 47.

5 S. S. *Aleksejew*, Obschtschaja teorija prawa (Allgemeine Theorie des Rechts). Moskwa 1981, S. 214–216.

wissenschaft umfaßt; diese Elemente aber geben noch keine Antwort auf das Wesen der Rechtskultur, ihre grundlegenden Eigentümlichkeiten, sondern ermöglichen lediglich die Beschreibung einiger ihrer Aspekte.

2. Freilich wird auch die Frage aufgeworfen, warum die Notwendigkeit eines umfassenden Begriffes der Rechtskultur besteht, wenn solche Fragen zu seinem Begriffskern gehören, wie die Rechtswissenschaft, der rechtliche Wert, die Rechtsideologie, Rechtssozialisierung usw. Können diese nicht außerhalb des Fragenkreises der Rechtskultur untersucht werden? Die Frage ergibt sich von selbst, daß diese (die Rechtswissenschaft, die Rechtsideologie, Rechtssozialisierung usw.) – als existierende und wirkende Faktoren – auch gesondert untersucht werden müssen. Was begründet dann überhaupt die Behandlung der Rechtskultur als gesonderten Begriff?

Gegenwärtig wird die Rechtskultur entweder nur abstrakt definiert oder ihre Definition durch die Beschreibung ihrer Elemente ersetzt, mit gesonderter Analyse der Teilzusammenhänge (Untersuchung der Kategorien von Rechtswissenschaft, rechtlichen Werten usw.). Das Wesen der Rechtskultur, ihre grundlegenden Züge aber können aufgrund dessen nicht in ihrer Totalität erfaßt werden, da die Rechtskultur nicht die mechanische Anhäufung der Teile, sondern eine gesonderte Qualität, ein grundlegendes Moment des gesamten Rechts darstellt. Darauf folgt, daß das gesamte Recht, die umfassende Rechtsentwicklung zugrunde gelegt werden muß. Das heißt, die Rechtskultur kann nur innerhalb der Totalität der Gesellschaft und im Rahmen der umfassenden historischen Entwicklung erfaßt werden.

In der Kulturtheorie ist heute die Anschauung bereits überholt, welche die Kultur auf das geistige Leben einengt (hauptsächlich auf die Wissenschaft und die Künste); so kann auch die Rechtskultur nicht auf die Rechtswissenschaft und die Rechtsideologie beschränkt werden. Die Erklärung der Kultur aus dem gesellschaftlichen Sein ist in den Vordergrund getreten. Natürlich können Gesellschaft und Kultur nicht identifiziert werden, und innerhalb der Gesellschaft bezieht sich die Kultur auf einen spezifischen Zusammenhang.

In der heutigen Kulturtheorie kann von den unterschiedlichen Standpunkten die Schlußfolgerung als akzeptiert betrachtet werden, welche die Kultur mit der gesellschaftlichen Tätigkeit, der schöpferischen Arbeit der Menschen verbindet, sie als Errungenschaft der Menschen betrachtet und daneben „zentrale Relation der Dialektik von Objekt und Subjekt ist, welche die Tätigkeit zu einer Einheit zusammenfaßt"[6]. Konkretisiert man diese allgemeine These, dann kann festgestellt werden: die Rechtskultur ist nichts anderes als die Dialektik des im Recht existierenden Objekts und Subjekts, d.h. die gegenseitige Beziehung der vergegenständlichten rechtlichen Formen und der mit dem Recht verbundenen Subjekte, welche sich in der rechtlichen Tätigkeit konzentriert. Mit dieser Erklärung erfassen wir die umfassende Eigentümlichkeit, das Wesen der Rechtskultur. In deren Rahmen können wir uns mit Teilzusammenhängen beschäftigen, die sich untrennbar an die grundlegende Kategorie anschließen, die das Objekt und das Subjekt zu einer Einheit zusammenfassenden rechtlichen Tätigkeit.

6 Andor *Maróti*, Lételméleti (ontológiai) kultura felfogás (Ontologische Kulturauffassung). Kleine kulturelle Enzyklopädie (ung.). Budapest 1986, S. 409.

Die sozialistische Kulturtheorie konzentriert ihre Aufmerksamkeit nicht nur auf die Tätigkeit, sondern auf die spezifischen Tätigkeitsarten, „auf die die Tätigkeit verwirklichenden unterschiedlichen Mittel und Mechanismen"[7]. So enthält die Rechtskultur als eine Sphäre der Kultur die Modalitäten der Tätigkeit, ihre Mittel, vergegenständlichten Ergebnisse und die Normen des alltäglichen Verhaltens.[8] Als grundlegende Frage kann also die rechtliche Tätigkeit sowie *der Mechanismus* und das System *der rechtlichen Regelung* in den Vordergrund gestellt werden.

Zu einer grundlegenden Erkenntnis vom Gesichtspunkt der Erfassung des Wesens von Recht und Rechtskultur gelangt György *Lukács*, wenn er feststellt, daß die Bereiche der menschlichen Tätigkeiten – so auch das Recht – nur dann existieren, funktionieren und sich reproduzieren können, wenn sie von einer speziellen Gruppe in der arbeitsteiligen Gesellschaft betreut werden. In diesem Zusammenhang stellt er weiter fest, daß die Gruppe durch ein Denken und Handeln von spezieller Einstellung die erforderliche Arbeit mit einem gewissen Bewußtsein bis zu einem gewissen Grade notwendigerweise falsch ist.[9] Vom Gesichtspunkt unseres Themas aus sind also „das Denken und Handeln von spezieller Einstellung her" die Schlüsselausdrücke (bei denen es gleichgültig ist, ob die Regelungserfordernisse auf adäquate Weise ausgedrückt werden). Darin ist die *hauptsächlichste* innere Eigentümlichkeit der Rechtskultur zu erfassen. Das heißt also, die Rechtskultur – als wesentliches Moment des Rechts – zeigt sich grundlegend in der Eigentümlichkeit, daß in der rechtlichen Tätigkeit untrennbar die rechtliche Denkweise enthalten ist.

Die rechtliche Denkweise kann freilich nicht auf Rechtskenntnis oder die sich aus der täglichen juristischen Tätigkeit erfließende Anschauung eingeschränkt werden. Es gehören nämlich auch all die gedanklich-geistigen Anstrengungen, all die Denkprodukte, jede sich auf rechtliche Regelung beziehende Konzeption, Beurteilung (oder auch Irrtum) dazu, welche in den Mitteln der rechtlichen Regelung institutionalisiert werden und gewisse Seiten des gesellschaftlichen Zusammenlebens entsprechend dem gegebenen kulturellen Milieu ordnen. Die Rechtskultur enthält in den Mitteln und im Mechanismus der rechtlichen Tätigkeit auch die subjektiven Elemente, faßt die objektive und die subjektive Seite zu einer Einheit zusammen und erfüllt die rechtliche Tätigkeit und das Denken mit einem historisch vorausgesetzten Inhalt. Die grundlegenden Züge der Rechtskultur zeigen sich in der Rechtspraxis, in ihren praktischen Ergebnissen.[10] Und daneben umfaßt sie die Dynamik der rechtlichen Tätigkeit, die Prinzipien ihrer Entwicklung, die Lösungen ihrer selbständigen Bewegung und Wirkung, ihre Anpassungsfähigkeit, ihre sich auf

7 E. *Markarjan*, A marxista-kultura-elmélet alapvonalai (Die Grundzüge der marxistischen Kulturtheorie). Budapest 1971, S. 10. Dies wird von Imre Szabó folgendermaßen zusammengefaßt: „Diese Kultur ist ein Moment *der tätigen Existenz des Menschen selbst.*" In: A kulturális jogok (Die kulturellen Rechte). Budapest 1973, S. 116.

8 *Bromlej*, Ethnosz és néprajz (Ethnos und Ethnographie). Budapest 1976, S. 65.

9 György *Lukács*, A rársaldami lét ontológiájáról (Zur Ontologie des gesellschaftlichen Seins). Budapest 1976, Bd. II, S. 229.

10 Siehe A. W. *Mickevitsch*, Prawowaja kultura i juriditscheskaja praktika (Rechtskultur und Rechtspraxis). Moskwa 1974.

die Aufnahme neuer Forderungen beziehende Bereitschaft, ihre Elastizität oder Verknöcherung im Ganzen.

Die Kulturtheorie hat die Eigentümlichkeit der Kultur erschlossen, die in den menschlichen Verhältnissen Ordnung und Normenbefolgung zum Ergebnis hat und daneben auch noch die Erneuerung umfaßt. Daraus folgt die Formulierung der Doppelgesichtigkeit der Kultur: sie normiert zugleich die Praxis und schafft die Möglichkeit der Überholung der Norm, die Möglichkeit der Erneuerung.[11] Diese Eigentümlichkeit kann auch in der Rechtskultur festgestellt werden, denn die Anpassungs- und Erneuerungsfähigkeit oder -unfähigkeit der unterschiedlichen Rechtssysteme, ihr progressiver oder regressiver Charakter hängen im wesentlichen von der Rechtskultur ab, doch wird diese entscheidend vom gesellschaftlichen Milieu beeinflußt. Aus der Anschauung der Totalität folgend kann nämlich nicht außer acht gelassen werden, daß im Recht die Abhängigkeit von der ganzen Gesellschaft und die sich aus der relativen Selbständigkeit ergebende Besonderheit gleichzeitig zur Geltung kommen.[12] Mit Rücksicht darauf kann festgestellt werden, daß sich die Rechtskultur hinsichtlich der rechtlichen Tätigkeit in zweierlei Hinsicht meldet: einerseits in der Übernahme von machtkulturellen Forderungen der gegebenen gesellschaftlichen Einrichtungen, ihre Aufnahme und ihr Ausdruck als eigene Berufung, Formulierung und Geltendmachung in einer konkreten Tätigkeit, die andere, ebenfalls als rechtliche Berufung, daß die rechtliche Tätigkeit ihre spezifischen Institutionen ausbaut, ihre Rahmen sowie ihre selbständige Rolle durchsetzt.

Dieser letztere Zusammenhang ist besonders bedeutend, weil er jenen Aspekt der rechtlichen Tätigkeit spürbar macht, daß sie sich auch selbst bewußt entwickeln muß: damit sie zur Durchsetzung ihrer eigenen Bestimmung fähig wird. Und das begründet die Rechtskultur durch die Bezeichnung der Ziele der rechtlichen Tätigkeit, die Auswahl ihrer Mittel und durch die Transformierung in die alltägliche rechtliche Tätigkeit.

3. Die Rechtskultur – als Art und Mittelsystem der rechtlichen Tätigkeit – weist eine spezifische historische Entwicklung auf. In den präkapitalistischen Rechtstypen standen rechtliche Denkweise und Tätigkeit auf einem niedrigen Niveau; sie waren mit den übrigen Formen der Machtausübung verbunden und die unterschiedlichen rechtlichen Tätigkeitsgebiete und Formen traten miteinander verflochten auf. Das äußerte sich darin, daß Rechtswissenschaft, Rechtsschaffung, Rechtsanwendung und Rechtskenntnis in der Rechtspraxis untrennbar miteinander verflochten waren. Demgegenüber zeigt sich in den modernen Gesellschaften die Kompliziertheit der Rechtskultur – und in einigen Rechtssystemen ihre höhere Ordnung – in der institutionalisierten Absonderung der juristischen Tätigkeit, in der Vertiefung und Gliederung der Rechtswissenschaft, der Ausarbeitung und den Funktionen der Rechtsideologie, der Ausweitung des Rechtsunterrichts, im Niveau der juristi-

11 Andor *Maróti*, Rendhagyó gondotalok a müveltségről (Außerordentliche Gedanken zur Bildung). Valóság, 1986/11. S. 21.

12 György *Lukács*, a.a.O., S. 92.

schen Fachkenntnisse und des Wissens, in der Ausarbeitung und Geltendmachung selbständiger rechtlicher Werte, sowie in der Differenzierung der fachjuristischen Tätigkeit und der Rolle der juristischen Tätigkeit von Laien, weiterhin in der Wirksamkeit des Mittelsystems der Rechtssozialisierung, in umfassenden Rechtskenntnissen und dem Rechtsbewußtsein der Staatsbürger.

Das höhere Niveau der historischen Entwicklung der Rechtskultur findet Ausdruck und Begründung durch die Funktion und Differenzierung der unterschiedlichen Rechtsinstitutionen (zum Beispiel Trennung von Straf- und Zivilrechtsprechung, Verwaltungsgerichtsbarkeit usw.) sowie durch die Gliederung der juristischen Berufe (Richter, Rechtsanwalt, Staatsanwalt, Notar usw.). Und dies wird ergänzt durch eine weitere Differenzierung der Methoden der rechtlichen Regelung, der Verfahrensformen und der Mittel der rechtlichen Tätigkeit. Von diesen Errungenschaften der Rechtsentwicklung sind die die rechtliche Tätigkeit durchdringende Anschauungsweise und das Zielsystem nicht zu trennen.

Der Entwicklungsstand der Rechtskultur spiegelt sich darin wider, wie die unterschiedlichen rechtlichen Tätigkeiten integriert sind und wie die unterschiedlichen rechtlichen Methoden miteinander harmonisieren. Die *Abstimmung* der Tätigkeiten aufeinander garantiert nämlich die Einheit von rechtlicher Regelung und Entscheidung der Rechtsfälle. Die grundlegende Voraussetzung ist, daß das Recht auch seine eigene innere Ordnung (Kohärenz) schafft und durchsetzt. Die Rechtsentwicklung zieht notwendigerweise die Gewährleistung der Kohärenz in der Rechtspraxis nach sich. Diesbezüglich entwickeln sich in der Rechtserzeugung und in der Rechtsanwendung gewisse ordnende Prinzipien und Mechanismen, eine Hierarchie und das Prinzip „lex posterior derogat priori", Rechtsinterpretationsregeln usw. Daneben tritt als institutionelle Lösung der rechtlichen Kohärenz die Absonderung und Selbständigkeit der Rechtsregeln (Rechtszweige) von unterschiedlichem Inhalt auf sowie die Differenzierung und Abstimmung des rechtlichen Verantwortungssystems und des rechtlichen Sanktionensystems. An diese schließen sich eng die Rechtssprache, die Terminologie und die Rechtsdogmatik an.

4. Mit Differenzierung der juristischen Berufe wird auch das juristische Fachwissen vielschichtiger, für die verschiedenen Fachjuristen wird der Besitz anderer Kenntnisse und anderer fachlicher Forderungen erforderlich. Das juristische Fachwissen und die sich auf das Recht beziehenden Kenntnisse werden durch die Ausarbeitung der Disziplinen des Rechtsunterrichts und die Entwicklung der Rechtswissenschaft begründet, welche auch die Traditionen der rechtlichen Regelung und die einzelnen rechtlich-formellen Lösungen wesentlich beeinflussen. Die Eigentümlichkeiten des *rechtlichen Fachwissens* zeigen sich übrigens in der jeweiligen Rechtssprache, Terminologie und Dogmatik. Doch trotz dieser Unterschiede zeigt sich in den Rechtssystemgruppen eine gewisse gemeinsame Terminologie und Dogmatik. Deshalb ist die Tatsache zu verzeichnen, daß für das kontinentale (oder romanistische) rechtliche Denken in vielen Fällen die angelsächsische Rechtsterminologie und Dogmatik unverständlich sind. Der abweichende Charakter des Kenntnismaterials ergibt sich auch aus der abweichenden gesellschaftlichen Rolle der Juristen.

Die Formulierung des Inhaltes des Juristenberufes und die Verwirklichung seiner

Forderungen spiegeln die Entwicklung der Rechtskultur wider. Diese Frage können wir auch in ihrer Geschichtlichkeit erfassen, da es keinen abstrakten Juristenberuf entsprechend den historischen Gegebenheiten gibt. In den unterschiedlichen geschichtlichen Epochen war der Juristenberuf ein je und je anderer. Dabei entschieden und entscheiden Juristen nicht nur entsprechend den Gegebenheiten und den Wünschen der Umgebung, sondern sie versuchten und versuchen, ins alltägliche Zusammenleben gewisse Regelungsprinzipien und Vorschriften und rechtliche Werte einzubringen. In einigen Rechtssystemen trägt der Juristenstand auch zur Entwicklung der humanen menschlichen Beziehungen bei. Dies können wir in der Humanisierungsrolle des Rechtes erfassen.

Das öffentliche Denken und die Rechtsanschauung konzentrieren den Inhalt der juristischen Tätigkeit, die rechtliche Idee in der Forderung nach Gerechtigkeit. Für den Juristen enthält die Gerechtigkeit eine doppelte Forderung. Einerseits ist sie das Leitprinzip der eigenen fachlichen Tätigkeit und zugleich moralische Pflicht zur Fällung einer gerechten Entscheidung, andererseits wird die erzieherische und präventive Rolle des Rechtes in erster Linie dadurch begründet. Deshalb wirkt sie in der alltäglichen Tätigkeit des Juristen als der Anspruch der Erfüllung der fachlichen Berufung. Neben dem Ideal der Wahrheit kann die Idee des Fortschritts hervorgehoben werden. Grundlegender Inhalt des demokratischen Juristenberufes ist der Dienst am gesellschaftlichen Fortschritt durch die Tätigkeit der Juristen. Diese Eigentümlichkeit wurde unter Bezug auf die Rechtskultur des Richters von *Kantorowicz* formuliert: In der Rechtsentwicklung hängt jeder Fortschritt letzten Endes von der Kultur des Richters ab.[13]

Der Juristenberuf tritt im Verhalten der Juristen, in ihrer alltäglichen Tätigkeit als geistige *zusammenhaltende Kraft* auf, die Fixierung seines Inhaltes, Formulierung und Geltendmachung ist ein wesentlicher Zusammenhang der Rechtskultur, welcher das juristische Verhalten bei der Feststellung der rechtlichen Relevanz der konkreten Fälle motiviert bzw. bei deren Beurteilung. Diese motivierende Rolle freilich ist nicht absolut und kann in der rechtshistorischen Entwicklung mit abweichender Intensität festgestellt werden.

Der Inhalt des Juristenberufes wird stark beeinflußt und die juristische Tätigkeit wird von der *herrschenden Rechtsideologie* und *Anschauungsweise* oder den wissenschaftlichen Richtungen motiviert. Als Beispiel können wir die Rolle der naturrechtlichen und der rechtspositivistischen Richtung auf den Juristenberuf anführen. So hat die naturrechtliche Richtung die Prinzipien der Gerechtigkeit und der Menschenrechte hinsichtlich des Rechts sowie die Denkweise des Juristen in seiner praktischen Tätigkeit bei der Entscheidung konkreter Fälle fixiert. Demgegenüber hat die rechtspositivistische Richtung und Anschauung lediglich die Verwirklichung der Rechtsregel, die Durchsetzung des Willens des Gesetzgebers in den Mittelpunkt der Tätigkeit und der Denkweise gestellt, und zwar so sehr, daß auch die Durchsetzung der faschistischen Rechtsregeln aufgrund dieser Anschauung für natürlich und ge-

13 H. *Kantorowicz* (Gnaeus Flavius), Der Kampf um die Rechtswissenschaft. Heidelberg 1906, S. 48.

recht gehalten wurde. Erstere Richtung strebte nach Verwirklichung eines spezifischen Ethos des Juristenberufes, eines wertorientierten Ethos, während die positivistische Anschauung für den Juristen entscheidend die Vollziehung der formellen Vorschriften der Rechtsregel unterstrich (normenorientiertes Verhalten).

5. Bezüglich des Juristenberufes wird oft hervorgehoben, daß sich darin auch die Geltendmachung der gesonderten Interessen der Juristen ausdrückt. Es ist natürlich, daß bei der Durchsetzung des Juristenberufes das besondere Interesse der Juristen eine Rolle spielt. Dies können wir aber nicht einseitig übertreiben, weil auch die moralischen Forderungen und das *Ethos* des Juristenberufes für die rechtliche Tätigkeit relevant sind. Die philosophisch-ethische Literatur hält fest, daß das Ethos den moralischen Charakter und die Forderung nach Gerechtigkeit umfaßt, die tief in der Geschichte verwurzelt ist, nicht an die Gegenwart gebunden ist, nicht aufgehoben werden kann, und die bestimmende Rolle der Interessen aufhebt. Das heißt, das Ethos des Juristenberufes ist eine *juristisch-gemeinschaftliche* Forderung, die – philosophisch ausgedrückt – die Realisierung des Wesens der Menschen fördert. Die die Gerechtigkeit bewirkende Tätigkeit nimmt nicht auf Tagesinteressen Rücksicht, sondern auf die Verwirklichung der Humanisierung. So tritt als juristischer Beruf die Ausarbeitung und Verwirklichung der das Humanum unterstützenden rechtlichen Werte in den Vordergrund.

Im Zusammenhang mit dem demokratischen juristischen Ethos tritt die Ausschaltung des Machtmißbrauches einerseits aus dem Kreis der rechtlichen Tätigkeiten als Entscheidungen mit Machtcharakter auf, andererseits aus der umfassenden machtpolitischen Lenkungstätigkeit selbst. Für den Juristen ist es eine Sünde (eine die rechtlichen Forderungen verletzende Tätigkeit), einen Machtmißbrauch darstellende Entscheidungen zu treffen, zu akzeptieren, zur Kenntnis zu nehmen oder zu rechtfertigen. Das folgt in erster Linie aus der Forderung nach moralischer Haltung des Juristen, nach seinem Charakter und hauptsächlich seiner Pflicht zur Gerechtigkeit.

Die Erfüllung des Juristenberufes und sein Charakter werden grundlegend von der Juristenbildung und der *Juristenausbildung* beeinflußt, eine Relation zur Rechtskultur. Auch dies hängt entscheidend von den Gesellschafts- und Machtverhältnissen ab: in Diktaturen steht die Erziehung des Juristen zum Vollstrecker, die Ausbildung des sich auf die Anwendung der rechtlichen Techniken verstehenden Fachmannes im Vordergrund. In demokratischen Machtsystemen dagegen bildet die Aneignung der rechtlichen Werte den Gegenstand der Bildung und Ausbildung. An letztere schließt sich die Forderung nach einem demokratischen juristischen Verhalten an: die humane Umgangsweise mit den Parteien, die Geduld, das Verständnis und die Emphatie.

Die entsprechende Bildung und Ausbildung und das kultivierte Verhalten des Juristen geben die grundlegenden Faktoren dabei ab, daß die erzieherische Rolle des Rechtes zur Geltung kommt. Das heißt, die Ausarbeitung und Durchsetzung der Vorschriften des Rechtes beruht zum guten Teil auf dem die Ebene der Rechtskultur konkretisierenden juristischen Verhalten (der Durchsetzung des Juristenberufes). Die erzieherische Wirkung des juristischen Verhaltens ist ein Faktor der rechtlichen Sozialisierung, des Niveaus der umfassenden Rechtskultur der Gesellschaft.

Die theoretische Erfassung der Rechtskultur bedarf natürlich auch einer praktischen Kontrolle der konkreten Rechtssysteme. Und das bedeutet, daß innerhalb eines Rechtssystems aufgrund der konkreten Lage festgestellt werden kann, wie es um das Entwicklungsniveau der Rechtskultur steht, gleich ob wir nun die Rechtswissenschaft oder die Rechtsdogmatik oder aber die rechtlichen Werte oder die Zusammenhänge der Rechtssozialisierung betrachten. Aufgrund der Analyse der konkreten Lage, der Erschließung der Zusammenhänge können die grundlegenden Eigentümlichkeiten der Rechtskultur umfassend erfaßt und verallgemeinert werden. In Verbindung damit kann die Rechtspolitik eine bedeutende Rolle spielen.

III.

1. Es ist eine Feststellung ganz allgemeiner Art, daß die Rechtskultur und die Rechtspolitik in einer wechselseitigen Verbindung stehen. Des tieferen Verständnisses dieser These wegen muß auf die geschichtliche Tatsache verwiesen werden, daß die Existenz des Rechts von den Machtverhältnissen abhängt und der Charakter der Machtkultur sich in der Rechtskultur widerspiegelt. Die Beziehung von Macht- und Rechtskultur ist in der geschichtlichen Entwicklung eine direkte und indirekte, und kommt durch Vermittlungsformen zur Geltung. Im Falle einer indirekten Beziehung tritt die Rechtspolitik auf, die den Inhalt und die Entwicklung der Machtkultur der Rechtskultur vermittelt.

Es ist eine historische Tatsache, daß sich innerhalb der gegebenen gesellschaftlichen Formation der Charakter der Machtkultur auch in dem Vorhandensein und den Charakteristika der Rechtskultur ausdrückt. Und innerhalb der Machtkultur wirkt die politische Kultur entscheidend auf die Rechtskultur.[14]

Im allgemeinen wird unter den gegebenen historischen Bedingungen die Ausarbeitung der Errungenschaften der Rechtskultur von der Macht- und politischen Lenkung der Gesellschaft festgelegt, ihre Verwendung zu den gegebenen Regelungsforderungen. Und daraus folgt das Auftreten wesentlicher Abweichungen hinsichtlich der Wirkung der Rechtspolitik auf die Rechtskultur. Auf diese Weise vermittelt im diktatorischen Machtsystem die Rechtspolitik die Verwendung der Mittel der Rechtskultur im Dienste der herrschenden Macht- und politischen Interessen, im demokratischen Machtsystem dagegen fördert die Rechtspolitik die Verwendung der rechtlichen Werte, die Durchsetzung der humanisierenden Rolle der Rechtskultur.

Die vom Charakter des Machtsystems abhängenden Rechtspolitiken weichen in den verschiedenen Perioden der historischen Entwicklung inhaltlich voneinander ab. In den präkapitalistischen Rechtssystemen zeigte sich das niedrige Niveau der

14 György *Antalffy*, A politikai és a jogi kultúráról (Über die politische und die Rechtskultur). Magyar Jog, 1982/2, S. 99.

Machtkultur in der niedrigen Entwicklung der Rechtskultur und im Mangel der Vermittlerrolle der Rechtspolitik. In den modernen Rechtssystemen entfaltet sich die komplizierte Ordnung rechtlicher Regelung und ein höheres Niveau der Rechtskultur, doch spielt der Charakter des Machtsystems auch hier eine entscheidende Rolle: in Diktaturen erfolgt die Verwendung der rechtlichen Mittel nach politischer Zweckmäßigkeit, hauptsächlich durch die Vorrangstellung strafrechtlicher Regeln. Demgegenüber hat die demokratische Rechtspolitik die Verdrängung der strafrechtlichen Mittel in den Hintergrund zum Ergebnis. Dies zeigt sich besonders in der Abschaffung der Todesstrafe. Abstrakt kann festgestellt werden, daß die demokratische Rechtspolitik Einführung und Durchsetzung von humanen Rechtsinstitutionen zum Ziel hat, während die Rechtspolitik der Diktaturen das Recht zu Zwecken und Interessen der Tagespolitik verwendet und die unterschiedlichen Formen des Machtmißbrauches „vergesetzlicht".[15]

Aufgrund des oben Gesagten kann hervorgehoben werden, daß die Rechtspolitik nicht in jeder gesellschaftlichen Einrichtung existiert bzw. nicht überall eine Rolle bei der Beeinflussung der Rechtskultur spielt. Abgesehen davon sei auch betont, daß auch nicht in jedem modernen demokratischen Rechtssystem eine differenzierte Rechtspolitik und eine rechtspolitische Grundkonzeption vorhanden ist. Trotzdem taucht im rechtlichen Denken zum Zwecke der Gewährleistung einer geordneten, durchdachten Beziehung zwischen Politik und Recht die Forderung nach theoretischer Grundlegung der Rechtspolitik und rechtspolitischen Konzeptionen auf.[16]

Es fehlt hier der Raum für historische Analysen der Ausdifferenzierung der Rechtspolitik und es fehlt mir auch der Überblick über die diesbezüglichen Theorien. Es mag hier genügen, die Darlegungen und die Konzeption von Gyula *Moór*, eines Vertreters der ungarischen Rechtsphilosophie, heranzuziehen. Interessant an der historischen Entwicklung des ungarischen Rechts ist, daß sich die theoretische Grundlegung der Rechtspolitik als Notwendigkeit aufgrund der demokratischen Entwicklungstendenz der Rechtskultur ergeben hat. Die Reaktion auf diese Notwendigkeit ist am klarsten in der Rechtsphilosophie von Gyulá *Moór* zu spüren, der die Rechtspolitik als Wissenschaft, gleichzeitig aber auch als Kritik des lebenden positiven Rechts und seiner Reform begriff. Er hebt hervor, daß sich die Rechtspolitik auf entschiedene weltanschauliche Fundamente stützen muß, betont die Forderung der Verwirklichungsmöglichkeit (die „Frage der realen Machtverhältnisse") und die Bedachtnahme auf die zu erwartenden Wirkungen der Entwürfe. Mit Rücksicht darauf müsse eine sich in die Gesamtheit des Rechtssystems einfügende Rechtsregel konstruiert werden. Er verlegt den Schwerpunkt der Rechtspolitik auf die Rechtsschaffung, weil er meint, es sei viel wichtiger, daß wir richtiges Recht schaffen, als

15 Siehe Mihály *Samu*, Jogelmélet és jogpolitika (Rechtstheorie und Rechtspolitik). Magyar Jog 1985/1, S. 15 f.

16 Csaba *Varga*, A jogpolitika önállóságáert (Für die Selbständigkeit der Rechtspolitik). Társadalomkutatás 1985/3, S. 10.

daß wir das geltende richtig anwenden.[17] – Mit der Auffassung Gyula *Moór*s der Rechtspolitik als Wissenschaft (als Teil der Rechtsphilosophie) kann ich mich nicht einverstanden erklären, da dies keine Theorie und kein Begriffsystem ist. Jedoch hat er das Verdienst, die Rechtspolitik als Kritik des lebendigen Rechts charakterisiert zu haben und die Reform des Rechts innerhalb der praktischen Zusammenhänge des Rechts aufgeworfen zu haben.

Es sei bemerkt, daß auch in der sozialistischen Rechtslehre die Rechtspolitik einen Platz hat. Ihr Vorläufer findet sich bereits in der Arbeiterbewegung als Teil der sozialistischen Ideologie und als Kritik des bestehenden bürgerlichen Rechts bzw. als sich auf gewisse praktische Zusammenhänge des sozialistischen Rechts beziehende rechtspolitische Vorstellung oder Konzeption.

Die praktische Rolle der Rechtspolitik muß in vielen Zusammenhängen analysiert werden, besonders bedeutend ist die Untersuchung der Rechtspolitik in den verschiedenen Rechtsgebieten. Unter Verweis auf diese können wir die Frage des Zusammenhangs von Rechtspolitik und Rechtskultur beiseite lassen.[18]

3. Das Verhältnis von Rechtspolitik und Rechtskultur ist durch *gegenseitige Abhängigkeit* und durch Wechselwirkung gekennzeichnet. Als ein entscheidendes Moment kann hervorgehoben werden, daß die Rechtspolitik in Abhängigkeit von den Machtverhältnissen die Verwendung der Mittel der Rechtskultur und ihre Entwicklung sowie ihre Rolle in positive oder negative Richtung beeinflußt. Die in der Rechtskultur ausgebildete Denkweise, herrschende Anschauungsweise oder wissenschaftliche Richtung wirkt auf die Ausarbeitung der rechtspolitischen Konzeptionen auf die die Rechtspraxis beeinflussende Rolle der Rechtspolitik.

Die Rechtskultur enthält aufgrund der historischen Erfahrungen gewisse Grundprinzipien, d.h. sie konzentriert die praktischen Erfahrungen in rechtliche Forderungen. Als Beispiele seien genannt: die Forderung nach dauerhafter rechtlicher Regelung, die Nutzlosigkeit der häufigen Rechtsregelmodifizierungen, die Wichtigkeit der eindeutigen Formulierung der allgemeinen Vorschriften, die Festlegung der Rechtsfolge entsprechend der Schwere der Handlung. Diese Grundprinzipien und rechtlichen Forderungen können natürlich mit Hilfe der Rechtspolitik konsequent durchgesetzt werden. Auf ähnliche Weise verhält es sich mit den rechtlichen Werten. Die demokratische Rechtskultur hat gewisse, der Humanisierung dienende rechtliche Lösungen erarbeitet. Auch diese verwirklichen sich nicht von selbst: bei ihrer Durchsetzung kommt der Rechtspolitik eine grundlegende Rolle zu. Daneben kann hervorgehoben werden, daß die Rechtspolitik die Verwendung der Ergebnisse der Rechtswissenschaft, ihre Einführung in die Rechtskultur und ihre Akzeptanz durch das rechtliche öffentliche Denken fördert. Die Rechtspolitik übt eine die Rechtskultur fördernde Wirkung in der Weise aus, daß sie im Laufe der Beurteilung des Rechts feststellt, welche Mängel hinsichtlich der Anwendung der Errungen-

17 Gyula *Moór*, tagnap és holnap között (Zwischen Gestern und Morgen). Budapest 1947, S. 166.

18 Siehe: A jogpolitika tudomanyos megalalpozásának jogelméleti problémái (Die rechtstheoretischen Probleme der wissenschaftlichen Grundlegung der Rechtspolitik). Igazságügyi Minisztérium. Budapest 1986 (deutsch und russisch).

schaften und Mittel der Rechtskultur bestehen und als rechtspolitische Richtlinie deren konsequente Einführung fordert. Als Illustration sei angeführt, daß die Rechtswissenschaft im Rahmen der Rechtskultur den Wert der Unschuldsvermutung vergebens auf sich nimmt, wenn diese keine rechtspolitische Forderung darstellt, wenn also die Rechtspolitik nicht auf tatsächliche Verwirklichung dieses Wertes drängt.

Die die Rechtskultur beeinflussende Rolle der Rechtspolitik zeigt sich auch darin, daß sie den Widerspruch der inneren Entwicklung der Rechtskultur, die Durchsetzung der neuen Forderungen, *durch praktische Maßnahmen* fördert. Die Rechtskultur selbst ist nämlich nicht unbedingt in der Lage, ihre eigenen Widersprüche zu lösen. Die grundlegenden Lösungen bieten die in der Durchsetzung der Forderungen der Rechtspolitik festgelegten Ziele. Konkreter: z.B. hilft die Rechtspolitik bei der Lösung von inneren Widersprüchen der Rechtswissenschaft, etwa bei der Überwindung konservativer Tendenzen. Sie trägt aber auch durch Orientierung auf gewisse Forschungsthemen bei zur theoretischen Lösung gesellschaftlich-rechtlicher Probleme und bietet zur Lösung einiger praktischer rechtlicher Fragen eine theoretische Grundlage. Im Hinblick darauf ist es wichtig, daß sich die Rechtspolitik bei umfassender Beurteilung des Rechts als auch einer Rechtsinstitution auf die Ergebnisse der Rechtswissenschaft stützt – und nicht nur auf die im allgemeinen Denken entstandenen Meinungen.

4. Die grundlegende Wirkung der Rechtspolitik zeigt sich darin, daß sie für die Alltagsbeschäftigung des Juristen gewisse Forderungen und Normen vermittelt, die grundlegenden Tendenzen der Rechtspraxis und zugleich auch die Richtung der rechtlichen Tätigkeit angibt. Die Forderungen der Rechtspolitik sind auch durch die Anwendung der Rechtskultur charakterisiert, sie bemüht sich, die Rechtspraxis den veränderlichen politischen Strategien und Taktiken anzupassen. In Verbindung damit kann der historische Unterschied festgestellt werden: Diktatorische Machtsysteme sind bemüht, die juristische Tätigkeit den täglichen politischen (taktischen) Zielen anzupassen, während demokratische Machtsysteme die umfassende Ordnung und die perspektivischen politischen Bestrebungen (die Strategie) durch die Unterstützung der Rechtspolitik in den Vordergrund stellen. Im Hinblick darauf drückt sich die rechtspolitische Konzeption im Bezug auf die Verwendung der Rechtskultur und ihrer inhaltlichen Entwicklung aus. Gestützt auf diese historische Tatsache formuliert die sozialistische Rechtstheorie, daß die Aufgabe der Rechtspolitik in der Unterstützung der Strategie der gesellschaftlichen Machtlenkung besteht und sie in diesem Interesse die Entwicklung der Rechtskultur sowie die Einbringung der rechtlichen Werte in das alltägliche Zusammenleben fördert. Daneben werden auch die Errungenschaften der Rechtskultur in die juristische Alltagspraxis eingebracht. So bewirkt sie z.B., daß die neuesten Ergebnisse der Rechtswissenschaft oder die rechtlichen Werte zum Teil der in der Rechtspraxis wirkenden Rechtskultur werden. Sie zielt jedoch nicht nur auf deren Einbau in die rechtliche Tätigkeit, sondern auch in den Prozeß der rechtlichen Sozialisierung. Ein Ziel der Rechtspolitik ist es auch, daß sich die rechtliche Regelung tief in das alltägliche Zusammenleben einprägen soll und die vorbeugende Rolle des Rechtes wirksam zur Geltung kommen möge. Das bezieht sich nicht nur auf die Verübung von Straftaten, sondern auch auf die

Prävention von allerlei Rechtsverletzungen und Rechtsstreitigkeiten, um auf gesellschaftliche Devianzen korrekt und auf humane Weise zu reagieren.

Es ist eine grundlegende Forderung rechtlicher Regelung, daß die formulierten Vorschriften realisiert werden: das Recht muß wirksam sein. Auch die Wirksamkeit des Rechts drückt die Entwicklungsstufe der Rechtskultur aus: Formulierungen von hohem Niveau, genaue Fixierung der Tatbestände und Vorschriften, all dies schafft eine adäquate Verallgemeinerungsmöglichkeit zum Zwecke konsequenter Durchsetzung. Aber die Rolle der Rechtspolitik muß noch in einer anderen Hinsicht betrachtet werden: Sie wägt ab, ob die Regelung eines bestimmten Lebensbereichs nicht wirkungsvoller durch eine andere Norm erfolgen kann, ob das gegebene Verhalten mit rechtlichen Mitteln überhaupt beeinflußbar ist oder ob eine wirksame rechtliche Regelung in großem Ausmaß rechtstechnisch verwirklicht werden kann.[19]

Am sensibelsten ist der Zusammenhang von Rechtskultur und Rechtspolitik bei der rechtlichen Regelung der Machtverhältnisse. Hier sind vor allem zwei Relationen hervorzuheben: einerseits die rechtliche Regelung der Machtsphäre (in erster Linie der politischen Tätigkeit), die Ausarbeitung und Durchsetzung von Verfassungsvorschriften, und andererseits bezüglich der Machtausübung die rechtliche Einschränkung von negativen, schädlichen Verhaltensweisen und die Durchsetzung rechtlicher Verantwortlichkeit (hauptsächlich im Falle des Machtmißbrauchs).

Eine wesentliche Errungenschaft der umfassenden Entwicklung der Rechtskultur ist der Ausbau des rechtlichen Verantwortungssytems. Dessen Universalität ist das Ergebnis historisch-rechtlicher Entwicklung: Unter präkapitalistischen Verhältnissen wirkt sie nur hinsichtlich der Untertanen, sie wird später in einigen kapitalistischen (hauptsächlich demokratischen) Rechtssystemen und im sozialistischen Rechtssystem umfassend. Die Folge ist freilich auch, daß die rechtliche Verantwortlichkeit je nach der Art des Verhaltens der Rechtssubjekte differenzierter wird und jede grundlegende Sphäre des gesellschaftlichen Lebens durchwirkt – so auch die Familie, die Wirtschafts-, die ideologischen und auch die Machtverhältnisse. Bei den Machtverhältnissen erstreckt sich die rechtliche Verantwortung nicht nur auf die politische, die Verwaltungs- und die militärische Tätigkeit, sondern auch auf die juristische Tätigkeit, und umfaßt so auch die rechtliche Verantwortung der Rechtsschöpfer und der Rechtsanwender.

Schließlich ist festzustellen, daß das Recht seine gesellschaftliche Bestimmung durch die rechtliche Tätigkeit verwirklicht und seine positive gesellschaftliche Rolle in Abhängigkeit von den Bedingungen der Gesellschaft ausübt. All das beeinflußt in hohem Maß die Wechselwirkung von Rechtskultur und Rechtspolitik. Deshalb darf die Rechtswissenschaft (in erster Linie die Rechtstheorie) die positive oder negative Wirkung der Rechtspolitik bei Durchsetzung der rechtlichen Werte sowie der Orientierung der Tätigkeit der Juristen nicht außer acht lassen.

19 Péter *Szilágyi*, A jogalkotási jogpolitika néhány állam-és jogelméleti kérdese (Einige staats- und rechtstheoretische Fragen der rechtschaffenden Rechtspolitik). Társadalomkutatás 1985/3, S. 21.

DIE RECHTSWISSENSCHAFT ZWISCHEN TRADITIONALEM ETHOS UND KRITISCHER ETHIK

Metaphysikkritische Überlegungen zur Rationalität des modernen Rechts

Alexander Somek

Der moraltheoretische Zugang zum rechtlichen Wissen

Für die Rechtsdogmatik, deren Geschäft es bekanntlich ist, Texte zu interpretieren und Entscheidungen zu begründen, bricht die Frage nach der *Rationalität* ihres Vorgehens immer wieder auf. Die Weise ihres Verstehens und Begründens beschäftigt daher verschiedene Disziplinen, die sich um den dogmatischen Kernbereich angelagert haben, also Methodenlehre und Soziologie oder die Rechtstheorie als Wissenschaftstheorie der Rechtswissenschaft. Allgemein und umfassend läßt sich die Frage nach der Rationalität von Recht und Rechtswissenschaft zum Thema machen, wenn man untersucht, auf welche *Art und Weise*, mit welchem *Anspruch* und mit welchem *Effekt* im Umkreis des Rechts *Wissen erworben* wird bzw. erworben werden *kann* und wie dieses von Teilnehmern an Diskursen, die mit Recht zu tun haben, *verwendet* wird.

Aus diesem weiten Themenbereich wollen wir hier den *normativ-ethischen* Aspekt von Rechtsrationalität herausgreifen.

An eine normative Bestimmung rechtlichen Wissens kann man auf mindestens zwei Arten herangehen. Vorweg sei betont, daß es beide Arten eint, eine Art „ontologische" Unterscheidung von Recht und Rechtswissenschaft (als Tatsache und deren Beschreibung) nicht gelten zu lassen, da man annimmt, daß diese der Eigenart von Normen nicht gerecht werden kann. Die Gewinnung des Wissens über Normen ist nicht in „Beschreibungen" fundierbar, sondern in einem elementaren Sinne als hermeneutisch zu bezeichnen, weil Normen nur hinsichtlich ihrer Begründung verstanden werden können. Gründe sind aber „aus einem solchen Stoff, daß sie sich in der Einstellung einer dritten Person, d.h. ohne eine entweder zustimmende, ablehnende oder enthaltende Reaktion, gar nicht beschreiben lassen ... Die *Beschreibung* von Gründen verlangt eo ipso eine *Bewertung* ... Man kann Gründe nur in dem Maße verstehen, wie man versteht, *warum* sie stichhaltig oder nicht stichhaltig sind, und warum gegebenenfalls eine Entscheidung darüber, ob die Gründe gut oder schlecht sind, (noch) nicht möglich ist."[1]

Diesem Grundsatz folgend kann die Rationalität des rechtlichen Wissens normativ im *altbekannten* Sinne bestimmt werden, indem man den vernünftigerweise zu-

1 So Jürgen *Habermas*, Theorie des kommunikativen Handelns. Bd. 1, Frankfurt/Main 1981, 169–170 (Hervorhebungen im Original).

gelassenen *Inhalt des Rechts limitiert*: Nicht alles kann „Recht“ sein. Das grob Ungerechte ist mit der „sittlichen“ Rationalität des Rechts unvereinbar. Diese Position kennt verschiedene Ausprägungen und Schattierungen. So kann man überhaupt bestimmte Normen als „gesetzliches Unrecht“[2] aus dem Rechtsbegriff ausscheiden oder behaupten, daß Rechtswissenschaft dann – und nur dann – rational ist und zu akzeptablen Entscheidungen vordringen wird, wenn sie sich jenseits positivierter Normen auf begründbare sittliche Standards oder Prinzipien bezieht.[3]

Die Idee sittlicher Determiniertheit rechtlichen Wissens verbindet die ältere mit einer *jüngeren* normativen Position, die erst in neuester Zeit in groben Umrissen entwickelt worden ist. Allgemein kann man über sie sagen, daß sie von der durch Kohlberg entwickelten Theorie einer Stufenfolge moralischen Bewußtseins inspiriert worden ist und deren Grundsätze teilt.[4] Man geht davon aus, daß der Wissenserwerb in rechtlichen Dingen nur auf einer über das positivierte Recht hinausgehenden normativen Grundlage möglich ist, betont aber die *funktionelle Dimension* einer das rechtliche Wissen konstituierenden Struktur moralischer Urteilsbildung bzw. moralischen Bewußtseins. Es ist hier zunächst nicht von Interesse ob das Recht seiner normativen Grundlage nach universell begründet werden kann. Vielmehr nimmt man an, daß rechtlicher Wissenserwerb, ohne durch eine Struktur moralischer Urteilsbildung determiniert zu sein, faktisch gar nicht möglich wäre. Die Position bewegt sich also zwischen den Grenzlinien der positiven Wissenschaft der Moral[5] und ambitionierter Rechtsbegründung, letzteres, weil man gewahr ist, daß man den Sinn von Normen nur „von innen“ erschließen kann. Jedenfalls werden Formen juristischer Urteils- und Begriffsbildung, wenngleich sie als durchaus „eigenständige“, moralfreie wissenschaftliche Dogmatik intendiert sein mögen, als Oberflächenphänomen einer Struktur moralischer Urteilsbildung gedeutet, die als Epoche einer phylo- sowie ontogenetisch zu beschreibenden Stufenfolge moralischen Bewußtseins betrachtet wird.[6]

2 Mittlerweile klassisch: Gustav *Radbruch*, Gesetzliches Unrecht und übergesetzliches Recht, in: *ders.*, Rechtsphilosophie. Hrsg. v. E. Wolf u. H.-P. Schneider, Stuttgart [8]1973, 339–350.

3 Heute prominent: Ronald *Dworkin*, Bürgerrechte ernstgenommen, dt. Frankfurt/Main 1984. Vergessen sollte man aber nicht des Werkes Josef *Essers*. Siehe v.a., Grundsatz und Norm in der richterlichen Fortbildung des Privatrechts. Tübingen [3]1974 und Vorverständnis und Methodenwahl in der Rechtsfindung. Rationalitätsgarantien der richterlichen Entscheidungspraxis. Frankfurt/Main 1970. Auf die Ähnlichkeit der Positionen der beiden Theoretiker wurde jüngst hingewiesen. Siehe Ewald *Wiederin*, Regel – Prinzip – Norm. Zu einer Kontroverse zwischen Hans Kelsen und Josef Esser, in: Untersuchungen zur Reinen Rechtslehre. Hrsg. v. S. L. Paulson u. R. Walter, Wien 1986, 137–166, hier: 153–156. Zu nennen ist selbstverständlich Franz *Bydlinskis* Lehre vom „wertbezogenen“ Rechtsbegriff. Siehe neben Juristische Methodenlehre und Rechtsbegriff, Wien – New York 1982 v.a. Die normativen Prämissen der Rechtsgewinnung, in: Rechtstheorie 16 (1985), 1–64.

4 Kohlbergs Arbeiten zur Moralentwicklung liegen gesammelt vor in den Essays on Moral Development, Bd. 1 u. 2, San Francisco 1981 u. 1984.

5 Und steht daher insoferne in der Tradition der Soziologie Durkheims. Siehe Emile *Durkheim*, Soziologie und Philosophie, dt. Frankfurt/Main 1970.

6 Zur Übertragung der Theorie moralischer Urteilsbildung auf die Entwicklung des Rechts und des Rechtsdenkens siehe v.a.: *Kohlberg*, The Future of Liberalism as the Dominant

Diese Idee, ein in einer Sequenz von Stufen beschreibbares moralisches Bewußtsein für den rechtlichen Wissenserwerb konstitutiv zu erachten, bildet den *Ausgangspunkt* unserer Überlegungen.

Verschiebungen

Nun vermag es auf den ersten Blick nicht sehr zu überzeugen, – und das würde eine *strikte* Applikation der Theorie moralischer Entwicklung nahelegen – davon auszugehen, daß Juristen *aktuell* eine bestimmte ethische Grundhaltung haben, die es ihnen erlaubt, ihr rechtswissenschaftlich geläutertes rechtliches Wissen zu erwerben und zu sichern. Sie wären derart, egal um welche Stufe moralischen Bewußtseins es sich dabei handelte, in einem subjektiven Sinne als „gerecht" zu bezeichnen. Das widerspricht aber einer von Juristen häufig eingenommenen objektivistischen oder technizistischen Attitüde. Nun kann man sich zwar dazu berufen fühlen, diese Attitüde im Interesse des therapeutischen Auftrages[7] der Moraltheorie als „Neutralisierung" des ethischen Grundgehalts juristischer Tätigkeit zu entlarven und die sich hinter dieser verbergende Form moralischen Bewußtseins freizulegen, oder darauf insistieren, daß der moralische Aspekt juristischer Arbeit eben durch eine momentan gepflogene Art, sie zu betreiben, verborgen, aber den Juristen im Dienste sittlicher Aufklärung klarzumachen sei; eine solche *starke* Reduktion des rechtlichen Wissenserwerbes auf seine moralische Konstituente wäre im Ergebnis aber notwendigerweise abstrakt, zumal sie wesentliche Elemente des untersuchten Phänomenbereiches als falschen Schein abtut, damit aber auch – bei aller tiefenhermeneutischen Umsicht – vielleicht vorschnell ausblendet, wenn sie etwa die Pragmatik und Technizität der Rechtsanwendung, Professionalisierung des juristischen Berufes und Kontextenthobenheit juristischen Entscheidens für die Zerr-

Ideology of the Western World, in: Essays (Anm. 4), 231–242; weiters aus den Arbeiten Jürgen *Habermas*: Zur Rekonstruktion des historischen Materialismus. Frankfurt/Main 1976, bes. 260–270; Theorie des kommunikativen Handelns (Anm. 1), Bd. 1, 346–366, Bd. 2, 525–542; ferner: Klaus *Eder*, Die Entstehung staatlich organisierter Gesellschaften. Frankfurt/Main 1976, *ders.*, Zur Rationalisierungsproblematik des modernen Rechts, in: Soziale Welt 29 (1987), 247–256; *ders.*, Geschichte als Lernprozeß? Zur Pathogenese politischer Modernität in Deutschland, Frankfurt/Main 1985, Rainer Döbert, Systemtheorie und die Entwicklung religiöser Deutungssysteme. Frankfurt/Main 1973; *ders.*, Methodologische und forschungslogische Implikationen von evolutionstheoretischen Stadienmodellen, in: Theorien des historischen Materialismus. Hrsg. v. U. Jaeggi u. A. Honneth, Frankfurt/Main 1977, 524–560; Wolfgang *Schluchter*, Die Entwicklung des okzidentalen Rationalismus. Eine Analyse von Max Webers Gesellschaftsgeschichte, Tübingen 1979. Ernst *Tugendhat*, Zur Entwicklung von moralischen Begründungsstrukturen im Recht, in: ARSP Beiheft NF 14 (1980), 1–20; Allgemeine Aspekte der darin beschlossenen Lerntheorie haben jüngst Behandlung erfahren bei Max *Miller*, Kollektive Lernprozesse. Studien zur Grundlegung einer soziologischen Lerntheorie. Frankfurt/Main 1986.

7 Von dem Habermas manchmal spricht. Siehe: Diskursethik – Notizen zu einem Begründungsprogramm, in: Moralbewußtsein und kommunikatives Handeln. Frankfurt/Main 1983, 53–125, hier: 55.

bilder eines für Experten typischen, berufsbedingten „Wertskeptizismus" hält.[8] Wenn man – und dieser Grundgedanke soll hier verfolgt werden – die Rationalität des modernen Rechts unter einem Primat praktischer Vernunft betrachtet, so muß man sich sehr gewissenhaft der *Art der Latenz* von Strukturen moralischer Urteilsbildung im Prozeß rechtlichen Wissenserwerbs vergewissern. Die auch dem eigenen Anspruch nach einer Logik der Rekonstruktion folgende bloße *Subsumption* unter ein Strukturmuster moralischen Bewußtseins ließe aber eine Identifizierung einer möglicherweise artifiziell und *in actu* keineswegs moralisch *fundiert* verlaufenden Produktion der Strukturaffinitäten von rechtlichem Wissenserwerb und moralischem Bewußtsein nicht zu. Sie ermöglicht weder eine deutliche Ebenendifferenzierung von Rekonstruktion auf moraltheoretischer Grundlage und reeller Konstitution von Handlungsmotiven im Alltagshandeln, noch eine Differenzierung der Zeitstrukturen von aktuellem Geschehen und Standpunkt der Rekonstruktion. Man sollte aber m.E. zumindest in der Lage sein, zu begreifen, wie rechtlicher Wissenserwerb in der Moderne, um nicht direkt moralisch fundiert verfahren zu müssen, über eine Neucodierung ethischer Gehalte verlaufen kann und derart *substitutive Elemente* eines moralischen Bewußtsein verwendet, um sich seine Funktion zu garantieren. Einer Art Mikrophänomenologie rechtlichen Wissens, die wir hier freilich nicht vorlegen können, stünde es zu, dies zu erläutern. Darüber hinausgehend wird ferner zu fragen sein – und dies wird die Leistungsfähigkeit des rein moraltheoretischen Ansatzes übersteigen, ob unter dem Vorzeichen dessen, was wir als die *ethische Differenz* bezeichnen werden, der rechtliche Wissenserwerb inmitten eines *Widerstreits*[9] *von traditionalem Ethos und kritischer Ethik* sich überhaupt noch eines sittlichen Fundamentes sicher sein kann, oder ob nicht denkbar ist, daß in seinem Verlauf in Anspruch genommene „sittliche Substanz" als bloßes Supplement[10] eines zerrissenen Ordnungszusammenhanges gedeutet werden müßte. Trifft dies zu, dann ist an der konstitutiven Leistung moralischen Bewußtseins nur mehr insoferne festzuhalten, wenn die mögliche Substitution oder Supplementierung von moralischem Bewußtsein im rechtlichen Wissenserwerb als aus der ethischen Differenz selbst entlassen gelten kann.

Hier wird also eine Modifizierung und Radikalisierung des Ansatzes der Theorie des moralischen Bewußtseins, wie sie Kohlberg vorgelegt hat, angestrebt, die folgender Linie der Entwicklung eines Arguments folgt: *Zunächst* sind Formen morali-

8 Siehe ebd. 108.

9 Im Sinne von Jean-François *Lyotard*, Der Widerstreit, dt. München 1987, ein Konflikt zweier Weisen, ein Urteil zu fällen, die durch kein gemeinsames Regelwerk verbunden sind.

10 Ich kann hier nicht näher darauf eingehen, welche Rolle der Begriff der Supplementarität in der Deutung rechtlichen Wissens notwendig spielen muß und auch nicht angeben, in welcher Relation die Verwendung zu der in Derridas Rousseau-Lektüre steht. Der Leser sei allerdings verwiesen auf Jacques *Derrida*, Grammatologie. dt. Frankfurt/Main 1974, 244–282, 335–344, u.ö.; *ders.*, Die Struktur, das Zeichen und das Spiel im Diskurs der Wissenschaften vom Menschen, in: Die Schrift und die Differenz. dt. Frankfurt/Main 1972, 422–442, hier: 437–441; Jonathan *Culler*, On Deconstruction. Theory and Criticism after Structuralism. London and Henley 1983, 103–108.

schen Bewußtseins, die im Erwerb rechtlichen Wissens auch institutionell sich verkörpern, zu identifizieren, wobei hier unter *Moral kein Regelsystem* zu verstehen ist, sondern ein Verhältnis, das zu Handlungsnormen eingenommen wird und einer Art ihres „Gegebenseins"[11] entspricht. *Sodann* ist von einem Grundmerkmal modernen rechtlichen Wissens auszugehen, nämlich seine moralische Tiefenstruktur keineswegs offenzulegen, sondern mittels verschiedener begrifflicher Techniken zu verbergen oder gar zu absorbieren. Um dieses Phänomen zu ergründen, wird es ratsam sein, die *Zeitlichkeit* von Formen moralischen Bewußtseins auf Gegenstand wie Analyseperspektive zu beziehen: die Vergegenwärtigung eines vergangenen, immer auf vollendete Gegenwart (also Vergangenheit) bezogenen traditionalen Ethos in juristischer Arbeit im Widerstreit zur auf Zukunft bezogenen kritischen Ethik, die in ihrem Zusammenspiel die Präsenz einer bewährten Grundlage verwehren.[12] Es dürfte mit der Struktur modernen Zeitbewußtseins zusammenhängen, daß man, um die konstitutive Bedeutung moralischen Bewußtseins begreifen zu können, das *substituierte Ethos modernen Rechts* aus dem auf vollendete Gegenwart bezogenen traditionalen Ethos und der immer wieder über ihre eigene Konkretion hinausweisenden kritischen Ethik rekonstruieren muß.[13] Im Vergehen eines vergangenen und auf vollendete Gegenwart bezogenen Ethos enthüllt das rechtliche Wissen eine getilgte sittliche Grundlage, die es substitutieren und supplementieren muß, will es sich selbst garantieren, seitdem eine Ethik, wie die kritische, jede Bestimmung von Handlungsnormen auf die Zukunft hin immer schon überschreitet und die Präsenz einfachen Ethos verwehrt. Das Ver-Gegenwärtigen eines Ethos im Recht ist daher als Ausdruck bloßer Substitution, Supplementierung oder Sedimentierung dieses einfachen Sittlichen zu deuten. Diese Substitution eines bestimmten moralischen Bewußtseins durch die Art und Weise, rechtliches Wissen zu erwerben, ist *schließlich* selbst wiederum auf die Differenz von „Stufen" moralischer Urteilsbildung zurückzuführen.[14]

11 Ich meine, diesen Moralbegriff auf Kant zurückführen zu können. Siehe Werke. Hrsg v. W. Weischedel, Frankfurt/Main 1968, Bd. 8, 323–324.

12 Zu einem heute leider wenig beachteten Versuch, Zeitstrukturen in Erzeugung und Anwendung von Recht zu verfolgen siehe Gerhart *Husserl*, Recht und Zeit, in: Recht und Zeit. Fünf rechtsphilosophische Essays, Frankfurt/Main 1955, 10–65. Freilich hätte sich eine weitere Analyse von einem die abendländische Tradition prägenden pervasiven Präsentismus zu lösen. Zu Versuchen, vertiefte Absenz und ‚absolute Vergangenheit" zu denken, siehe *Derrida*, Grammatologie (Anm. 10), 117–129, *ders.*, Ousia und gramme, in: Randgänge der Philosophie, dt. Frankfurt/Main–Berlin–Wien 1976, 38–87, Vincent *Descombes*, Das Selbe und das Andere, dt. Frankfurt/Main 1981, 172–180.

13 Zum Auseinandertreten von Erfahrungsraum und Erwartungshorizont in der Moderne siehe Reinhart *Koselleck*, Vergangene Zukunft. Zur Semantik geschichtlicher Zeiten. Frankfurt/Main 1979, 349–375.

14 Es ist damit auch angedeutet, daß im Sinne der Primatlehre Kants eine ethische Differenz der ontologischen vorgeordnet wird.

Die ethische Differenz rechtlichen Wissens

Jeder Versuch einer Verortung der moralischen Grundlage heutigen rechtlichen Wissens muß zwangsläufig auf eine fundamentale Amphibolie stoßen: Im rechtlichen Wissen machen sich nämlich gleichzeitig mehrere Formen moralischen Bewußtseins bemerkbar.

Betrachtet man Weisen der institutionellen Verkörperung,[15] so deuten die *Institutionen des modernen Rechts- und Verfassungsstaates* im großen und ganzen auf die Verankerung modernen, „post-konventionellen" bzw. „post-traditionalen" Autonomiebewußtseins hin. Sie stellen Prozeduren der Normgewinnung zur Verfügung, die an der Idee vernünftiger Übereinstimmung und der Bildung eines verallgemeinerbaren Willens orientiert sind. Der Struktur gesetzprüfender Vernunft entsprechen sie auch in ihrem Anspruch, jede tradierte Norm, jede eingeübte Form von Sittlichkeit vor ihren Richtstuhl ziehen zu können. In ihnen, so kann man generell sagen, spiegelt sich das Ideal „aufgegebener Normativität".[16]

Blickt man hingegen auf die *Praxis juristischer Argumentation* (v.a. im judiziellen Bereich) so ist festzustellen, daß immer wieder auf feststehende sittliche Standards verwiesen wird, die nicht der Problematisierung unterliegen *dürfen*, damit Entscheiden möglich ist. Dieses oftmals durch die Eigenarten juristischer Begriffsbildung verdeckte Beziehen auf Standards und Traditionen entspricht aber durchaus einer vormodernen, traditionalen (bei Kohlberg: konventionellen) Form moralischer Urteilsbildung. Zum Beleg ließen sich einige Beispiele anführen, denn die traditionale moralische Urteilsbildung verleiht der juristischen Begriffsbildung ihr eigentümlich statisches Gepräge. Oftmals wird von Juristen freilich marginalisiert, daß ohne unbefragtes Einfließen sittlicher Standards in die Argumentation, die sich dabei gewiß immer dem Verdacht ausgesetzt sieht, Leerformeln mit leeren Signifikaten zu füllen, das juristische Denken zu keinem (Ab)Schluß kommen könnte. In einem sittlichen Sinne „plastische" Begriffe, die auf in Rechtsinstituten repräsentierte Lebensformen verweisen wollen, bilden die Grenzsteine rechtlichen Wissens, auch wenn dies nicht immer deutlich zu beobachten ist. Aber ist es denkbar, daß eine Interpretation nach dem „Wortlaut" gelingen könnte, wenn man nicht unterstellt, daß das Rechtsdenken sich in einer halbwegs homogenen Sprachordnung bewegt, in der jedenfalls Signifikate mit normativen Konnotationen versehen sind? Könnten Juristen, sobald sie sich auf einen allgemein geübten Sprachgebrauch beziehen wollen, anders vorgehen, als auf für eine Gemeinschaft angenommene Erwartungen vom „Normalen" zu rekurrieren, wenn die Aufgabe ansteht, die Bedeutung von Begriffen wie „Gesundheit", „Wettbewerb" oder sogar des „Todes" zu ermitteln? So scheinen juristische Begriffe in Formen sozialen Lebens und dessen symbolischer Darstellung eingebettet zu sein, die eine gewisse *Normalität* repräsentieren, die nicht als bloßer empirischer Durchschnitt zu nehmen ist, sondern selbst

15 Zum folgenden siehe die in Anm. 6 zitierte Literatur.

16 Siehe Hans *Ryffel*, Zur Begründung der Menschenrechte, in: Menschenrechte. Aspekte ihrer Begründung und Verwirklichung. Hrsg. v. J. Schwartländer. Tübingen 1978, 55–75 (56–59).

Ausdruck einer immer schon zum Maßstab genommenen konkreten Ordnung ist. Daher ist es auch nicht als Versagen der Gesetzgebung zu beklagen, wenn sie ein Außerachtlassen der gewöhnlich gehörigen Aufmerksamkeit zum Begriffsmerkmal der Fahrlässigkeit erhebt, sondern vielmehr ein Zeichen dafür, daß die Erfahrung von Normalität, auf die der Gesetzgeber hier verweisen will, nicht in eine Definition zu prägen ist, weil nur ein erworbenes Vermögen angeben kann, was in Situationen das Richtige ist. Ohne aus seinen gewiß einem autoritären Geist verpflichteten Betrachtungen ethische Schlußfolgerungen zu ziehen, hat Carl Schmitt das traditionale Ethos rechtlicher Wissensgewinnung deutlich erkannt, als er festhielt: „Die Normalität der konkreten von der Norm geregelten Lage und des von ihr vorausgesetzten Typus ist also nicht nur eine äußerliche, rechtswissenschaftlich außer acht zu lassende Voraussetzung der Norm, sondern ein inneres juristisches Wesensmerkmal der Normgeltung und eine normative Bestimmung der Norm selbst. Eine reine, situationslose und typenlose Norm wäre ein juristisches Unding."[17] Und nicht nur generalklauselartige Erscheinungen bezeugen das hohe moralische Weltalter, dem rechtliches Wissen entstammt; besonders deutlich wird es auch an dogmatischen Figuren wie der „differenzierten Maßfigur" in der Lehre vom Fahrlässigkeitsdelikt,[18] der Rede von der „verkehrsüblichen Sorgfalt", des Verweises auf die „Sorgfalt eines ordentlichen Kaufmannes" etc. Allgemein kann man juristischer Arbeit unterstellen, daß sie nur dann zu einem stimmigen Ergebnis gelangt, wenn sie zu einem der Beurteilung unterliegenden Fall eine *bestimmte* Lebenssituation *kontextuell* hinzudenkt, die einem *konkreten* Normalitätsideal entspricht.

Bevor wir fortschreiten, soll an dieser Stelle der Begriff der ethischen Differenz erläutert werden. Wie oben schon angedeutet, spielen wir mit ihm auf die Unterscheidung von traditionaler und moderner Ethik an.

Traditionale Ethik ist auf ein im großen und ganzen geschlossenes, nicht immer begrifflich völlig durchdrungenes Normensystem bezogen, das seine „Geltung" einem in einer Gemeinschaft vorfindlichen, lokal und schichtenspezifisch differenzierten spontanen sozialen Konsens, dem Ethos, verdankt. Die Normen dieses „Systems", das vielleicht sogar besser als Ordnung tugendhaften Lebens zu begreifen ist, können nach verschiedenen Gesichtspunkten gegliedert und für anerkannte gesellschaftliche Gruppen spezifisch zugeschnitten werden. Das ganze System ist in die politische Gemeinschaft eingelassen und erscheint „wie eine ordnende und anordnende Folgerung aus ihr".[19] Innerhalb des Systems, in dem sich denkend zu bewegen man nach einiger Zeit der Übung erlernen kann, können konkrete Rechte und Pflichten bestimmt und begründet werden. Das System selbst wird in konkretem Ordnungsdenken reflektiert.

Der *postkonventionellen* oder *kritischen Ethik* ist die Idee eines festgefügten, in sich stimmigen Normensystems fremd. Vielmehr ist es hier vornehme Aufgabe der

17 Carl *Schmitt*, Über die drei Arten des rechtswissenschaftlichen Denkens. Hamburg 1934, 23.

18 Siehe dazu Manfred *Burgstaller*, Das Fahrlässigkeitsdelikt im Strafrecht. Unter besonderer Berücksichtigung der Praxis in Verkehrssachen. Wien 1974, 54–68.

19 So Friedrich *Müller*, Normbereiche von Einzelgrundrechten in der Rechtsprechung des Bundesverfassungsgerichts (= Schriften zum öffentlichen Recht 82). Berlin 1968, 5.

gesetzprüfenden Vernunft,[20] immer wieder in ein solches zu interferieren. Die negatorische Normprüfung unter dem kategorischen Imperativ achtet demgemäß wenig auf die Kohärenz eines solchen Systems. Weil kritische Ethik von der universellen und damit notwendig abstrakten Gleichheit und Freiheit aller vernünftigen Wesen ausgeht und nur der allen ebenbürtigen Vernunft verpflichtet ist, muß sie es sich verbieten, hermeneutisch inmitten eines Überlieferungszusammenhanges „von der Sache her" zu argumentieren, und sieht sich vor die schwierige Aufgabe gestellt, ihren (formalen) Anspruch immer wieder erneut geschichtlich vermitteln zu müssen. Ihr Geltungsbereich betrifft alle Menschen in gleicher Weise. Der Bereich eines bestimmten Politeuma ist damit überschritten.

Mit Hegel wollen wir hier davon ausgehen, daß die kritische Ethik, will sie praktisch werden, mit sich in Widerspruch geraten muß, weil sie sich im Verfahren vermittelnder Applikation nicht völlig aus den Banden eines bestimmten Ethos wird lösen können. Reine praktische Vernunft kann nicht praktisch werden.[21] Gegen Hegel[22] insistieren wir aber darauf, daß dieser ihr immanente Widerspruch sie keineswegs in die sittliche Substanz aufhebt, sondern vielmehr, weil sie sich ihrer Struktur nach sich solcher Aufhebung entziehen muß, ihre eigene Ekstase bedeutet. Um Mißverständnissen vorzubeugen, muß darauf hingewiesen werden, daß diese mit der in Schellings Spätphilosophie auftauchenden Idee von der „Ekstase der Vernunft" nichts zu tun hat (sieht man vielleicht davon ab, daß in beiden Fällen die Vernunft außerstande ist, ihre Wirklichkeit zu garantieren und einen „unendlichen Mangel an Sein" leidet). Der Anspruch kritischer Ethik fällt keineswegs in

20 Nicht zufällig wird der Begriff der „gesetzprüfenden Vernunft" einer ersten Polemik Hegels gegen Kants Ethik des kategorischen Imperativs entnommen (Siehe Werke, hrsg v. E.Moldenhauer u. K. Michel, Frankfurt/Main 1969–71, Bd. 3, 316–332). Denn er bringt nicht nur vortrefflich den negatorischen Charakter verallgemeinernder Maximenbildung zum Ausdruck (dazu v.a. Gerhard *Luf*, Die „Typik der reinen praktischen Urteilskraft" und ihre Anwendung auf Kants Rechtslehre, in: Wiener Jahrbuch für Philosophie 8 (1975), 54–71, hier: 61, 66 und jüngst Albrecht *Wellmer*, Ethik und Dialog. Elemente des moralischen Urteils bei Kant und in der Diskursethik. Frankfurt/Main 1986, 14–50), sondern gibt auch die Schwierigkeit an, daß mit dem Sittengesetz noch keine Regel seiner Anwendung mitgegeben ist. Die Ethik der Verallgemeinerung durchfurcht zwar jede sittliche Substanz wenn sie gegebene Standards verwirft, kann aber andererseits ihre eigene Grundlage nicht völlig garantieren. Treffende Ausführungen dazu auch bei Maximilian *Forschner*, Reine Morallehre und Anthropologie. Kritische Überlegungen zum Begriff eines a priori gültigen allgemeinen praktischen Gesetzes bei Kant, in: Neue Hefte für Philosophie 22 (1983), 25–44; Oswald *Schwemmer*, Die praktische Ohnmacht der reinen Vernunft. Bemerkungen zum kategorischen Imperativ Kants, in: Ethische Untersuchungen. Rückfragen zu einigen Grundbegriffen. Frankfurt/Main 1986, 153–181.

21 Es ist klar, daß Hegels Kantkritik damit nicht einmal ansatzweise erschöpfend wiedergegeben ist. Eine gewisse Zusammenfassung der oft erneut formulierten Argumente findet sich etwa in Werke (Anm. 20), Bd. 10, 312–317. Eine ausführliche Auseinandersetzung bietet Andreas *Wildt*, Autonomie und Anerkennung. Hegels Moralitätskritik im Lichte seiner Fichte-Rezeption (= Deutscher Idealismus 7). Stuttgart 1982, 27–194.

22 Und hierin einig mit Theodor W. *Adorno*, Negative Dialektik. Frankfurt/Main 1966, 304–305.

ein „unvordenkliches" Sein[23] zurück, vielmehr ist davon auszugehen, daß die kritische Intention der modernen Ethik gewahrt bleiben kann, wenn man die Differenz von unbedingter Anforderung (im kategorischen Imperativ) und endlicher Konkretisierung (in Maximen)[24] selbst als Ausdruck ihres ethischen Gehaltes betrachtet. Die kritische Ethik ist in sich selbst zu ihrer Anwendung differenziert. Das kann man für die Situation des Menschen mit R. Unger auch ganz einfach ausdrücken: „At any given time we *are* largely the sum of our fundamental practices. But we are also the permanent possibility of revising them."[25] Es ist klar, daß Normalität hier zu einem leeren Konzept wird.[26]

Die Differenz der in sich differenzierten kritischen Ethik zum traditionalen Ethos ist nun das, was hier als die *ethische Differenz*[27] bezeichnet wird.

23 Siehe *Schelling*, Sämtliche Werke. Hrsg. v. K. F. A. Schelling, Stuttgart 1856–1861. Abt. II Bd. 4, 447; auch Abt. II Bd. 3, 127 und schon Abt. I Bd. 6, 42–43, 124–125. Lesenswert: Manfred *Frank*, Der unendliche Mangel an Sein. Schellings Hegelkritik und die Anfänge der Marxschen Dialektik. Frankfurt/Main 1975.

24 Treffende Ausführungen bei Otfried *Höffe*, Kants kategorischer Imperativ als Kriterium des Sittlichen, in: Ethik und Politik. Grundmodelle und -probleme der praktischen Philosophie. Frankfurt/Main 1979, 84–119, hier: 86–102; aus diskurstheoretischer Sicht: Jürgen *Habermas*, Über Moralität und Sittlichkeit – Was macht eine Lebensform „rational"?, in: Rationalität, Philosophische Beiträge. Frankfurt/Main 1984, 218–235; *ders.*, Der philosophische Diskurs der Moderne. Frankfurt/Main 1985, 375–386; *ders.*, Moralität und Sittlichkeit. Treffen Hegels Einwände gegen Kant auch auf die Diskursethik zu?, in: Moralität und Sittlichkeit. Das Problem Hegels und die Diskursethik. Hrsg. v. W. Kuhlmann, Frankfurt/Main 1986, 16–37; ders., Gerechtigkeit und Solidarität. Eine Stellungnahme zur Diskussion um „Stufe 6", in: Zur Bestimmung der Moral. Philosophische und sozialwissenschaftliche Beiträge zur Moralforschung. Hrsg. v. W. Edelstein u. G. Nunner-Winkler, Frankfurt/Main 1986, 291–318, hier: 310–316.

25 Roberto *Mangabeira Unger*, Passion. An Essay on Personality. New York 1984, 41 (Hervorhebung im Original; deutsche Übersetzung als „Leidenschaft. Ein Essay über Persönlichkeit", Ffm 1986, hier: 54).

26 Siehe dazu die Ablehnung einer scharfen Trennung von den Handlungskontext erhaltenden und überschreitenden Aktivitäten für die Moderne bei Roberto *Mangabeira Unger*, Knowledge and Politics. New York ²1984, 338–339; *ders.*, The Critical Legal Studies Movement. Cambridge/Mass.–London 1986, 26, 105 (zuerst in: Harvard Law Review 96 (1983), 561–675); *ders.*, False Necessity. Anti-Necessitarian Social Theory in the Service of Radical Democracy (= Politics vol. 1), Cambridge/Mass. (im Druck), ch. 1. Zu Unger siehe v.a. Drucilla *Cornell*, Toward a Modern/Postmodern Reconstruction of Ethics, in: University of Pennsylvania Law Review 133 (1985), 291–380, hier bes.: 355.

27 Ich kann hier nicht näher darüber Rechenschaft ablegen, warum ich nicht den egologisch konzipierten Begriff der „transzendentalen Differenz" übernehme und auf einer eigenwilligen Begriffsschöpfung beharre (Zur transzendentalen Differenz siehe Hermann *Krings*, Freiheit, in: Handbuch philosophischer Grundbegriffe, hrsg. v. H. Krings et al, Bd. 1, München 1973, 493–510, hier zitiert nach: System und Freiheit. Gesammelte Aufsätze, Freiburg – München 1980, 99–130, hier: 107–108). Jedenfalls versuche ich, Grenzen einer Ethik der Nicht-Identität auszuloten. Zur Möglichkeit einer solchen „Ethik der Nicht-Identität" siehe Odo *Marquard*, Freiheit und Zeit. Versuch eine Frage zu stellen, in: Prinzip Freiheit. Eine Auseinandersetzung um Chancen und Grenzen transzendentalphilosophischen Denkens. Hrsg. v. H. M. Baumgartner. Freiburg – München 1979, 323–341, insbes. 328–330.

Doch kehren wir nochmals zum „Ethos“ rechtswissenschaftlichen Wissens zurück. Mit der Rede vom traditionalen Ethos meinen wir vor allem die Form eines Vorgehens, weniger einen tradierten Inhalt selbst. Es ist die Art und Weise, wie man oftmals richtiges Verhalten konzipiert – nämlich beispielsweise derart, daß es einem Tugendideal entspricht –, die die Rechtswissenschaft traditional fundiert erscheinen läßt. Die Denkform in idealen menschlichen Verhaltenstypen ist ja für die Form traditionaler moralischer Urteilsbildung charakteristisch, denn diese hat gleichsam ikonisch „vor Augen“, was in einer Gesellschaft als richtig gilt. Man kann auch sagen: über weite Strecken arbeitet die Rechtswissenschaft mit anschauendem Verstand. Aber nicht nur die verschiedentlich ausgeprägte sittliche Ikonizität „konkret-allgemeiner“ juristischer Begriffe deutet darauf hin. Auch der Gedanke, daß Normen aus einem System verstanden werden müssen, weiters die bei der Bearbeitung spezieller Rechtsbereiche aufkommende Vorstellung, mit der sittlichen Eigenart von Lebensformen verbunden zu sein, und das daraus folgende Gebot, diese „sachgemäß“[28] zu behandeln, geben Zeugnis von einem die Struktur rechtwissenschaftlichen Wissenserwerbs prägenden konventionellen Moralbewußtseins. Das gesamte die Rechtswissenschaft prägende Verhältnis zur Autorität des Textes und das Gewicht, das man ständiger Rechtsprechung und herrschender Lehre in der Rechtsfindung beilegt, haben nicht nur den funktionellen Sinn, Entscheidungen zu erleichtern, sondern belegen auch eine generelle Annahmebereitschaft für das weit oder weniger weit zurückreichende Überlieferte. Und schließlich haben die von Soziologen und Rechtsrealisten oft als „falsch“ gerügten Wirklichkeitsprojektionen[29] in juristischen Begründungen vor allem einen sittlichen Gehalt. Sie sind daher auch nicht als Verweise auf empirisch erforschbare Tatsachen zu deuten, vielmehr handelt es sich um Evokationen von Bildern des tugendhaften Lebens in einer überschaubaren Gemeinschaft. In der Pluralität juristischer Sprachspiele wird jeweils eine einfache Wirklichkeit erschlossen, die gerade in ihrer Abstraktheit *konkrete Orientierung* ermöglicht. Das ist beispielsweise der Sinn des Rekurses auf „Verkehrssitte“ oder „Handelsbrauch“: Es sollen nicht sogenannte Tatsachen, sondern typische, immer schon normativ aufgeladene Lebensformen referiert werden.

Das Ausgeführte soll nun nicht darauf hindeuten, daß bloß ein Gegensatz zwischen „konservativer“ Rechtswissenschaft und „progressiver“ sozialstaatlicher Gesetzgebung besteht, der vielleicht dialektisch insoferne produktiv wirkt, als durch deren Zusammenspiel eine sittliche Substanz gewahrt bleibt oder mit gesetzprüfender Vernunft vermittelt wird. Für Gesetzgebung und Rechtsanwendung kann man natürlich eine Differenz des moralischen Bewußtseins behaupten, und die Behauptung wird wahrscheinlich auch zutreffen. Im übrigen kann empirisch (auch für Richter) festgestellt werden, daß eine Mehrheit der Bevölkerung traditionalen „law-and-order“-Vorstellungen anhängt und nur eine Minderheit die postkonventionelle Stufe moralischer Urteilsbildung erreicht.[30] Aber damit ist die Bedeutung der ethischen Differenz noch nicht erläutert.

28 Also eine OHG z.B. anders als eine Familie oder eine politische Partei.

29 Erinnert sei nur an Jerome *Frank*, Law and the Modern Mind. London ²1963.

30 Siehe *Kohlberg*, Essays (Anm. 4), Bd. 1, 238.

Die ethische Differenz ist mit dem Epochenbruch der Moderne verbunden, der rechtliches Wissen nicht unberührt lassen kann. Denn die ethische Differenz betrifft die Grundlagen sozialer Integration und ist damit mit dem Recht unauflöslich verwoben. Einem Motto Durkheims folgend wollen auch wir hier kurz nachfragen, ob sich Grundlagen der sozialen Integration an Recht und rechtlichem Wissen ablesen lassen.[31]

In vormodernen Gesellschaften war Jurisprudenz als gelehrter Modus zu verstehen, das in Situationen Gerechte und Angemessene in Auseinandersetzung mit durch ihr Herkommen legitimierten Texten zu ermitteln.[32] Immer war der Text ein Zentrum der Rechtsgewinnung, sei es, daß man seinen Linien folgend ihn fortschrieb oder seine wahre Gestalt bergen wollte. Jedenfalls war die Rechtswissenschaft in den Differenzierungen, die sie schuf, vermittelt über den Text in das Ethos einer ständisch gegliederten Gesellschaft eingepaßt. Am Leitfaden von als naturgegeben gedachten Ungleichheiten war es möglich, das Sachgemäße in umgrenzbaren Kontroversen zu ergründen. Höchst selten artete daher das Nachdenken in einen Streit über die „basic terms of social life"[33] aus und war auch noch in diesem Fall von einem religiös fundierten Weltbild umschlossen. Die Modernisierung wird diese quasi-natürlichen und metaphysischen Grundlagen des rechtlichen Wissens Erosionen aussetzen. Die Auflösung fester sozialer Positionen und mit diesen verbundenen Gemeinschafts- und Lebensformen wird das rechtliche Wissen ebenso entwurzeln, wie die Umstellung auf ein neues Prinzip der Legitimation, das Prinzip Freiheit, semantische Anpassungsschwierigkeiten bereitet (– die man übrigens mittlerweile durch eine „Verkürzung" – und damit eigentlich durch einen Aufschub – des Legitimationsweges auf Basisinstitutionen nicht unelegant weggesteckt hat).[34]

Für das rechtliche Wissen tritt der Epochenbruch vor allem im Typus *„positiven Rechts"* in Erscheinung.[35] Das „positive Gesetz" ist, selbst wenn es bloß einen überkommenen Normenbestand kodifiziert, Ausdruck radikaler Disponibilität des Sozialen. Es ist kein Zufall, daß die Rechtswissenschaft angesichts des steigenden

31 Siehe Emile ***Durkheim***, Über die Teilung der sozialen Arbeit. dt. Frankfurt/Main 1977, 104–110.

32 Die Aussage mag für jeden, der mit der Geschichte der Rechtswissenschaft vertraut ist, banal erscheinen. Tatsächlich war aber das Text-Verhältnis vormoderner Juristen völlig anders als unser heutiges. Siehe nur: Peter ***Goodrich***, Traditions of Interpretation and the Status of the Legal Text, in: Legal Studies 6 (1986), 53–69.

33 Siehe ***Unger***, The Critical Legal Studies Movement (Anm. 26), 21.

34 Insoferne ist Habermas These von der Verlängerung der Legitimationswege zu relativieren. Siehe ***Habermas***, Theorie des kommunikativen Handelns (Anm. 1). Bd. 2., 536. Außerdem scheint eine Vermittlung von legitimen Boden und konkreter Institution nicht immer so einfach zu sein, wie dies aus der Vogelperspektive der Philosophie aussehen mag. Siehe aber *ders.*, Über den doppelten Boden des demokratischen Rechtsstaats, in: Eine Art Schadensabwicklung. Kleine Politische Schriften VI, Frankfurt/Main 1987, 18–23.

35 Siehe dazu Niklas ***Luhmann***, Positivität des Rechts als Voraussetzung einer modernen Gesellschaft, in: Ausdifferenzierung des Rechts. Frankfurt/Main 1981, 113–153; *ders.*, Rechtssoziologie. Opladen [2]1983, 190–226.

politischen Einsatzes des gesetzten, aus seinem durch Tradition bewährtem Kontinuum ausbrechenden Rechtes sich als *Rechtsgeschichte* ihrer Traditionen besinnt und in einem „System" ihren lange erarbeiteten Bestand in die Moderne hinüberrettet. Die hinter Dogmatik verborgene formale Struktur traditionalen Ethos, die im methodisch verbrämten, axiomatischen Rechtsgewinnungsverfahren und im Begriffsspiel der Rechtswissenschaft sich niederschlägt und verwandelt, ist in den modernisierten Gesellschaften sowohl faktisch als auch vor der ausdifferenzierten kritischen Ethik nicht mehr zu rechtfertigen. Genauer gesagt: Das Ethos konnte Bestand haben, da es strukturell niemals in die Verlegenheit kam, „gerechtfertigt" zu werden, zumal ohnedies klar war, daß das Beständige das Gute ist. Diese Einbettung ins Sittliche geht dem rechtlichen Wissen nun in gesellschaftlicher Wirklichkeit sowie in gültigen Formen symbolischer Repräsentation verloren. Es existiert und zeigt seine Essenz daher auch nur in einem *Widerstreit* von Formen moralischer Urteilsbildung, der in der Rationalisierung der Moral seinen Grund hat. Genauer gesagt: Das rechtliche Wissen markiert, wenn es sich Ethos nunmehr substituiert, *nichts anderes* als die ethische Differenz selbst.

Aber wie kann es sich substituieren, was bislang verschlossen eine quasi-naturale Grundlage bot? Die Antwort ist einfach und überraschend: Durch Tautologisierung der Jurisprudenz zur Wissenschaft.

Die funktionsnotwendige Substitution des Ethos innerhalb der Rechtswissenschaft ist als historischer Prozeß zu beobachten, der sich an der Geschichte der Rechtswissenschaft im 18. und 19. Jahrhundert besonders deutlich ablesen läßt, sobald dieses vormals verschlossene Ethos *gegenständlich* externalisiert, um darauf zum Stehen zu kommen. Der Prozeß des Substituierens entkoppelt das Recht äußerlich von menschlichen Lebensformen, objektiviert das Recht als „System"[36] oder „organisches Ganzes", ersetzt den Anspruch auf „Richtigkeit" durch den auf „Wahrheit", und differenziert nach und nach die unsicher gewordene sittliche Rede von einer den Gegenstand objektivierenden „Methode". Auf diese verschlungene Art und Weise sichert die Rechtswissenschaft, gerade *indem sie ihre sittliche Grundlage dementiert*, ihr Fortschreiten im Konkreten vor unaufgedeckten auf Lebensformen bezogenen Hintergrundstandards.

Rechtswissenschaft ist eigentümlich „konkret". Carl Schmitt hat dies – ins Paradoxe übersteigert – richtig erkannt. Im Kern ist ihr ein Ethos zueigen, das immer eine bestimmte Form guten oder richtigen Lebens antizipieren muß, um Entscheidung praktisch werden zu lassen. Die ursprüngliche Thematisierungsweise dieses Ethos ist ontologisch, das Organ seiner Wahrnehmung die *synderesis*,[37] das Operieren auf es hin im Kontingenten *prudentia* oder *phronesis*. Dieser auch in der

36 Siehe dazu die Untersuchung von Jan *Schröder*, Wissenschaftstheorie und Lehre der „praktischen Jurisprudenz" auf deutschen Universitäten an der Wende zum 19. Jahrhundert (= Ius Commune, Sonderheft 11), Frankfurt/Main 1979.

37 Naturgemäß im aquinatischen und nicht im stoischen Sinne. Siehe Dieter *Henrich*, Die Grundstruktur der modernen Philosophie, in: Selbstverhältnisse. Gedanken und Auslegungen zu den Grundlagen der klassischen deutschen Philosophie. Stuttgart 1982, 83–108, hier: 92.

Substitution re-präsentierte Grundzug des traditionalen Ethos setzt es dem Anspruch kritischer Ethik entgegen, die grundsätzlich ganze Lebensformen (man denke an Rousseau) mit Geltungsvorbehalt versieht. Ihre Thematisierungsweise ist – ideell – der offene Diskurs, der sich seinen eigenen materialen Bedingungen nach ständig selbst revidieren kann. Auf eine kurze Formel gebracht: Früher, in traditionalen Gesellschaften, war normative Argumentation möglich, weil es Ethos, also vorgegebene sittliche Grundüberzeugungen gab. In der Moderne ist aber, weil es Ethik gibt, eingeübtes Ethos nicht mehr aus sich heraus legitim. Die kritische Ethik wirkt vielmehr geradezu destruktiv auf dieses ein und setzt eine Vielzahl von Argumentationsweisen frei. Man mag einwenden, daß auch die „Subsumption" unter den kategorischen Imperativ auf die Einbettung in Lebensformen verwiesen ist, ansonsten wäre dieser ja völlig unanwendbar. Das ist zweifelsfrei der Fall. Allerdings haben die unter den kategorischen Imperativ eingebrachten Standards transitorischen Charakter. Die sittliche Substanz, die sie indizieren, hat nur vorläufige Gültigkeit und ist bloß vom erneuten Zugriff sittlicher Reflexion ausgenommen. Die Moderne hat in der Differenz gegenüber Funktionsimperativen eine völlig vermittelte Form *reflexiver Sittlichkeit* ausdifferenziert, die jede Substanz negiert und damit auch die Substanz des Rechts.

Überlagerungen

Nunmehr kann man die einleitend gemachten Vereinfachungen korrigieren. Das moderne rechtliche Wissen hat selbstverständlich keine *einfache* sittliche Basis zum Substitut oder Supplement. Vielmehr laufen *zwei Spuren* in seinen Formen zusammen: substituierte traditionale Sittlichkeit und Fermente eines posttraditionalen Rechtfertigungsniveaus im liberalen Denken, die sich wechselseitig ermöglichen und stabilisieren.

Aus Prinzipien liberaler Ordnungsvorstellungen allein könnten keine bindenden Entscheidungen getroffen werden. Sie machen nur im Gefüge traditionalen Ethos Sinn und richten für sich genommen gar nichts aus: Jede Interpretation einer Willensäußerung läuft Gefahr, die ursprüngliche Intention zu verfehlen; jede Applikation des allgemeinen Gesetzes schafft Konkretisierungen, die es anfechten, keine Regulierung kann tatsächlich dem Willen jedes Einzelnen entsprechen und entfaltet daher Gewalt; die gesamte Rechtsordnung kann als „Wertentscheidung" nicht auf das Einverständnis jedes hoffen.

Nun erweckt zwar die in der Moderne üblich werdende Rechtfertigung des Rechts aus Prinzipien vertraglicher Übereinkunft den Eindruck, das Recht sei auf dem Niveau post-traditionaler Ethik fundiert,[38] in Wahrheit handelt es sich aber, blickt man auf Rechtsinstitute, bei diesem post-traditionalen Niveau um in Bezug auf Elemente kritischer Ethik besonders ausdifferenzierte Momente eines herkömmlichen

38 Siehe *Habermas*, Theorie des kommunikativen Handelns (Anm. 1), z.B. 357–358 und jüngst *ders.*, Wie ist Legitimität durch Legalität möglich?, in: Kritische Justiz 1987, 1–16, hier: 6.

Bestandes, die in ihrer Form, menschliche Willkür zu umkleiden, die Funktion erfüllen, auf Lebensformen zu verweisen, sie zu bewahren und mit voluntaristischen Mitteln gegen Reflexion zu imprägnieren. Das liberale Rechtsdenken ist, so gesehen, als Mechanismus zu begreifen, sittliche Substanz zu reproduzieren oder zu supplementieren, sobald es mit ihm möglich ist, alle partikulare Lebensform in die Nacht des Gewollten zu tauchen. Daher bleibt liberales Rechtsdenken der post-traditionalen Ethik *äußerlich*, die jede Indexialisierung von Substanziellem (unantastbarer Wille, vertraglich begründete Lebensform etc.) verweigern muß. Denn die post-traditionale Ethik kann kein Reservoir von Argumenten auf Abruf bereit stellen, wie es die Rechtswissenschaft, die sich an Lebensformen anschmiegen will, zur Wissensgewinnung zweifelsohne benötigt. Sie bekommt das Gegebene immer nur in seiner Überschreitung in den Blick. Daher kann ihr Gehalt nicht in stabilisierbarem, substantiellem Wissen verkörpert werden, sondern nur in Formen des *Ermöglichens von Normengewinnung*. Die kritische Ethik ist mit strukturell einzulösenden Handlungsbedingungen verknüpft und muß geschichtlich konkretisiert werden können. Versucht das rechtliche Wissen, die transzendierende Bewegung kritischer Ethik mit seinem substituierten Ethos zu vereinen, zeitigt dies *Abstraktionen*, an deren Rändern ein reproduziertes besonderes Ethos hervortritt. Ein instruktives Beispiel bietet die Lehre vom *Vertrag*.

Auf den ersten Blick scheint die Idee vertraglicher Einigung dem Modus der Normgewinnung post-traditionaler Ethik zu entsprechen, bindet doch der Vertrag die Rechtsgültigkeit einer Übereinkunft nur an das (mehr oder minder) zwanglose Übereinkommen der abschließenden Parteien. Die Rechtswissenschaft und auch der Gesetzgeber haben den Kontrakt, aufgelöst in zwei Rechtsgeschäfte, zum Grundstein von Lehrgebäude und Systematik gemacht. Damit, so scheint es, hat die dem bürgerlichen Warenverkehr korrespondierende moderne Rechtswissenschaft ein post-traditionales Stadium erreicht. Dieser Schluß erscheint auch deshalb plausibel, weil der Vertrag durch seine formalen, auf individuellen Willensentschluß eines am Wirtschaftsverkehr teilnehmenden Rechtssubjekts abstellenden Grundsätze tatsächlich ein Mittel der Freiheitsgewinnung war, insofern er zur Auflösung oder Marginalisierung hergebrachter Formen sozialen Lebens beigetragen hat.

Innerhalb der Perspektive rechtswissenschaftlichen Wissens stellt sich die Sache freilich anders dar. In der Re-Strukturierung des Rechtssystems durch die am Rechtsgeschäft orientierte Rechtswissenschaft ist besonders Ethos zu einer fragwürdigen Allgemeinheit hochstilisiert worden, was für den ganzen Bereich des Privatrechts dazu geführt hat, auf verdeckte Art lokalen Lebensformen in neuen Codierungen ein Ethos zu restituieren. Was sich nach außen als post-konventionelle Universalität ausgibt, ist im Inneren supplementiertes Ethos, das in seiner Konsequenz die dahinterstehende Idee des Vertrages selbst wieder marginalisiert. Die Verrechtlichung von Sonderprivatrechten gibt dies deutlich zu erkennen: Ein in der semantischen Produktion lebendiges (reell aber durch strategisches Handeln überformtes und insoferne wieder „totes") Ethos der berührten Lebensform wird von Gesetzgebung und Rechtswissenschaft bemüht, um konkrete Rechte und Pflichten begründen zu können. Diese werden nunmehr aber nicht, oder nur im Grenzfall, „objektiv", sondern als vertragliche oder vorvertragliche Rechte und Pflichten formuliert, die als notwendig „in den Willen" aufgenommen gelten. Rechtlicher Objektivismus geht von einer sozialen Typizität gewisser Kontrakte aus. Dem Parteiwillen werden gewisse Erwartungserwartungen von vorneherein unterstellt. Derart reproduziert und supplmentiert sich eine sittliche Substanz unter neuen Vorzeichen. Um Vertragspflichten (etwa: Treue- oder Fürsorgepflichten) organisieren sich soziale Positionen, Statusverhältnisse, die von der „sachgemäß" interpretierenden Rechtswissenscnaft festgeschrieben und gleichzeitig an ihrer Außenseite voluntaristisch neutralisiert werden.

Positive Rechtswissenschaft

Was macht nun die supplementierte sittliche Substanz rechtlichen Wissens, die funktionell unentbehrlich scheint, problematisch, und welche Folgen zeitigt sie? Ich möchte zum Abschluß zwei Aspekte herausgreifen.

Die in komplexen Gesellschaften vom System der Rechtswissenschaft verwendeten Begriffe scheinen semantisch nur mehr um den Preis der Abstraktion von in sich selbst vieldeutigen Lebensformen abschließbar. Eine unter Individuierungszwang gestellte und daher funktional differenzierte oder in eine Pluralität von Minderheiten zerfallende Gesellschaft[39] bringt nicht mehr jenes Maß an homogenen spontanen sozialen Konsens auf, der in verschiedenen Gruppen auftretende Normalitätserwartungen mit der semantischen Rechtsproduktion verbinden könnte. „Konkret-allgemeine" Begriffe würden ihren Charakter, dem Substitutiv-Sittlichen anzugehören, abstreifen, setzte man sie leichtfertig jedem strategischen Bemächtigungsinteresse aus. In der ?-modernen Gesellschaft ist, nicht einmal im lokalen Bereich, dasjenige homogene Ethos aufzufinden, das einen Kontext umgrenzte, in dem die juristischen Begriffe abschließbare Bedeutungen annehmen können. Wenn daher den Signifikanten rechtlichen Wissens ein Signifikat zugeordnet werden kann, dann nur unter der Annahme, daß dieses Wissen in einem rekursiv geschlossenen System gebildet wird, das sich seine Umwelt selbst erzeugt.[40] In diesem Sinne kann man sagen, daß die Rechtswissenschaft jene Normalitätserwartung supplementiert, die zu erfüllen sie angetreten ist.

Der ethische Grund für dieses Mißverhältnis darf freilich nicht übersehen werden. Erst wenn die ethische Differenz das benützte Ethos in eine ursprungslose Vergangenheit zurückwirft, wird neben dem positiven Recht eine diesem zugeordnete *positive Rechtswissenschaft* wahrnehmbar. Da der Rechtswissenschaft die „endgültige" Rechtfertigung ihrer normativen Wirklichkeitsprojektionen nicht

39 Siehe zu ersterem z.B. Niklas *Luhmann*, Soziale Systeme. Grundriß einer allgemeinen Theorie. Frankfurt/Main 1984, 624–625, zu zweiterem Jean-François *Lyotard*, Das Patchwork der Minderheiten. Für eine herrenlose Politik. Berlin 1977.

40 Siehe v.a. Niklas *Luhmann*, Die Einheit des Rechtssystems, in: Rechtstheorie 14 (1983), 129–154; *ders.*, Ökologische Kommunikation. Kann die moderne Gesellschaft sich auf ökologische Gefährdungen einstellen? Opladen 1986, 124–129.

möglich ist und sie fortwährend mit Substitutionen eines gelebten Ethos verfahren muß, entfaltet sie praktisch die Autorität einer Denkform, die, um Konflikte irgendwie zu regulieren, akzeptiert werden muß. Sie gehorcht in der Moderne einem von der Moralität deutlich zu differenzierenden Funktionsimperativ: Die Autorität des Rechts ist zur Stabilisierung normativen Erwartens durch kein funktionelles Äquivalent zu ersetzen. Es verhält sich hierbei ähnlich wie mit der „positiven Religion" des frühen Hegel, als einem „System von ... Sätzen, das für uns deswegen Wahrheit haben soll, weil es uns geboten ist von einer Autorität, der unseren Glauben zu unterwerfen wir uns nicht weigern können."[41] In der Lücke zwischen ontologischer Fundiertheit und unendlicher Prozedur kommt dem rechtswissenschaftlichen Wissen wie von selbst nur mehr das Prädikat der Funktionalität zu,[42] die allerdings nicht mehr, wie in vormodernen Zeiten, als Index für das stabile Dasein des Guten genommen werden kann. Intern entfaltet die Dogmatik die Autorität einer etablierten Denkform und fällt einer eigentümlich latenten Dialektik von moralisierendem Zwang und ethischer Neutralisierung anheim. Durch dogmatische Denkformen verschoben ist das Ethos der Rechtswissenschaft selbst ohne Rechtsgrund. Daher *erscheint* diese auch als durch „Dezisionen" verordnete auf den Linien kontingenter Ausgrenzungen verlaufende diskursive Praxis.[43] Das rechtliche Wissen kann nicht, ohne seine eigene „moralische Gewalt" zu enthüllen und damit die Form von systemisch umgriffener Sozialintegration, die moderne Gesellschaften kennzeichnet, zu gefährden, seine sittliche Substanz offenbaren.

Zweitens gerät das rechtliche Wissen in einen Prozeß ständiger Auflösung und Rekombinierung seines sittlichen Grundgehaltes. Das Ethos und die Form seiner Thematisierung, die *phronesis*, sind ungeschützt einer Inanspruchnahme durch strategisches Handeln ausgesetzt, sobald das Sittliche aus einer homogenen Lebenswelt herausfällt. Die sittliche Argumentationsform kann im Gegenteil *ironisch* zur Erzielung scheinbar sittlichen Einverständnisses benützt werden, um sich so des rechtlichen Wissens als Ressource der Zweckerreichung zu bedienen.[44] Das zehrt die letzten Elemente unmittelbarer Sittlichkeit auf, *mediatisiert* sie gegenüber erfolgsorientiertem Handeln und produziert eine virtuell unendliche Vieldeutigkeit „disseminierter"[45] juristischer Begriffe.

41 *Hegel*, Werke (Anm. 20), Bd. 1, 190.

42 Die Paradoxie ist steigerbar: Die moralische Hingabe an das Recht wird selbst bloß Funktionsvoraussetzung. Indirekt legt dies frei: Erich *Fechner*, Die Funktionen des Rechts in der menschlichen Gesellschaft, in: Die Funktion des Rechts in der modernen Gesellschaft = Jahrbuch für Rechtssoziologie und Rechtstheorie 1 (1970), 91–105.

43 Siehe z.B. James *Boyle*, The Politics of Reason, in: University of Pennsylvania Law Review 133 (1985), 685–780; Thomas C. *Heller*, Structuralism and Critique, in: Stanford Law Review 36 (1984), 127–198, Christine A. Desan *Husson*, Expanding the Legal Vocabulary: The Challenge Posed by the Deconstruction and Defense of Law, in: The Yale Law Journal 95 (1986), 969–991; Zu Stufen einer Phänomenologie rechtlichen Wissens, ansatzweise: Mark *Tushnet*, Legal Scholarship: Its Causes and Cure, in: The Yale Law Journal 90 (1981), 1205–1223.

44 Siehe dazu demnächst meine Arbeit: Die Praxis ist ganz anders, in: Rechtstheorie (1987).

45 Siehe Jacques *Derrida*, Positionen, dt. Graz – Wien 1986, 95: „Das Supplement und die

Die in forensischer Realität erfahrene „Selbst-Mitteilung" der Ursprungslosigkeit rechtlichen Wissens hat bei Praktikern und Theoretikern verschiedene Reaktionsweisen auf juristische Praxis zur Folge. Praktiker entwickeln ein hohes Maß an Theoriefeindlichkeit. Während ihnen die Kontingenz und Irrationalität der zufälligen Wahl von Interpretationsoptionen bei der Entscheidungsgewinnung durchaus bewußt wird, immunisieren sie diese Erfahrung gleichzeitig durch einen billigen pragmatistischen Fundamentalismus und gefallen sich darin, am Ende auf die bare Performanz des Rechtssystems zu verweisen. Theoretiker hingegen formulieren bewußt oder unbewußt aus der ethischen Differenz heraus und stoßen auf das Netzwerk unendlicher Verzweigungen und Verweisungen,[46] über das sich Strategien des rechtlichen Diskurses erheben. „Nihilismus" und vernünftige Kritik treten gemeinsam auf und sind auf seltsame Weise miteinander verbunden. Er ist der Schatten, den diese auf gelebte Traditionen wirft. Nihilismus bedeutet im Kontext des Rechtsverständnisses den Verlust des Glaubens an die Rationalität juristischer Argumentation.[47] Jedes juristische Argument wird verdächtig, Ausfluß einer diskursiven Überwältigungsstrategie zu sein oder einer kontingenten Topik des Diskurses zu entspringen. Das von der Erfahrung des Nihilismus erfaßte Rechtsdenken enthüllt die Fundamentlosigkeit juristischen Argumentierens und deutet die Funktion des Rechts, in seiner affirmativen Form, in der Systemtheorie,[48] und in seiner kritisch-ironischen Form, in der Lehre von der Fusion des Wissens mit dem Willen zur Macht oder dem Denken der *différance.*[49]

In der Tat scheint die Rechtstheorie nunmehr nach ihrer positivistischen Anfangsphase jenen unheimlichen Gast zu beherbergen, dessen drohendes spöttisches Gelächter sie unsicher macht, ein letztes Wort über Gerechtigkeit zu sprechen.

Turbulenz eines gewissen Mangels sprengen die Grenze des Textes, verbieten dessen allumfassende und abschließende Formalisierung oder zumindest eine sättigende Taxonomie seiner Themen, seines Signifikats, seiner Bedeutung."

46 Siehe insbes. Karl-Heinz *Ladeur*, „Abwägung" – Ein neues Paradigma des Verwaltungsrechts. Von der Einheit der Rechtsordnung zum Rechtspluralismus. Frankfurt/Main – New York 1984; *ders.*, „Abwägung" – Ein neues Rechtsparadigma?, in: ARSP 69 (1983), 462–483.

47 Siehe treffende Ausführungen bei Peter *Goodrich*, Law and Modernity, in: The Modern Law Review 49 (1986), 545–559; Eine Verbindung von rechtlichem Wissen und jüngster Philosophie stellt her: Gillian *Rose*, The Dialectic of Nihilism. Post-Structuralism and Law. Oxford 1984.

48 Zu Luhmanns funktionalistischer Affirmation der perspektivischen Wahrheitsgeltung siehe *Habermas*, Der philosophische Diskurs (Anm. 24), 409–411 (Fn. 8); im Sinne Nietzsches formuliert Luhmann freilich die Strategien eines Nihilismus der „reaktiven Kräfte" siehe z.B. Werke. Hrsg. v. K. Schlechta, München [6]1969, Bd. 2, 645–647 u.ö.; dazu: Gilles *Deleuze*, Nietzsche und die Philosophie. dt. Frankfurt/Main 1985, 71–80.

49 Siehe Jacques *Derrida*, Die différance, in: Randgänge (Anm. 12), 6–37; Ein Umlegen auf das rechtliche Wissen versucht: Gary *Peller*, The Metaphysics of American Law, in California Law Review 73 (1985), 1155–1290. Einen Überblick verschafft: David *Kennedy*, Critical Theory, Structuralism and Contemporary Legal Scholarship, in: New England Law Review 21 (1985–1986), 209–290, bes. 276–289.

LEGAL TECHNIQUE

Csaba Varga and József Szájer

I. Legal Technique

The *term* 'legal technique' has first appeared in the vocabulary of legislation theory, Savigny's 'Vom Beruf unserer Zeit für Gesetzgebung und Rechtswissenschaft' (1814) being probably the very first one in our age to distinguish between the 'technische Element' and the 'politische Element' of legislation (p. 12). The further elaboration of the term and of the underlying concept was connected with the emerging ideology of modern formal law. The theoetical foundations of 'juristische Technik' were laid down by scholars in Germany (particularly by Jhering) in the late 19th century. By legal technique they meant the whole set of professional skills, methods, and means of the elaboration, adaptation, and modification of law. In the present century French scholars (particularly Gény) had the eminent role in contributing to a theory of 'la technique juridique'.

The *meaning* of the term has remained rather ambiguous. "La notion reste imprécise, non seulement chez auteurs qui l'utilisent en passant, mais même parfois chez ceux qui ont entrepris d'en faire la théorie" (Dabin 1935, p. 2). In most of legal dictionaries and encyclopaedias, not even the notion can be found. By some, the term itself is considered unfit. "Le vocable de technique doit être reserve à certains procédés de métier, mais ... le droit n'est pas une pure pratique" (Hauriou, pp. 61–62). Or, "pour désigner cette tâche, l'expression 'technique' est mal choisie" (Dabin 1953, pp. 234–235).

1. In the *large sense*, legal technique is a complex phenomenon, composed of all the methods, procedures, ways, skills, and means that make the functioning of law possible. It has a wide domain to assert itself. Gény attributes to it "une telle place qu'elle absorbe à elle seule, ou peu s'en faut, *tout le domaine du droit*" (Duguit, p. 105).

As to its history, Savigny is "le premier qui semble avoir décrit d'une façon claire le rôle de la technique juridique" (Angelesco, p. 5). Savigny's distinction between conscious technicalities in elaboration of a legal system and spontaneous designing of the law derives from his concept of *Volksgeist* (p. 12). For the elaboration of a legal system "ist auf jeden Fall ganz technisch und fällt als Solche den Juristen anheim", all this "(g)eschäft zur juristischen Technik gehört" (Savigny, cf. Hug, p. 8).

Jhering's conception is rooted in the formulation made by Savigny. As to this author, 'juristische Technik' is a legal methodology. He makes a distinction between *matter* and *form* of law, with legal technique having the latter as its object. The form of law is expected to be adequate to its matter, i.e. to the inclinations of evolving popular feeling. Legal technique as methodology has two sides, theoretical and practical.

> Die gesamte Tätigkeit der juristischen Technik läßt sich auf zwei Hauptrichtungen oder Hauptzwecke zurückführen ... 1. die möglichste Erleichterung der subjektiven Beherrschung des Rechts – das Mittel dazu ist die quantitative und qualitative Vereinfachung des Rechts – 2. die mögliche Erleichterung der Operation der Anwendung desselben (Praktikabilität des Rechts). (Jhering, p. 340)

According to Dabin, for Jhering,

> l'idée de practicabilité ... n'est nullement pour suggérer que le souci de cette practicabilité devrait paralyser tout effort vers l'idéal théorique, qui est la règle conforme au bien public selon les possibilités du milieu. (1953, p. 233)

The operations characteristic of legal technique are the following ones: 'juristische Analyse', 'logische Konzentration', and 'juristische Konstruktion' (Jhering, pp. 358–384). All the three are to serve the optimum practicability of law.

Gény's concept of legal technique has the ambition to cover the whole field of law. Its philosophical foundations are provided with by postulating a distinction between 'le donné' and 'le construit', the object of legal technique being 'la construction légale': "la technique représente, dans ensemble du droit positif, la ferme opposée à la matière, et cette forme reste essentiellement une construction largement artificielle du donné" (III, p. 23). What 'le donné' is, at any given time, is expected to be adequate to the previously given 'donné de l'ordre juridique'. Consequently, "un ensemble de procédés ou de moyens pratiques apparaît nécessaire, qui représente la part spécifique de l'art ou du métier dans le Droit et qu'on peut appeller sa technique" (1904, p. 991). The elementary means of this technique are formalism and publicity, legal categories and legal construction, fiction, presumption, and legal language.

Dabin reconsiders some of Gény's points. His concept is socially more sensitive, and it covers both the *technique of positive law* and *law conceived of as a social technique*, by realising that "en même temps, que le droit a une technique ... il est une technique" (1935, p. 7). For him, technique and law are to be considered in a wider socio-philosophical context. He finds it too narrow that the appreciation of differing kinds of activities be reduced to their practicability. He proposes a distinction between two types of techniques instead: on the one hand, the *social or political technique* "qui fournit la matière des règles", on the other hand the *legal technique* proper which is "proprement réglementaire mettant la matière en forme de règle positive" (1935, p. 36). For, while the former one is

> de nature sociale et politique, – de nature *sociale*, parce que le droit a pour matière et vise à ordonner les rapports sociaux entre les Etats; de nature *politique*, parce que cette ordonnance doit avoir lieu sous l'inspiration et dans le cadre de la politique, interne et internationale ... (p. 234),

the latter one, "la technique juridique proprement dite(,) ... ne concerne que la mise en forme praticable" (p. 235). Russo also finds it "indispensible de distinguer deux sens du mot technique: l'un qualifiant le caractère du moyen employé" (p.

61). At the same time, Dabin enlarges the concept. According to him, "tout, dans la règle juridique, quelle qu'en soit la source, y compris la coutume, est construction et en ce ses œuvre de technique" (1935, p. 234).

For contemporary authors, legal technique is an expression of social experiences as well. According to a Hungarian definition, e.g. "the technical elements of law represent definite social contents crystallised into methods of technical solutions" (Kulcsár, p. 186).

2. In *legal practice*, legal technique is identified with all kinds of practical activity which aims at adapting legal norms to actual social needs. In this sense, legal technique is nothing else but socially oriented practical operation with legal norms. This sort of functional approach concentrates mostly upon the technical features of law-application. E.g., Ehrlich spoke about "die juristische Technik, die Gesetz auf Fälle anwendbar machen will, für die es keine Vorschrift enthält" (1903, p. 19). Or, legal technique is conceived of as a praxis ensuring the realisation of the positive law as unfinished in its enacted form. "Die Rechtstechnik hat wie jede Technik auch der Unvollkommenheit und Unvollständigkeit des Materials abzuhelfen" (Kohler, p. 89). Consequently, the motive power of legal technique is not pure logic; it is social interests (Lebensinteressen).

> Die Beziehungen zwischen einzelnen Sätzen und dem Leben durchaus nicht durch feste Logik gegeben sind ... Die Rechtstechnik hat sich also nach der Richtung des Interessenschutzes in der Interessenabwägung zu gestalten. (ibid)

Or, in another formulation, "(m)it der wirklichen Logik hat die juristische Logik nichts gemein als den Namen. Sie ist überhaupt keine Logik, sondern eine Technik" (1918, p. 299).

It is to say that legal technique is to be defined as "l'art de concilier les intérèts avec des mesures plus exactement adaptées au but", its task being "d'adapter le droit aux circonstances imprévues de la vie" (Demogue, p. 39). It involves a function to

> agrandir la sphère d'application des règles édictées par le législateur pour un cas particulier ..., puis en utilisant les principes ansi découverts pour la solution des cas nouveaux que fait naître la pratique. (Cuq, p. 717)

Or, it may also be said that its function is simply "la plus complète reálisation du droit" (Micesco, cf. Angelesco, p. 3).

3. In *legal science*, legal technique is defined as logical operation with legal norms in order to achieve the elaboration of a coherent system of legal notions and of legal doctrine. This version of the concept was formulated in respect to the doctrinal study of law. "Das Recht ... ist einer selbständigen wissenschaftlichen Bearbeitung fähig. Die Vollführung dieser Aufgabe ist Sache der technischen Jurisprudenz" (Stammler 1914, p. 155). The object of such an operation is positive law; its user is jurisprudence, although it may also be a help for legislation. Legal technique is made use of in order to make law a conceptual unity, consistent and coherent, by

reestablishing it in its notional context and framework. Holtzendorff separates 'Rechtsphilosophie' from 'Wissenschaft der Technik des Rechts', the latter destined to the systematic elaboration of the notions of law (p. 16). For "die Begrifflichkeit des Systems und das logische Ideal des rechtswissenschaftlichen Positivismus" has a primordial role in 19th century German jurisprudence to play; without them not even the doctrinal preparation for codifying the *Bürgerliches Gesetzbuch* would have been conceivable (Hug, p. 10).

For Stammler, legal technique is a skill to shape law as a formal expression: it is "die Art und Weise, in der rechtliches Wollen nach Außen hin auftritt" (1911, p. 563). On the other hand, to give the law a shape is made by and for and through definite social considerations. It is "the creation of logical structure that will enable the rules of the law to be so interrelated and so effectively and concisely stated that they may be more easily grasped, applied, and developed" (Paton, p. 235). As it is implied with this, law is expected to serve social interests through the systematic elaboration of the positive law. Its effects are to be realised

> dans les résultats de détermination, de concentration, de systématisation logique des règles, aboutissant à une double simplification du droit, qualitative pour le contenu des règles, quantative pour leur nombre. (Dabin 1935, p. 231)

4. A most widened concept of legal technique equalises it with *law conceived of as a special technique.* According to this view, legal technique is described as a means of influencing human behaviour. Its most extreme variant is Kelsen's identification of law with 'special legal technique'. "The specific technique of the law ... consists in the very fact that it attaches certain measures as consequences to certain conditions" (p. 244). Or, law itself regarded as a technique, legal technique is nothing else but law itself considered in its practical working. Generally speaking, "law is a social technique which consists in bringing about the desired social conduct of men through threat of coercion for contrary conduct" (p. 236). On the other hand, technique of law is an aggregate of special techniques.

> The penal technique makes conduct the condition of sanctions to the deliquent. The administrative technique stipulates that coercive measures should be taken ... without any particular conduct by the person against whom the measures are applied being laid down as a condition. The civil technique stipulates as the conditions of coercive measures both the conduct of deliquent and the decision of some party to sue. (Harris, p. 61)

II. On Legal Technique

1. *Definition and function.* As to its most significant characteristics, legal technique is a historical product, closely related to the law's level of development at any given time. It is an innermost component of the legal arrangement of a given society, characterising both its range of instruments and professional culture. Legal technique is in itself a complex phenomenon. It is an aggregate of skills, methods, ways and procedures, organised into a functional unity. It is an instrumental phenome-

non, established in order to make the law's functioning possible in a way it is considered socially desirable, by properly shaping both its norms and their practical implementation. Since proper functioning of the law presupposes formal rationalisation and logical arrangement, to a certain degree, of both legal enactments and the terms and concepts made use of in them, one of the tasks of legal technique is to make the body of laws a legal system.

Or, we can also formulate in the way that legal technique is an intermediary link between legal policy and the law. Legal policy defines what is to be done; legal technique makes the specification of how it can and should actually be done, and the law offers the instrumentality through, and with the reference to, which the whole action is operated. Since in our culture of modern formal law the law is regarded as identical with texts, i.e. with meaningful linguistic signs carrying norm-structures, legal technique is nothing more and nothing else than a technique of conceptualisation, i.e. a technique of making and operating in a conceptual way the texts that make up the law.

One can generalise by stating that at each stage of development, law is a product of legal technique. Or, as formulated in another way, legal technique is at the same time a factor and a medium of the law's dynamics. For legal technique is the medium to filter all impetuses, theoretical or practical, cognitive, evalutional or volitive, which may exert an influence on its development. In consequence, legal technique is the prime factor of the law's practical existence (i.e. of its implementation, formation, and also transformation) in the short as well as in the long run. Retrospectively, legal technique and law cannot be separated as the contribution of the former gets continuously built in the product. Prospectively, however, the game is open with alternatives to complete. At each stage, new filtering media can be added to the process of interaction from without. All factors considered, favourable traditions in and operations with the means of legal technique can 'fertilise' even 'bad' laws by intensifying their implementation and adaptation, whilst even 'good' laws can be hindered from touching upon actual practice by unfavourable ones. In sum, legal technique is the medium of processing, both practically and doctrinally, legal norms. Although its end-product, at any given time, is only justifiable in terms of logic as the theoretically exclusively relevant standard to assess it, both practical operation with and doctrinal processing of legal norms are practice-bound. Hence the problem of contradiction between the strict observance of the law's own rules and the optimum fulfilment of social expectations emerges.

It is so because

> la technique juridique elle-même peut constituer une aide ou un obstacle au développement. Cette technique juridique exerce son influence sur tous les aspects de la vie sociale; les modalités de l'organisation judiciaire, les formes de la procédure, la nature des institutions juridiques agissent sur l'organisation des entreprises, facilitent ou entravent les échanges, immobilisent les structures sociales ou en accélèrent les transformations. (Lambert, p. 179)

Or, to formulate in another way, formal enactment is so thoroughly combined with and filtered through its social contexts that something from the latter will be left irresistibly. This is why the text itself standing alone is only a dead component. As it may be phrased in the logic of juridical process,

> law is not a logical corollary of the law but something being made repeatedly at all times from, and through the instrumentality of, the law ... The law has a social existence exclusively due to its meaning which, in its turn, can manifest itself in a linguistic, as well as social, context. (Varga 1982, p. 63)

It is legal technique that creates an opportunity to resolve conflicts recurring between the need to meet social expectations in legal practice and the demand of fulfilling meanwhile the law. For any mediation through the law is nothing else but the continued realisation of a formal system of fulfilment. As Weber defines it, the task of the legal specialist is "die Feststellung, was an einem in typischer Art verlaufenden Gemeinschafts- oder Einverständnishandeln *rechtlich* geordnet, also als ein Rechtsverhältnis, zu denken seien" (p. 101), i.e. a task to be met only when unbroken adaptive manipulation is the case. It is why Lambert states: "la technique juridique est nécessairement conservatrice parce qu'elle doit opérer des transactions entre les besoins contradictoires du changement et de la sécurite" (p. 179).

2. *Legal technique and legal cultures.* The analysis of the function of legal technique contributes to the substantiation of a statement about legal culture determining, with its impact upon, the whole practical life of law. For legal culture is a function of the set of means (patterns, etc.) of legal technique characteristic of the culture in question, for a primordial role may be played by legal technique both in developing and reasserting tradition.

At the same time legal technique is bound to actual praxis. Systems of legal technique differ from each other according to place and time; subsystems of legal technique exist within any particular system of law, diverging from one another according to branches of the law. It is legal culture that is the basic unit within which legal technique can be defined in a reasonable way. Legal culture is compound by positive law, by the legal profession responsible for making it function, as well as by legal technique handled by the profession in question. Among others, flexibility, sensitivity, and responsiveness of a legal norm-system are all primarily defined by the available means of legal technique. It is why the quality of any given legal culture is to a considerable extent a function of its legal technique. General features of any particular legal technique may by and large characterise a whole legal culture. E.g., Roman law is "der Begrifflichkeit eigen und der Gedanke eines sachlichen Normensystems zunächst fremd" (Luhmann, p. 179); or, oriental laws are rather of the nature to guide orientation than that to rule behaviour.

Legal technique, characteristic of a given legal system is, at any time, the product of historical development. Such factors can be decisive in the formation of legal technique as the patterns of thought prevailing in society, the practical experiencies gained by legal profession, or the patterns received from past and/or outside world. However, one must take into account that instrumental phenomena are multifunctional. In consequence, whichever variations of procedure, or of a form, manifested in the history of civilisation are explored, it immediately becomes clear that: under different conditions, any of them can successfully serve the fulfilment of any social function that the law has ever been able to serve. It means that the formation of any legal technique is the result of a process of historical determination upon which all factors including the incidental, contingent ones as well, may have had their impact.

Legal technique may have an infinity of components and variants. At the same time, no legal technique is established for ever, as an aspect of the social phenomenon and enterprise 'law', it is in a continued formation, shaping and reshaping. As a function of the endlessly renewed needs and challenges of practice, legal technique will inevitably throw some of its elements into relief, make it an institution proper, independent or decisive, while withering away other elements, or simply tolerating them as implied alternatives, with these shifts of emphasis resulting eventually necessarily in the change of the character of legal technique, and also of legal culture, in the long run. Or, due to the circumstance that social determination is a process of getting determined through the endless series of interactions in social existence, self-reproduction gives rise to a concrete unity of identity and non-identity in social practice: in response to the challenges, elements of the system will be active (or activated) to a varying extent. In the process of self-reproduction, this will necessarily bring about shift or modification. On its turn, any shift or modification will either be levelled up to preserve and to reassert the prevailing line of development or be cumulated to change the direction through the continued accumulation of all the motions in one direction. As a matter of fact, as a product of merely legal technique with no legal institution contributing to it (moreover, even with no institution established to be able to contribute at all to it), such shifts of emphasis may provoke genuine changes in the law, and act as a source of law, in case of the re-interpretation of the political evaluation (enacted, e.g., in the preamble of the *Grundgesetz* of Bonn), of the jurisprudence of clauses (developed, e.g., with reference to the German *Bürgerliches Gesetzbuch*), or, on the pretence of constitutionality, in case of the practical revision of substantial provisions from general provisions (e.g. constitutional ones) in want of detailed regulation.

Virtually, variety of legal technique is almost unlimited, efficiency in functioning being the only standard. And one must reckon with the fact that responsiveness and sensitivity of the entire legal set-up are to a great extent a function of legal technique. In consequence, legal technique is in a position both to offer and block paths for further development. For potentialities for development of individual legal systems are by far not boundless. Practically, each individual system has its choice as taken from and suggested by the stock of those means of legal technique that are historically by and large established, stood the test in practice, and are incorporated by the system in question. Attempts at renewal are selected and tested by both expediency and tradition.

The character (suitability, universality, etc.) of the means of legal technique of a legal system can be a decisive factor in the development and historical destiny of that legal system. It is by far not indifferent to what extent means of legal technique can exercise a catalytic effect. In general, "la technique offer souvent une *grande utilité* pour le plein développement et l'exacte application du droit" (Gény IV, p. 29). In another formulation, "legal technique leaves its mark upon the life of the community, for the law operates through its concepts" (Jones, p. 266). E.g., it is due to the legal technique of ancient Rome that its legal system could develop on an uncomparable high level by realising the ideal that can be met by law at all, i.e.

> to arrange, define, systematise, etc., the socially vital conflicts in a system which can gurantee the relative optimum for the solution of the conflicts in question in line with the current level of development of the given formation (Lukács, p. 484, cf. Varga 1985, p. 131).
>
> C'est parce que le droit romain a découvert et merveilleusement appliqué ces instruments de précision, ou plutôt de transposition, juridique, cette façon par conséquent de transposer les faits dans le domaine du droit (Saleilles, p. 231).

In each legal system and in all instances of its development, there are alternatives offered. It is an open question to decide, with alternatives to compete, what established part will be activated, as an impetus for change, from the body of tradition, what means of legal technique will be made use of from the stock for channelling the change as a legal change through the instrumentality of the law, consequently, what formal change will eventually be brought about in the law. Of course, nothing is to occur by pure chance. It is well-defined social challenges, expectations and needs that stand behind apparent alternatives. However, by the moment that one of the alternatives gets realised, it will, by the force of its new quality having become a constituent part of the body of tradition, turn into one of the factors, and, at the same time, of the indicators, of further development. The transformation of what has *been determined* into a factor of what *is determining* is particularly striking at those changes of direction in the development of legal technique which, later on, prove to have been a watershed. We have in mind changes of direction that have been determinative of the diversification of law and of the development of the families of legal systems. As it is known, the conceptualisation of law was for the first time completed in post-republican Rome, making the law formalised to serve as a basis of inference and/or reference. As to the change by shifts of a long-running legal-historical importance, examples are provided by the famous disputes between the Sabinians and Proculians in Roman jurisprudence, and by the ones between shamai and Hillel in Talmudian jurisprudence. The first concerned the understanding of law either in the term of the embodiment of *aequitas*, natural justice, and, hence, of a merely orientative role in resolution of social conflicts, or, quite on the contrary, its conception as a rational system of concepts and rules, as the sole normative basis and standard in settling those conflicts, and, hence, the law's reduction to a mere enactment, to an instrument freely operated by the state (Honoré, p. 39). The second had the historical task to decide whether laws are to be interpreted strictly and restrictively only, or social interests may also be considered for their interpretation. By Hillel's point prevailing, flexibility of interpretation and the ensuing alternativity of decisions were accepted, but it was a win for almost nothing in practice. For in spite of an open conflict between the diverging points, both sorts of legal techniques, proper to those antagonistic approaches remained practicable components of the Talmudian tradition (Perelman, pp. 105–106).

3. *Postulates of legal technique in the cultures of modern formal law.* The legal policy of a particular legal order is instrumental if it proves to be effective in the realisation of accepted values through the instrumentality of law. As legal technique is in its functioning wedged between legal policy and legal text as a function of legal policy, its criteria are also deduced from the ones of legal policy. That is to say, legal technique is a technique in the service of legal policy through the instrumentality of the law. The boundaries of what is meant by 'through the instrumentality of the law' is mostly defined by positive law. At the same time, this definition is supplemented by presuppositions evident in the given culture, which are only articulated by their logical reconstruction in the doctrinal study of law (Nowak), as well as by presuppositions rooted in legal culture and in the ideology of the legal profession, or deduced (as experiences) from legal practice. All these postulates and presuppositions get recurrently reasserted and re-established in the course of the self-reproduction of that culture. It is only an exception when they need to be, or are actually, positively articulated by the law or formally defined by its doctrine.

Legal technique, characteristic of the cultures of modern formal law, has at least four basic postulates closely related to each other:

a) *The principle of consequentiality.* In the cultures of modern formal law, judicial and administrative decision-making process is conceived of by the ideology of legal profession as a logical operation, in the course of which the case at hand gets subsumed under some general norm(s) taken from the aggregate of the previously enacted texts of valid law and the decision to be made gets inferred from these norms. Accordingly, legal decision is held to be simply deduced from the positive law. Notwithstanding, the logical principle of consequentiality is going to be inevitably broken in practice. Nevertheless, whatever compromise is to actually materialise in its place, the principle has, as a basis of reference, of legitimation and/or justification in the decision-making process, a definite role both in channelling legal practice and in delimiting the directions and paths of its development.

b) *The principle of coherency.* One of the specific functions of the procedures operated by the means of legal technique is to bring in harmony the law's aspiration to relative completeness, closedness, and coherence with the fulfilment of needs that break this harmony recurrently, in order to institutionalise casual fulfilment of them through the re-establishment of inner harmony, completeness, closedness, and coherence of the system, sublated at any given time over again. Of course, from the point of view of a theoretical reconstruction, systems of the law cannot be considered a closed system. Still, the legal specialist can only operate it by treating it as if it were a relatively complete and closed system; both the interpretation of the norms and the establishment of gaps among the norms are a function of such an artificial presupposition. At the same time, there is a quite pragmatic need for formal rationalisation. For an unambiguous, manageable, and predictable operation with and administration of the law is only conceivable, no matter how suffering from compromise solutions it be, when the principle of coherency prevails. And the jurist can undertake the practical elaboration and processing of the huge amount of legal texts, accumulated in time and confused in sense, only provided that the system of positive law will gradually and continually be organised into a system of interrelated concepts and norm-propositions.

c) *The principle of conceptual economy.* Conceptual economy is to prevent the breaking in too many pieces of the component parts of legal regulation. According to the principle, basic structures are to be elaborated both in legal regulation (in its formal shaping and doctrinal arrangement) and in its judicial actualisation and development. If there is but one chance, any further structure is to be built on (as related to, as a branching off of, as an exeption to, as an analogy, fiction, etc. of) such basic structures. As added to it, conceptual economy presupposes unambiguous and concise wording in the practice of regulation and well-arranged clear-cut construction (with series of references, allusions and definitions) in the law's formulation.

d) *The principle of non-redundancy.* Redundance is the lack of conceptual economy with several texts carrying the same message. Modern law is formal in so far as it is the text enacted that is regarded to carry validity. As to its normative contents, an enacted text is to determine any legal action. As to its normative form (wording), an enacted text is the only justification for any such action. As a consequence, any redundance gives room to diversification in interpretation and actualising concretisation, be it the case either of the reduplication of the text (e.g. in the preamble of an Act) or of overlapping with it (e.g. in another Act). Taking into consideration the diverging context, even the repetition of the same text risks to ground differing interpretations. In the cultures of modern formal law, the peculiar function of legal technique is to mediate between legal policy and legal text. Legal policy, legal technique and the law can equally prove to have been unadapted for meeting social needs. If this is the case, either fulfilment will be stopped or actual needs will force their way through and override eventually the law. The most frequent response to such a challenge is the various kinds of compromise solutions making use of legal technique in a way pretending to full legitimation by the law, while actually misusing this legitimation to act not in the strict observance of that law. (At the same time it is to be noted that half-way compromises happen to be more frequent than desirable or justified on principle. E.g., in consequence of the political ethos given to the practical annihilation of law in past periods when fight for power was on the agenda, even nowadays socialist law is faced to grapple with the task of making specifically legal values recognised as generally received social values.) In case of practical misuses, legal technique has the prime role to integrate all components into a still functioning unity in a way as consequential, coherent, conceptually economic, and non-redundant, as possible. However, at the same time it must be taken into consideration that legal technique can isolate partial damages of these principles, but renewed and substantial damages may eventually disorganise the system of legal technique and, thereby, query the quality of the entire legal culture that has so far kept on prevailing.

In the final conclusion, it can be established that the specific function of legal technique is to ensure that the realisation of any legally relevant material target shall be effected through the instrumentality of law, that is that the reaching of basic goals shall be complemented by realising the plus-values and plus-effects that can be gained from their distinctively legal mediation.

Alexandre *Angelesco*, La technique législative en matière de codification civile. Paris 1930.
Édouard *Cuq*, Les institutions juridiques des Romains, Envisagées dans leur rapports avec l'état social et avec les progrès de la jurisprudence, L'ancien Droit. Paris 1891.
Jean *Dabin*, La technique de l'élaboration du droit positif, Spécialement du droit privé. Bruxelles et Paris 1935.
Jean *Dabin*, Theorie générale du droit, 2e éd. Bruxelles 1935.
R. *Demogue*, Les notions fondamèntales du droit. Paris 1911.
Léon *Duguit*, Traité de droit constitutionnel, tome 1, La règle de droit – le problème de l'Etat, 3e éd. Paris 1927.
Eugen *Ehrlich*, Freie Rechtsfindung und freie Rechtswissenschaft. Leipzig 1903.
Eugen *Ehrlich*, Die juristische Logik. Tübingen 1918.
François *Gény*, Science et technique en droit privé positif, Nouvelle contribution à la critique de la méthode juridique, tome 3–4. Paris 1923–1930.
François *Gény*, "La technique législative dans la Codification civile moderne, A propos du Centenaire du Code Civil." In: Le Code Civil 1804–1904, Livre du Centenaire tome 2. Paris 1904, p. 989 sq.
James William *Harris*, Legal Philosophies. London 1980.
Maurice *Hauriou*, Précis élémentaire de droit Constitutionnel. Paris 1929.
Franz *von Holtzendorff*, Enzyklopädie der Rechtswissenschaft in systematischer Bearbeitung, 1. Bd., 7. Aufl., hrsg. Josef Kohler. München, Leipzig und Berlin 1913.
Tony *Honoré*, Gaius. Oxford 1962.
Walther *Hug*, "Gesetzesflut und Rechtssetzungslehre." In: Gesetzgebungstheorie, juristische Logik, Zivil- und Prozeßrecht, Gedächtnisschrift für Jürgen Rödig, hrsg. U. Klug, Th. Ramm (etc.) Berlin, Heidelberg und New York 1978, p. 3 sq.
Rudolf *von Jhering*, Geist des römischen Rechts auf den verschiedenen Stufen seiner Entwicklung, 2. Teil. Leipzig 1858.
J. Walter *Jones*, Historical Introduction to the Theory of Law, 2nd ed. Oxford 1965.
Hans *Kelsen*, "The Law as Specific Social Technique." In his: What is Justice? Justice, Law, and Politics in the Mirror of Science, Collected Essays. Berkeley, Los Angeles and London 1971, p. 23 sq.
Josef *Kohler*, Lehrbuch der Rechtsphilosophie, 2. Aufl. Berlin und Leipzig 1917.
Kálmán *Kulcsár*, Politikai és jogszociológia (Political and Legal Sociology), Budapest 1981.
Édouard *Lambert*, Introduction, La fonction du droit civil comparé, tome I, Paris 1903.
Niklas *Luhmann*, Rechtssoziologie, 2. Aufl. Opladen 1983.
György *Lukács*, A társadalmi lét ontológiájáról, 2. kötet, Szisztematikus fejezetek (Towards the Ontology of Social Being, vol. II, Systematic Chapters). Budapest 1976.
Istrate *Micesco*, La personnalité morale et l'indivision, comme constructions juridiques, Thèse. Paris 1907.
Leszek *Nowak*, "De la rationalité du législateur comme élément de l'interprétation juridique." In: Etudes de logique juridique, vol. III, Contributions polonaises à la théorie du droit et de l'interpretation juridique, publ. Ch. Perelman. Brussels 1969, p. 65 sq.
George Whitecross *Paton*, A Text-book of Jurisprudence, 3rd ed. by D. P. Perham, Oxford 1964.
Chaïm *Perelman*, "Désaccord et rationalité des décisions." In his: Droit, morale et philosophie. Paris 1968, p. 103 sq.

François *Russo*, Réalité juridique et réalité sociale. Etude sur les rapports entre le droit et la sociologie et sur le rôle du droit dans la vie sociale. Paris 1942.

Raymond *Saleilles*, "La réforme de la licence en droit." Revue internationale de l'Enseignement, 47 (1904), p. 320 sq.

Karl Friedrich *von Savigny*, Vom Beruf unserer Zeit für Gesetzgebung und Rechtswissenschaft (1814), 3. Aufl. Heidelberg 1840.

Rudolf *Stammler*, Theorie der Rechtswissenschaft. Halle 1911.

Rudolf *Stammler*, Wirtschaft und Recht nach der materialistischen Geschichtsauffassung. Eine sozialphilosophische Untersuchung, 3. Aufl. Leipzig 1914.

Csaba *Varga*, "Logic of Law and Judicial Activity: A Gap between Ideals, Reality and Future Perspectives." In: Legal Development and Comparative Law, ed. Zoltán Péteri and Vanda Lamm. Budapest 1982, p. 45 sq.

Csaba *Varga*, "Moderne Staatlichkeit und modernes formales Recht." Acta Juridica Academiae Scientiarum Hungaricae, 26 (1984), p. 235 sq.

Csaba *Varga*, The Place of Law in Lukács' World Concept. Budapest 1985.

Csaba *Varga* and Jószef *Szájer*, "Presumption and Fiction: Means of Legal Technique." Archiv für Rechts- und Sozialphilosophie 74, 1988, forthcoming.

Max *Weber*, Rechtssoziologie, hrsg. Johannes Winckelmann. Neuwied 1960.

RECHTSKULTUR UND SOZIALE EFFIZIENZ DER JURISPRUDENZ

Ota Weinberger

1. Charakteristik des Problems

Die Intention meines Beitrags ist nicht deskriptiv: es geht mir nicht darum, Rechtskulturen zu beschreiben und sie gegebenenfalls einander gegenüberzustellen, sondern ich stelle mir die Aufgabe, Wertungskriterien der Rechtskultur zu diskutieren, und Überlegungen darüber anzustellen, unter welchen Bedingungen eine Rechtskultur für das gesellschaftliche Leben nützlich sein kann. Analoge Fragen stelle ich bezüglich der Jurisprudenz, die ich als wesentlichen Faktor des Rechtslebens und der Rechtspolitik ansehe. Mit der Absicht, verschiedene Konzeptionen der Jurisprudenz vom Standpunkt ihrer Nützlichkeit für die Gesellschaft zu untersuchen, werde ich einige Typen jurisprudentieller Lehren kurz charakterisieren, und sie sozialpolitisch wertend vergleichen.

Wenn man Rechtskulturen deskriptiv erfassen will, dann versucht man, faktisch bestehende Rechtsinstitutionen darzustellen, ihren normativen Sinn zu erklären und ihre Funktionsweise zu bestimmen. Zur deskriptiven Darstellung der Rechtskultur gehören auch vergleichende Gegenüberstellungen der rechtlichen Institutionen in verschiedenen Staaten, gegebenenfalls auch in Staaten, die verschiedenen Gesellschaftssystemen angehören. Neben diesen rein feststellenden Betrachtungen über Rechtskulturen kann man auch Rechtskulturen wertend betrachten. Der wertende Zutritt zum Problem der Rechtskultur scheint mir aufschlußreicher.

Auch in der wertenden Betrachtung geht es nicht darum, Rechtskulturen in höhere und primitivere einzuteilen, oder eine qualifizierende Entwicklungsreihe aufzustellen, sondern vor allem darum, Funktionszusammenhänge zwischen Rechtsformen, rechtswissenschaftlichen Konzeptionen auf der einen Seite und den sozialen Realitäten als Folgen der institutionalisierten Strukturen und der Rechtskultur auf der anderen Seite zu analysieren.

Jedenfalls wäre es falsch bei der wertenden Gegenüberstellung von Rechtssystemen den historischen Entwicklungsprozeß als Kriterium der Höherwertigkeit anzusehen: ‚später' bedeutet nicht notwendigerweise ‚besser'.

Meine funktionalen und wertenden Untersuchungen konzentrieren sich vor allem auf die Diskussion der Wertkriterien, nach denen man meines Erachtens Rechtskulturen beurteilen sollte.

Der zweite Teil meiner Darlegungen betrifft die Jurisprudenz, die im wesentlichen aus der Rechtstheorie und der juristischen Methodologie besteht. Ich vertrete die Meinung, daß die Jurisprudenz jedenfalls ein wesentlicher Faktor der Rechtskultur ist. Ich werde einige Typen der Auffassung der Jurisprudenz einander gegenüberstellen und die Frage erörtern, welchen Einfluß die einzelnen Konzeptionen auf die Auswirkung der Jurisprudenz auf die Rechtspraxis und das soziale Leben haben.

2. Kriterien der Rechtskultur

Es ist weitgehend Sache der persönlichen Einstellung, was man als essentielle Kriterien der Rechtskultur ansieht; dennoch dürfte hier eine breite Konsensbasis zu finden sein. Bei der relativen Gewichtung der Kriterien sind aber größere Unterschiede der Meinungen zu erwarten. Keinen Konsens wird man allerdings mit jenen Denkern erreichen, die glauben, in einem offenbarten – oder aus anderen Gründen objektiv gültigen – System ewige und unabdingbar richtige Maßstäbe des Rechts und der Rechtskultur zu besitzen. Mit ihnen ist ein freier Diskurs und eine Abwägung von Argumenten und Gegenargumenten nicht realisierbar. Nicht einmal der historisch belegbare Hinweis auf die verheerenden Folgen solcher dogmatischen Auffassungen hat Chancen, ihre fixierten Einstellungen ins Wanken zu bringen.

Folgende Momente halte ich für wichtige Kriterien der Rechtskultur:
Rationalität (Abschnitt 3)
Rechtsstaatlichkeit (Abschnitt 4)
Rechtssicherheit (Abschnitt 5)
Funktionalität und Transparenz der gesellschaftlichen Institutionen (Abschnitt 6)
Politische Freiheit, bestehend aus der persönlichen Freiheit, der Freiheit des Denkens und der Freiheit der Lebensgestaltung (Abschnitt 7)
Gerechtigkeit (Abschnitt 8)
die Leistungsfähigkeit der Jurisprudenz (Abschnitt 9)

3. Das Kriterium der Rationalität

Die Jurisprudenz ist bemüht, soziale Einrichtungen, Rechtsinstitutionen, Entscheidungen, Werteinstellungen und soziales Handeln zu begründen, das heißt rational zu fundieren. Der Glaube an die Rationalität der Jurisprudenz ist beinahe eine communis opinio der Juristen. Es wird zwar manchmal die Meinung vertreten, daß im Rechtsleben das Auffinden der pragmatisch adäquaten Lösung, nicht aber die logisch einwandfreie Konstruktion entscheidend sei und daher angestrebt werden müsse. Nur eine unangemessene Interpretation gewisser Thesen – zum Beispiel der Behauptung ‚omnis definitio periculosa in iure civili' – scheint für eine antirationalistische Konzeption der Jurisprudenz zu sprechen.

Es gibt hier allerdings Probleme, die in folgenden Fragen ausgedrückt werden können: (a) Wie kann man rationale Analysen auf Nicht-Kognitives, auf stellungnehmende Gedanken – Normen, Werte, Präferenzen – anwenden? (b) Was heißt überhaupt ‚rationale Argumentation'? Wann ist eine Begründungsweise rational? (c) Was kann durch rationale Analysen und durch rationale Methoden gewonnen werden, und wann beginnt der juristische Rationalismus zur Scheinargumentation zu degenerieren?

Rational sind jedenfalls die rein logischen Operationen und Analysen. Viele Autoren sind jedoch der Meinung, daß über das Logische hinaus im juristischen Denken gewisse Rationalitätspostulate angewendet werden müssen.

Die gesamte Logik – ebenso wie die auf sie gestützten Analysen – beruht im wesentlichen auf drei Prinzipien:

1. Logique oblige: Logische Festsetzungen sind strikt bindend. Die logischen Strukturen sind nach präzisen Formregeln aufgebaut; die logischen Operationen werden nach streng formalen Regeln durchgeführt.
2. Das Toleranz-Prinzip „In der Logik gibt es keine Moral" (R. Carnap[1]): Jede formal einwandfreie Konstitution eines logischen Systems – das heißt der Form- und Operationsregeln – ist zulässig.

   Daraus resultiert aber auch das dritte Prinzip:
3. Die Angemessenheit des logischen Systems für die vorschwebende Aufgabe muß geprüft und erwiesen werden.

Es ist ein Zeichen des geläuterten Problembewußtseins in der praktischen Philosophie, daß die Trennung deskriptiver und praktischer Sätze allgemein akzeptiert wurde, und daß spezifische logische Systeme des handlungsbezogenen Denkens entwickelt wurden: die Normenlogik, die formale Teleologie, Präferenz- und Entscheidungslogiken. Wir sind allerdings noch weit davon entfernt, diese Systeme in perfekt ausgearbeiteter Form vorlegen zu können. Die Klarheit der semantischen Trennung deskriptiver und praktischer Gedankenelemente und die Entwicklung logischer Systeme des praktischen Denkens sind jedenfalls Momente der modernen juristischen Kultur und Ausgangspunkte ihrer weiteren fortschrittlichen Entwicklung. Es ist ferner ein wesentliches Element der modernen Rechtskultur, daß die Theorie des juristischen Denkens erkannt hat, daß trotz des subjektiven Charakters praktischer Prämissen das logische Schließen im Bereich des handlungsrelativen Denkens formal bestimmt werden kann.

Das rationale Argumentieren überschreitet offenbar das Feld des rein logischen Operierens. Das heißt: das rein logische Operieren wird ergänzt durch andere vernunftmäßig bestimmte Argumentationsschritte.

Wie kann das außerlogische, aber dennoch rationale, Argumentieren adäquat expliziert werden? Diese Frage kann ich hier nicht eingehend erörtern; ich möchte aber wenigstens drei Konzeptionen anführen: (i) Die Theorie der Plausibilitätsargumentation, der gemäß das Argumentieren ein pragmatischer Prozeß zwischen Redner und Auditorium ist: das Argumentieren erlangt unter gewissen Umständen rationalen Charakter – bei Perelman, wenn es an ein universelles Auditorium gerichtet gedacht wird[2]; (ii) die prozedurale Theorie der Argumentation im Sinne von Alexy, die meint, objektiv gültige Regeln des Diskurses angeben zu können, die

1 R. *Carnap*, Logische Syntax der Sprache. Wien 1968^2 (1931^1), S. 45.

2 Ch. *Perelman*/L. *Olbrechts-Tyteca*, Traité de l'argumentation. La nouvelle rhétorique. Brüssel 1970^2 (1952^1 in 2 Bänden).

einen objektiv gültigen Weg zum Wahren und Richtigen sicherstellen[3] (Meine Zweifel bezüglich dieser Theorie beziehen sich auf zwei Momente: die Diskursregeln gehen schon von gewissen vorgefaßten inhaltlichen – aber nicht bewiesenen – Einstellungen aus. Die prozedurale Theorie übersieht, daß das Auffinden – beziehungsweise Erfinden – des nervus probandi das wesentliche Moment jeder Argumentation, jedes Beweises und jeder Begründung ist, und daß durch Prozeduren und ihre Regeln in keiner Weise sichergestellt ist, daß ein erfolgreicher Argumentationsweg gefunden wird. Deswegen kann der Weg zum Wahren oder Richtigen – auch im Sinne eines pragmatischen Optimums – durch Diskursregeln nicht garantiert werden[4].); (iii) die von mir vertretene Meinung, daß auch in diesem Bereich rein logisch analysiert und argumentiert wird. Nach dieser Auffassung ist die rationale Einstellung zur Plausibilitätsargumentation vor allem in der Bereitschaft gelegen, verschiedene Voraussetzungen über die Möglichkeiten des Falles oder der beurteilten Situation zu erwägen. Jede der möglichen Voraussetzungen wird analysiert, und es werden die Konsequenzen der alternativen Voraussetzungen logisch bestimmt. Dies führt zu einer Mehrwegigkeit der Problemanalyse. Die verschiedenen Möglichkeiten werden dann einander wertend gegenübergestellt, und die akzeptabelste Lösung bestimmt.[5] Plausibilitätsargumentationen sind also eine Kombination von wertenden Stellungnahmen zu der Akzeptabilität der Prämissen und der abgeleiteten Thesen mit logisch-rationalen Argumentationsketten.

Wichtig ist, klar zu sehen, was die logische Analyse nicht leisten kann. ‚Rationalismus' als Quelle der Erkenntnis des „richtigen Rechts" oder der objektiv gültigen Werte ist ein Unding. Sobald man voraussetzt, aus der Vernunft selbst letzte Gründe der Rechtfertigung von Sollensinhalten – ohne inhaltliche Prämissen – gewinnen zu können, begibt man sich auf das Feld von Scheinargumentationen. Man kann ebensowenig eine Ethik oder eine rechtspolitische Theorie aus der Vernunft allein gewinnen wie aus der Vernunft – beziehungsweise der Logik – keine physikalische Theorie gewonnen werden kann. Jede rationale Argumentation ist nämlich relativ in bezug auf inhaltliche Argumente. Praktische Vernunft ist nur eine formale Fähigkeit, aber kein Reservoir des Wissens über das Gute. Wer allein aus der Vernunft Wertentscheidungen zu begründen versucht, argumentiert falsch, denn eine solche Argumentation steht in Konflikt mit der prinzipiellen Relativität jeder Begründungsoperation.

Ein wichtiges Problem der Rationalität, das aber theoretisch noch nicht vollständig expliziert ist, ist die Kohärenz von Thesen oder Einstellungen.[6] Zweifellos ist gedankliche und konzeptionelle Kohärenz ein wesentliches Kriterium der juristischen Rationalität.

3 R. *Alexy*, Theorie der juristischen Argumentation. Die Theorie des rationalen Diskurses als Theorie der juristischen Begründung. Frankfurt/M. 1978.

4 O. *Weinberger*, Logische Analyse als Basis der juristischen Argumentation, in: W. Krawietz und R. Alexy (Hrsg.), Metatheorie juristischer Argumentation. Berlin 1983, S. 159–232.

5 O. *Weinberger*, Topik und Plausibilitätsargumentation, ARSP 59/1, S. 17–36.

6 D. N. *MacCormick*, Coherence in Legal Justification, in: W. Krawietz u.a., Theorie der Normen. Festgabe für Ota Weinberger zum 65. Geburtstag, Berlin 1984, S. 37–53.

Die Rationalitätsforderung führt zum Kampf gegen Scheinargumentationen. Der kritische Betrachter findet in der juristischen Praxis viele Beispiele von Begründungen, die Leerformeln ohne substantiellen Inhalt sind. Es ist ein Postulat der demokratischen Rechtskultur, echte Begründungen zu suchen und die wahren Gründe offenzulegen.

4. Das Kriterium der Rechtsstaatlichkeit

Es ist nicht klar und eindeutig bestimmt, was unter ‚Rechtsstaatlichkeit' zu verstehen ist. In erster Linie geht es wohl darum, daß im Rechtsstaat das staatliche und öffentliche Geschehen nach generellen Regeln vor sich geht. Nach dem Prinzip der Rule of Law existiert in der Gesellschaft ein System von Rechtsregeln, in deren Licht jeder Einzelfall beurteilt wird, und die die Organisation sowie die Machtstrukturen in der Gesellschaft bestimmen.

Bei näherer Betrachtung ist die Sache jedoch keineswegs so einfach, wie sie prima facie zu sein scheint. Die Rechtsregeln bestimmen nicht nur, was gesolltes, verbotenes und zulässiges Verhalten ist, sondern sie determinieren auch Kompetenzen, Rollen und Aufgaben. Da die Idee der Rechtsstaatlichkeit auch das Postulat umfaßt, daß die gesamte staatliche und politische Tätigkeit nach den Regeln des Rechts vor sich gehen soll, also im wesentlichen Rechtsanwendung sein sollte, so taucht das Problem der Differenziertheit des staatlichen Handelns auf, wobei einige Typen der staatlichen Tätigkeit kaum treffend als Anwendung genereller Regeln charakterisiert werden können. Die Idee der Rechtsstaatlichkeit hat zur Folge, daß die gesamte Verwaltung – von der Polizeimacht bis zur Regierungs- und Herrschaftsmacht – als dem Recht unterworfen angesehen wird. Der so konzipierten Theorie des Rechtsstaates entspricht die Theorie der Rechtsdynamik, der gemäß jedem rechtlichen und politischen Geschehen ein Prozeß im Bereich des Normensystems entspricht. Die Verrechtlichung der Polizei und der Verwaltung[7], die tendenziell verbunden ist mit dem Aufbau von wirksamen Kontrollmechanismen, werten wir als Fortschritt der Rechtskultur und als notwendige Voraussetzung der politischen Freiheit des Bürgers. Die verschiedenen Tätigkeiten des Staates und seine verschiedenartigen Ingerenzen in das gesellschaftliche Leben und in die Ökonomie lassen unterschiedliche Strukturen erforderlich erscheinen. Für jene Aufgaben des Staates, die nicht bloße Rechtsanwendung – Subsumtion und Ermessen – sind, sondern schöpferische und organisatorische Lenkung sein müssen, sind spezifische Institutionen erforderlich, für die die allgemeinen Postulate der Rechtsstaatlichkeit nur beschränkt anwendbar sind.

Für den Rechtsstaat ist es wesentlich, daß nicht nur die Hoheits-, Verwaltungs- und Entscheidungsakte als regulierte Rechtserzeugungsakte konzipiert sind, sondern es ist auch die Veränderung des Systems der Rechtsregeln als Rechtsprozeß in

7 Vergleiche hierzu Artikel 18 (1) B.-VG „Die gesamte staatliche Verwaltung darf nur auf Grund der Gesetze ausgeübt werden."

der Weise eingeführt, daß auch die Dynamik der Gesetze und Grundregeln ohne Bruch des Rechtssystems realisiert werden kann.

Hier muß die Frage erörtert werden, ob das Recht Macht erteilt, oder ob umgekehrt, das Recht nur ein Produkt der Macht ist. Hauriou hält die Institution als soziale Realität für das Primäre, für jene Macht, die der Realisation der Leitideen dient und die sich hierzu des Rechts als eines Instruments bedient.[8] Carl Schmitt stellt die beiden Auffassungen „Herrschaft des Menschen“ und „Herrschaft des Rechts“ einander gegenüber, und lehnt diese ab; es gibt für ihn nur die Herrschaft des Menschen, die sich des Rechts zur Durchsetzung der Macht bedient.[9] Herrschaft ist das Ziel, nicht der Rechtsstaat. Wie sieht der normativistische Institutionalismus diese Frage? Es gibt für ihn nicht die Alternative „Herrschaft des Menschen“ oder „Herrschaft des Rechts“. Es gibt natürlich keine von dem Menschen losgelöste Herrschaft des Rechts, sondern nur rechtlich geordnete Herrschaft von Menschen; es gibt aber auch keine Herrschaft des Menschen ohne entsprechende normative Regulative. Die Macht des Einzelnen ist abhängig von normativ konstituierten Organisationsstrukturen, denen immer in gewisser Weise reale Beziehungen zwischen Menschen entsprechen. Politische Macht auf Dauer ist niemals bloß nackte Gewalt, sondern immer ein System von Organisations- und Machtstrukturen, die von gewissen Leitideen beherrscht sind. Unter dem Gesichtspunkt der Leitideen und des ihnen entsprechenden Normensystems erscheint die Macht als Rechtsmacht. Wird diese Rechtsmacht demokratisch konzipiert, dann ist Macht nicht nur ein Bestandteil des Rechtssystems, sondern das ganze System wird von demokratischen Leitideen bestimmt. In einem solchen System geht es nicht darum, Mächtige oder Führer zu schaffen – wie es vor allem der Ideenwelt Carl Schmitts entspricht –, sondern darum, funktionale soziale Gebilde zu konstituieren, in denen Macht funktionale Macht ist, die sozial legitimiert sein muß.

Ich fasse zusammen. Rechtsstaatlichkeit setzt sich aus verschiedenen Faktoren zusammen: der institutionalisierten Herrschaft des Systems genereller Rechtsregeln (Rule of Law) und der Verrechtlichung der Verwaltung sowie der Herrschaftsausübung; der Transformation der Macht in funktionale Kompetenzen; und schließlich aus der Verrechtlichung der Veränderbarkeit der Rechtsregeln selbst in Form einer normierten Gesetzgebungsdynamik. Alle diese Faktoren können verschieden gestaltet sein, und sie bilden ein mehr oder weniger präzises, dynamisches System. Rechtsstaatlichkeit ist daher eine abstufbare Größe mit verschiedenen Facetten.

8 M. *Hauriou*, Die Theorie der Institution und der Gründung. Essay über den sozialen Vitalismus, in: R. Schnur (Hrsg.), Die Theorie der Institution. Berlin 1965, S. 27–66 (Original 1925).

9 C. *Schmitt*, Über die drei Arten des rechtswissenschaftlichen Denkens. Hamburg 1934; *ders.*, Der Hüter der Verfassung. Tübingen 1931.

5. Das Kriterium der Rechtssicherheit

Rechtssicherheit wird allgemein als ein wesentliches Ideal des Rechts angesehen[10]; sie ist eine komplexe und abstufbare Eigenschaft des Rechtssystems. Das Recht soll eine gesellschaftliche Ordnung schaffen und einen zuverlässigen Orientierungs- und Handlungsrahmen für den Einzelnen und die Gesellschaft abgeben. Dies kann sie nur dann leisten, wenn ein hohes Maß an Rechtssicherheit gewährt wird.

Rechtssicherheit beruht vor allem auf zwei Momenten: 1. auf der normativen Bestimmtheit der Rechtsquellen und ihrer möglichst eindeutigen Interpretation, und 2. auf der Einheitlichkeit und Konstanz der Judikatur. Jeder Jurist weiß, daß Eindeutigkeit der Rechtsquellen nicht existiert und praktisch nicht existieren kann. Man kann daher nur fordern, daß die Grade der semantischen Unbestimmtheit in Grenzen gehalten werden, damit sie die Orientierungsfunktion der Rechtsquellen nicht aufheben. Konvergierende Interpretation muß ebenso angestrebt werden, wie eine konvergierende Entscheidungspraxis gleichartiger Fälle.

Rechtssicherheit ist ein wesentliches Instrument dafür, daß die Rechtsgemeinschaft zu einer Friedensordnung wird, in der wenigstens insoweit Gerechtigkeit herrscht, als gleichartige Fälle analog behandelt werden. Vom handlungstheoretischen Standpunkt muß aber mit der Rechtssicherheit auch eine gewisse Stabilitätsforderung verknüpft werden. Wenn die Rechtsinformation als Basis von Handlungsentscheidungen verläßlich sein soll, ist nicht nur ein hohes Maß an semantischer Eindeutigkeit der aktuellen Rechtsinformation erforderlich, man benötigt daneben auch eine gewisse Stabilität des Rechts, die es gestattet, auch die zukünftige Lage abzuschätzen. Der Schutz wohlerworbener Rechte ist Voraussetzung der Handlungsüberlegungen ebenso wie eine relative Stabilität sozialer und wirtschaftlicher Faktoren. Einschneidende Änderungen der Währungsrelationen, der Zinssätze, der Steuern und Abgaben, können die Handlungsplanung über den Haufen werfen; sie sind daher – soziologisch und ökonomisch gesehen – Momente der Rechtsunsicherheit. Andererseits ist zu bedenken, daß diese Stabilitätsforderungen oft mit der Durchführung sozialer Reformen und anderer notwendiger Lenkungsmaßnahmen in Konflikt stehen. Sie sind daher nur ein Idealparameter, der mit anderen Zielsetzungen in Konkurrenz stehen kann.

Zwischen der Rechtssicherheit und der Kenntnis des geltenden Rechts besteht eine gewisse Relation. Es gehört zu einer hohen Rechtskultur, die Rechtskenntnis zu fördern. Es geht dabei einerseits um Rechtskenntnisse des Rechtsstabs ebenso wie um rechtliches Wissen in breiten Bevölkerungsschichten. Universelle Rechtskenntnis gibt es in einem modernen Staat nicht, auch nicht in den Reihen des Rechtsstabs, umsoweniger bei den einfachen Bürgern. Die Rechtskultur besteht in der Kenntnis der Grundstrukturen und Grundprinzipien des Rechts, die auch wesentlich zur Herausbildung des Rechtsbewußtseins beiträgt und in gewisser Weise auch Sozialisationseffekte hat. Es sollte ferner sichergestellt sein, daß je nach der

10 Vergleiche z.B. G. *Radbruch*, Rechtsphilosophie Leipzig 1932[3], S. 71, 82 et passim.

Rolle, die der Einzelne zu erfüllen hat, seine Rechtskenntnisse spezifische Sphären ausgiebiger zu erfassen hat. Es muß also funktional spezifizierte Rechtskenntnisse geben. In der modernen Gesellschaft existieren Institutionen der Vermittlung von rechtlichem Wissen. Diese Rolle kommt nicht nur der Jurisprudenz, sondern auch den Massenmedien und anderen spezifischen Einrichtungen zu. Gerade angesichts der Komplexität des Rechtssystems und der Gesetzesflut ist es erforderlich, die soziale Zugänglichkeit zu Rechtsinformationen benützerfreundlich zu gestalten und jedem wenigstens die Möglichkeit zu geben, das für ihn Relevante zu erfahren, und zwar ohne unzumutbare Mühe.

6. Das Kriterium der Funktionalität und Transparenz der Institutionen

Die wichtigste pragmatische Konsequenz des normativistischen Institutionalismus ist die Forderung, daß Rechtserkenntnis nicht bei dem Verstehen von Rechtsnormen stehenbleiben darf, sondern zur Erkenntnis der Institutionen fortschreiten muß. Wir kennen das Recht nur dann, wenn wir es nicht nur als normatives Sinngebilde verstehen, sondern auch wissen, wie es wirkt, welche Institutionen mit ihm korrelieren, das heißt welche gesellschaftlichen Strukturen es schafft und wie diese aufgrund des Normensystems funktionieren.

Die institutionalistisch-funktionalistische Betrachtung kann relativ zu den Leitideen der Institutionen zu einer wertenden Analyse gemacht werden. Es ist oft zweckmäßig, diese Analyse in zwei Perspektiven durchzuführen: (i) unter dem Gesichtspunkt jener Funktionen und Aufgaben, die die einzelne Institution in der Gesamtgesellschaft hat, oder (ii) nach dem Kriterium der inneren Leitideen der betreffenden Institution.

Wenn wir zum Beispiel die Institution der Universität betrachten, werden wir einerseits die Frage prüfen, ob sie die ihr in der Gesellschaft zustehende Rolle erfüllt, andererseits werden wir die inneren Leitideen der Universität diskutieren, und prüfen, ob diese in effektiver Weise erfüllt werden. Schließlich wird es angemessen sein, Probleme der inneren Demokratie zu erörtern.

Die Beurteilung der Funktionalität der Institutionen in beiderlei Sicht ist ein wichtiges Kriterium der Wertung einer Rechtskultur. Der demokratische Betrachter wird gleichzeitig einen hohen Grad der Transparenz der Institutionen fordern, und zwar vor allem eine Transparenz im Bereich der Machtstrukturen und Handlungsentscheidungen, denn dies ist eine Vorbedingung für die Beurteilung der Funktionalität der etablierten Strukturen.

7. Das Kriterium der politischen Freiheit: der persönlichen Freiheit, der Freiheit des Denkens und der Lebensgestaltung

Es dürfte ziemlich allgemein anerkannt sein, daß das Ausmaß der politischen Freiheit in der Gesellschaft ein Wertmerkmal der Rechtskultur ist. Es wird jedoch sehr Verschiedenes darunter verstanden.

Das Postulat der politischen Freiheit ist die an die Gesellschaft, den Staat und das Recht gerichtete Forderung, jedem Individuum ein Maximum an Autonomie zu gewährleisten. Diese Forderung wird immer mit der einschränkenden Klausel verbunden, daß diese Freiheit soweit reicht, als sie mit der gleichen Freiheit jedes anderen zusammenbestehen kann. Politische Freiheit ist also sozial. Sie sollte nicht nur nach ihren negativen Aspekten, das heißt: nach dem Ausmaß der Einschränkungen gemessen werden, sondern sie ist auch im positiven Sinne zu beurteilen, nämlich nach den zur Verfügung stehenden Handlungsspielräumen. Durch gewisse gesellschaftliche Verpflichtungen können Einrichtungen, die neue Handlungspotentialitäten schaffen, erzeugt werden. Die Grenze zwischen der verpflichtenden Einbindung des Einzelnen in die Institutionen und der Forderung nach möglichst großer Ungebundenheit läßt sich mit voller Allgemeinheit nicht ziehen; sie wird durch eine Wertentscheidung zu bestimmen sein.

Man darf nicht bei dem allgemeinen Freiheitspostulat stehenbleiben; es geht nicht nur um die Freiheit im allgemeinen, sondern um die Analyse verschiedener Bereiche des freien Entscheidens und Handelns: um ökonomische Freiheit, Gedanken- und Religionsfreiheit, um die Freiheit der Berufswahl und der Lebensgestaltung, ferner um die Freiheit der Partnerwahl sowie die Koalitionsfreiheit u.a. Es darf nicht außer acht gelassen werden, daß die Wege zur Verfolgung dieser einzelnen Freiheiten miteinander in Konflikt geraten können. Hierzu zwei Beispiele: (a) Unbeschränkte ökonomische Freiheit gerät leicht mit der allgemeinen Freiheit der großen Masse der Bürger in Konflikt, oft auch mit der Freiheit der Meinungsbildung und des Denkens (z.B. durch Beherrschung der Massenmedien und der Publikationsmöglichkeiten durch wenige ökonomisch starke Subjekte). (b) Religionsfreiheit ist nicht nur Gewissensfreiheit, sondern auch die Freiheit, Religionsgemeinschaften zu organisieren. Die Religionsfreiheit gerät in offenen Konflikt mit anderen Freiheitspostulaten, wenn sie nicht die prinzipielle Gleichheit und Würde der Frau anerkennt, wenn sie gegenüber anderen Religionsgemeinschaften, gegenüber abweichenden philosophischen Auffassungen oder atheistischen Lehren intolerant wird.

Soll man die politische Freiheit nur nach der rechtlichen Möglichkeit oder nach dem Bestehen faktischer Chancen messen? Genügt es z.B., daß nach der gegebenen Rechtslage jedermann theoretisch jedes Amt und jede Funktion erlangen kann, oder geht es auch um die faktischen Möglichkeiten bzw. Chancen des Zutritts zu Funktionen? Ich halte auch die faktischen Chancen für ein wesentliches Kriterium der Freiheit.

Die wichtigsten Bestandteile der politischen Freiheit sind: persönliche Freiheit, Freiheit des Denkens und Freiheit zur Lebensgestaltung.

Freiheit der Person ist Freiheit gegenüber dem Staat: Schutz vor strafrechtlicher Verfolgung, vor Übergriffen der Polizei, die durch Bestimmungen vom Typus der Habeascorpusakte und durch die Zulässigkeit von Haftstrafen nur aufgrund eines ordentlichen Gerichtsverfahrens sichergestellt werden. Hierher gehört das Postulat der Freizügigkeit, der Auswanderungsfreiheit usw.

Freiheit des Denkens ist in der modernen Gesellschaft ein sehr komplexes Postulat. Es geht natürlich nicht nur darum, daß jedermann denken kann, was er will, sondern auch darum, daß er in gesellschaftlich wirksamer Weise sagen kann, was er meint. Die Filter gegen freie Meinungsäußerung und -verbreitung können von sehr verschiedener Art sein, und ihr Dasein und Wirken sind in verschiedener Weise transparent. Die Bedingungen der freien Meinungsäußerung sind wesentlich für die Entwicklung der Kultur, den demokratischen Status der Gesellschaft, und sie sind daher auch Kriterien der Rechtskultur.

Die freie Lebensgestaltung ist wohl ein berechtigtes Ideal, und daher ein Merkmal der Rechtskultur; sie besteht jedoch niemals uneingeschränkt. Es gibt keine wirkliche Gleichheit der Startbedingungen, keine Gleichheit der realen Möglichkeiten, den angestrebten Lebensweg zu gehen, und es kann im strengen Sinne eine Freiheit der Lebensgestaltung nicht existieren. Dennoch ist es sinnvoll, dieses Ideal zu fördern, und das Ausmaß, in dem es erreicht wird, als Kriterium der Rechtskultur anzusehen.

Freiheit im Staat kann nur dann gedeihen, wenn der Staat sich nicht auf ein ideologisches System fixiert. Es sollte keine Staatsreligion und keine Staatsideologie geben. Geistige Freiheit erfordert die Trennung von Staat und Religionsgemeinschaften, Ideologien sollten nicht zum Gesetz erhoben werden.

8. Das Kriterium der Gerechtigkeit

Es ist banal, auf den Zusammenhang zwischen Recht und Gerechtigkeit (bzw. Gerechtigkeitsstreben) hinzuweisen, denn das Recht will offensichtlich gerechtes Recht sein, es will definieren, was in concreto gerecht ist. Für die Beurteilung einer Rechtskultur genügt dies natürlich nicht, denn dabei geht es nicht darum, was die Rechtsordnung als „gerecht“ definiert, sondern ob das, was sie als gesollt festlegt, nach gewissen objektiv als gültig aufweisbaren Grundsätzen gerecht ist.

Ist es die Aufgabe der Gerechtigkeitstheorie, allgemeine Prinzipien der gerechten Gesellschaft auszuarbeiten – wie manche Autoren, z.B. John Rawls, meinen –, und kann sie dies leisten ? Als Non-Kognitivist bin ich der Meinung, daß es keinen rein kognitiven Weg zur Begründung objektiver inhaltlicher Gerechtigkeitsgrundsätze gibt. Sozialpolitische Programme unterliegen zwar der Gerechtigkeitsprüfung, sie werden aber durch Gerechtigkeitsgrundsätze allein nicht bestimmt, denn sie bestehen in einer Setzung von Zielen, die einem gewissen Menschenbild entsprechen; sie werden gelenkt von sozialen Idealen und bestimmt durch die gesellschaftliche Zweckmäßigkeit.

Sozialpolitische Programme sind Ausdruck von Interessen und Systeme eines akzeptablen Interessenausgleichs, der gleichzeitig die Gesamtfunktionalität und Stabilität des Gesellschaftssystems sicherstellen soll. Diese Interessenbeziehungen und die Betrachtung des gesellschaftlichen Systems vom Standpunkt der Interessen der Mitglieder und Gruppen der Gesellschaft ist ein wesentliches Moment der wertenden Beurteilung des Gesellschaftssystems; und dieses Werturteil ist nicht nur ein Gerechtigkeitsurteil, obwohl es zweifellos mit Gerechtigkeitsfragen korreliert. Die

Interessenwertung knüpft berechtigterweise an gesellschaftliche Stratifikationen an; es wäre aber eine ungerechtfertigte Simplifikation, sie als bloße klassenrelative Wertung zu verstehen. Sie hört deswegen auch keineswegs in einer sogenannten klassenlosen Gesellschaft auf. Die kritische Wertanalyse wird nur an ein anderes gesellschaftliches Stratifikationsnetz anknüpfen.

Das Rechtssystem muß vom Gesichtspunkt der formalen Gerechtigkeit geprüft werden, denn nur so kann die Transparenz der Wertungen klargestellt werden.[11] Einerseits müssen gleichartige Fälle gleich behandelt werden, andererseits muß eine zweckmäßige Differenzierung der Sollfolgen verschiedener Subsumtionsbedingungen eingeführt werden. Eine funktionale Lenkung besteht nämlich nicht nur in der Gleichbehandlung, sondern auch im Aufbau wirksamer Strukturen.

Ich möchte nun einige Thesen anführen, für die ich eintrete, die jedoch in der Gerechtigkeitstheorie nicht unumstritten sind:

(i) Gerechtigkeitsüberlegungen haben vornehmlich kritische Funktion. Es läßt sich oft überzeugend zeigen, daß eine gewisse Normierung ungerecht ist; der positive Beweis der Adäquatheit rechtlicher Auffassungen und Institutionen ist aber in der Regel schwer zu erbringen.

(ii) In der rechtspolitischen Überlegung treten in der Regel sowohl Utilitäts- als auch Gerechtigkeitserwägungen auf.

(iii) Die Frage der motivatorischen Auswirkung der Normierung muß immer beachtet werden.

(iv) Die Gerechtigkeitsprinzipien haben die Funktion, das Handeln des Menschen auf gemeinschaftliche Interessen hin zu orientieren.

(v) Die rechtspolitische Überlegung muß funktionale und gerechte Lösungen suchen, sie darf nicht in erster Linie auf parteipolitische Vorteile und populistische Akzeptanz gerichtet sein.

(vi) Gerechtigkeit sollte weniger auf Vergeltung und Repression und mehr auf die prospektive Zielsetzung, harmonische und funktionale Beziehungen in der Gesellschaft zu schaffen, gerichtet sein.

(vii) Im Sinne der Kantschen Idee des höchsten Guts ist sicherzustellen, daß der moralische Weg mehr Erfolgschancen hat als der widerrechtliche oder der Rechtsmißbrauch.

(viii) Besonders in unserer Zeit erscheint es mir als wichtiges Postulat der politischen Moral und der Gerechtigkeit, die Rechtspolitik nicht nur auf die Interessen der eigenen Gruppe oder der eigenen Nation zu orientieren, sondern vor allem Verständigung zwischen den Staaten, Nationen und Gruppen zu fördern und kooperative humanistische Ideale zu verfolgen.[12]

11 O. *Weinberger*, Gleichheitspostulate. Eine strukturtheoretische und rechtspolitische Betrachtung, ÖZÖR 1974/25, S. 23–38.

12 O. *Weinberger*, Analytisch-dialektische Gerechtigkeitstheorie. Skizze einer handlungstheoretischen und non-kognitivistischen Gerechtigkeitstheorie in: I. Tammelo, A. Aarnio (Hrsg.), Zum Fortschritt von Theorie und Technik in Recht und Ethik, Rechtstheorie 1981, Beiheft 3, S. 307–331; *ders.*, Die Conditio Humana und das Ideal der Gerechtigkeit in. J. M. Broek-

9. Das Kriterium der Leistungsfähigkeit der Jurisprudenz

Die Jurisprudenz ist ein wesentliches Element der Rechtskultur, denn die Rechtswissenschaftler haben in der Gesellschaft wichtige Aufgaben zu erfüllen: Die akademischen Lehrer der Rechtswissenschaften haben die Aufgabe, den Rechtsstab der Gesellschaft auszubilden, und sie beeinflussen hierdurch die Rechtspraxis. Die Rechtswissenschaftler sind es, die die Rechtsdogmatik ausarbeiten, wodurch sie einen wesentlichen Beitrag zur Orientierung der Rechtspraxis leisten. Die Arbeit des Rechtsdogmatikers hat nicht nur eine das Rechtsmaterial ordnende Funktion; der Rechtsdogmatiker entwickelt auch Rechtsideen, rechtliche Konzeptionen, und er steht daher nicht außerhalb des gesellschaftlichen Systems der Rechtsgestaltung.

Die Rechtsphilosophen tragen dazu bei, eine rational argumentierende Jurisprudenz und eine effektiv arbeitende Entscheidungspraxis zu schaffen. Vor allem in demokratischen Rechtskulturen obliegt es der Rechtswissenschaft, als kritische Instanz mit der Entscheidungspraxis und der Rechtspolitik in Diskussion zu treten. Last, but not least kann eine fortschrittliche Gesellschaft nicht auf die konstruktiven Ideen verzichten, die die Jurisprudenz in die Rechtspolitik und in die Gesetzgebung einbringt, und die Jurisprudenz trägt hierdurch zur Entwicklung der Institutionen bei. Sie sollte auch Ideologiekritik und Kritik der Funktionalität der Institutionen sein.

Angesichts dieser wichtigen gesellschaftlichen Aufgaben läßt sich nicht daran zweifeln, daß eine Rechtskultur auch nach der Klarheit, der logischen Folgerichtigkeit und der Leistungsfähigkeit der Jurisprudenz gewertet werden muß.

In den folgenden Kapiteln werde ich zu zeigen versuchen, daß die rechtsphilosophische Konzeption, von der die Jurisprudenz ausgeht, in wesentlicher Weise die soziale Effizienz der Rechtswissenschaften beeinflußt.

10. Einige rechtsphilosophische Konzeptionen und ihr Einfluß auf die soziale Effizienz der Jurisprudenz

Ich behaupte – und möchte diese Behauptung durch Beispiele belegen –, daß an und für sich rein theoretische Auffassungen nicht rein theoretisch sind: sie haben oft wichtige pragmatische Konsequenzen. Dies gilt vor allem von gesellschaftswissenschaftlichen Theorien. Wenn wir speziell von der Jurisprudenz sprechen, dann kann man sagen: die gesellschaftliche Rolle der Jurisprudenz und ihre Auswirkungen in der sozialen Realität hängen weitgehend von den Auffassungen ab, von denen man ausgeht.

In der Kontroverse zwischen Naturrechtlern und Rechtspositivisten werden auf beiden Seiten oft Standpunkte vertreten, die der Effizienz der Jurisprudenz nicht zuträglich sind. Wenn der Naturrechtler die Existenz absolut gültiger Prinzipien vor-

man, K. Opalek, D. A. Kerimov (Hrsg.), Soziale Gerechtigkeit und individuelle Verantwortlichkeit im Wohlfahrtsstaat, ARSP 1985, Beiheft 24, S. 58–70.

aussetzt, dann schränkt er das Feld der Gestaltungsmöglichkeiten gesellschaftlicher Beziehungen ein; er verhindert gegebenenfalls, daß sozial adäquate Lebensformen geschaffen werden. Sein Irrtum besteht meines Erachtens darin, daß er traditionelle Werte (gegebenenfalls Werte, die er postuliert) für absolute Maßstäbe hält. Sie sind in Wirklichkeit Einstellungen, die in einer gewissen Epoche und unter gewissen Lebensumständen als evident akzeptiert werden. Wenn manche Positivisten das rationale Analysieren und Begründen de lege ferenda ablehnen, weil nach ihrer Auffassung alles Beliebige Inhalt des Rechts sein kann, wenn es nur in entsprechender Form normativ kreiert wurde, dann schließen auch sie das rationale Suchen im Bereich der Rechtspolitik aus.

Ich trete für eine dritte Position ein, die – wie ich meine – für die Jurisprudenz produktiver ist: 1. Rechtspolitische Untersuchungen sind legitime Aufgaben der Jurisprudenz. Die Jurisprudenz ist dazu berufen, neben ihrer dogmatischen Arbeit auch die Struktur der De-lege-ferenda-Argumentationen zu untersuchen und die Institutionen funktionalistisch zu analysieren. 2. Man muß davon ausgehen, daß jedes Individuum ebenso wie jede menschliche Gemeinschaft gewisse Wertüberzeugungen hat (Wertthese), die aber nicht absolute Geltung beanspruchen können, sondern im Gegenteil immer in Diskussion stehen und kritisch geprüft werden müssen.

Der juristische Historismus setzt der Entwicklung der Jurisprudenz und der Gestaltung der institutionellen Formen gewisse Schranken, die ich nicht für fortschrittsfördernd halte. Sowohl die Institutionen als auch die juristische Begriffsapparatur werden als historisch gewachsen verstanden – was ja im Prinzip richtig ist, es wird aber auch vorausgesetzt – und das ist nicht mehr problemlos –, daß das Rechtsleben sich nur in konservativer Kontinuität entwickeln kann. Die Möglichkeiten der relativ freien Gestaltung gesellschaftlicher Strukturen wird unterschätzt und als inopportun abgelehnt. Wer meinen Glauben teilt, daß der Mensch seine sozialen Lebensformen gestalten kann und soll, wird die historizistische Einstellung nicht als nutzbringend werten.

Die marxistische Theorie, die meint, ein historisches Gesetz der Sukzession gesellschaftlicher Systeme auch mit notwendiger Geltung für die Zukunft erkannt zu haben, hat markant historizistische Züge neben metaphysisch-spekulativen Aspekten. Der prognostische Teil dieser Lehre steht auf schwachen Beinen[13], weil sich weder Technik (Erfindungen) noch die materiellen Umstände (z.B. Grenzen des Wachstums, Umweltprobleme) verläßlich prognostizieren lassen. Nun ist aber nach der eigenen Auffassung des historischen Materialismus das System der gesellschaftlichen Strukturen von diesen produktionsbestimmenden Faktoren abhängig. Daraus folgt, daß genausowenig prognostizierbar ist, wie die Gesellschaft strukturiert sein wird, d.h., welche Gesellschaftsformen uns die Zukunft bringen wird, wie es nicht vorhersehbar ist, wie die Technik und Produktion der Zukunft aussehen werden. Geschichtsphilosophische Theorien mit prognostischem Geltungsanspruch – natürlich nicht nur die marxistische Lehre, sondern auch andere, etwa idealistische

13 Der historische Abriß der marxistischen Entwicklungstheorie der Gesellschaftsformen stimmt auch nicht überall genau mit der historischen Realität überein.

Konzeptionen dieser Art – sind Hemmschuhe für eine fortschrittliche Entwicklung, mögen sie auch in gewissen Phasen des politischen Lebens als Programme, die täuschend in ein kognitives Gewand verkleidet sind, die fortschrittliche Entwicklung anspornen.

Der Normativismus der Reinen Rechtslehre hat zweifellos große Verdienste um die Entwicklung der analytischen Rechtsphilosophie erlangt. Der reine Normativismus scheitert aber an dem Versuch, das gesellschaftliche Dasein von Normen zu erklären; er kann keine brauchbare Theorie der Rechtsgeltung anbieten. Geltung ist nämlich eine soziologische Tatsachenfrage, die durch eine bloße Annahme, die Setzung der Grundnorm als Hypothese, nicht beantwortet werden kann. Das Reinheitspostulat hat auch sonst auf die Entwicklung der Jurisprudenz und des Rechtslebens negative Auswirkungen. Das Rechtsphänomen wird nur halb abgebildet, nur als System von Verhaltensnormen und Normerzeugungsakten, nicht aber als institutionelle Realität, die in gewissen Aspekten auch der Beobachtung zugänglich ist. Der gedankliche Hintergrund des Rechts: gesellschaftliche Zwecke und Leitideen der Institutionen, werden ausgeblendet, ebenso wie alle Tatsachenfragen des Rechtslebens, z.B. die sozialen Relationen und die Auswirkungen des Rechts als Motivatoren und strukturbildenden Faktoren. Daraus resultiert auch eine wesentliche Einschränkung der Argumentationskapazität in der juristischen Hermeneutik und in der Entscheidungsbegründung. Bedauerlich sind auch die Konsequenzen des Reinheitspostulats für die Entwicklung der Rechtswissenschaften und für die praktische Rechtspolitik: Sowohl die akademische Lehre als auch die Forschung werden um wichtige Teile verkürzt, funktionalistisches Verständnis, Rechtstatsachenwissen und Rechtspolitik werden aus dem Interessenkreis der rechtswissenschaftlichen Fakultäten vertrieben. Funktionalistische Analysen der gesellschaftlichen Einrichtungen werden auch in der praktischen Rechtspolitik vernachlässigt.

Die Meinung des skandinavischen und amerikanischen Rechtsrealismus, daß die Entscheidungspraxis des Richters allein darüber entscheidet, was geltendes Recht ist, kann nur partial als richtig angesehen werden. Für die Abschätzung der Chancen, in einem Rechtsstreit Erfolg zu haben, ist wohl die Statistik über die Entscheidungspraxis ein wesentlicher Maßstab; das geltende Recht überhaupt als einen Reflex der Entscheidungspraxis anzusehen, ist aber keine adäquate Auffassung. Die Rechtsordnung ist ein Interaktionssystem von primärer und sekundärer Normerzeugung. Die institutionalisierte Ordnung, der Staatsapparat, die Kompetenzverteilung und die Verfahrensweisen werden normativ konstituiert und als Einrichtungen in die soziale Wirklichkeit umgesetzt. Im Grunde ist also primär der Richter vom Recht, und nur mittelbar das Recht vom Richter abhängig. Der Schluß von der Entscheidungspraxis darauf, was als generelle Norm gilt, ist nur teilweise berechtigt, nämlich nur dann, wenn die Judikatur einheitlich und stabilisiert ist. Es gelten auch Normen, die keine Entscheidungspraxis hervorgerufen haben. Die rechtsrealistische Auffassung verführt gelegentlich zu der Meinung, daß erst durch die Entscheidung Recht geschaffen wird; in Wirklichkeit besteht eine gewisse Rechtsrelation auch vor der Entscheidung, und der rechtliche Charakter der Beziehung wird durch die Entscheidung meist nur transformiert. Zu beachten ist auch, daß das durch die Gesetzgebung geschaffene Recht nicht nur durch die Judikatur, sondern auch durch andere Faktoren, insbesondere durch die rechtswissenschaftliche Dogmatik, modifiziert und entfaltet wird.

In der rechtsrealistischen Auffassung wird der normativ-konstruktive Charakter des Rechts unterbewertet, und es wird nicht genügend berücksichtigt, daß das Recht Schöpfer der gesellschaftlichen Institutionen ist. Auch die funktionalistischen Zusammenhänge bleiben – soweit sie nicht die Entscheidungsraxis selbst betreffen – außerhalb des Interessenfeldes des Rechtsrealismus.

Die juristische Institutionentheorie von M. Hauriou betrachtet die Institution als soziale Realität, die unter dem Gesichtspunkt einer Leitidee – der Idee eines zu schaffenden Werkes – konstituiert wird. Das Recht erscheint ihm gegenüber der Institution als sekundär. „Es sind die Institutionen, welche Rechtsnormen schaffen, nicht die Rechtsnormen, welche die Institutionen schaffen[14].“ Das Recht dient der Strukturierung der Institution und der Verwirklichung ihrer Leitideen. Die Theorie ist insoweit wichtig, als sie auf die Beziehung zwischen Institution und gesellschaftlichen Normen hinweist, ebensowie auf die Leitideen als einem geistigen Hintergrund sowohl der Institutionen als auch der Normen. Im einzelnen ist aber Haurious Auffassung der Leitidee unklar und etwas mystisch gefärbt, weil er sie einerseits mit vitalistischen Konzeptionen in Verbindung bringt und weil er sie andererseits als etwas ansieht, das wir nicht schaffen, sondern vorfinden. Für Hauriou sind die Leitideen geistige Kristallisationszentren der gesellschaftlich schöpferischen Macht, während das soziale Milieu keine Initiative entwickelt. Meiner Auffassung nach ist die Konstitution von Institutionen ohne normativen Kern nicht denkbar, weil die Institutionen als gesellschaftliche Handlungsrahmen in Erscheinung treten und selbst Konstituenten der Machtkonstellationen sind. Auch die Leitideen deute ich weniger spekulativ, im wesentlichen als gesellschaftliche Zielsetzungen. Hauriou und andere Vertreter einer juristischen Institutionentheorie haben in verdienstvoller Weise auf die notwendige Beziehung zwischen Institutionen, institutionalisierten Normensystemen hingewiesen; eine eingehende funktionalistische Analyse der Institutionen wurde von ihnen aber kaum entwickelt. In manchen Lehren, vor allem bei Carl Schmitt, teilweise aber auch bei Hariou, wird die Macht dem Rechtssystem vorgeordnet. Ich bin dagegen der Meinung, daß auch die Machtstrukturen durch normative Relationen, die in den Institutionen als gesellschaftlichen Handlungsrahmen aufgebaut werden, zustandekommen.[15]

Die systemtheoretische Zutrittsweise zur Rechtstheorie ist zentral auf die Analyse funktionalistischer Beziehungen orientiert. Hierdurch führt sie zu Überlegungen von nicht unbedeutender explikativer Kraft. Die systemtheoretischen Betrachtungen werden aber im wesentlichen als reine Verhaltensbeschreibungen konzipiert, und es wird versucht, die Funktion der Normen auf eine besondere Art von Verhaltens-

14 M. *Hauriou*, Die Theorie der Institution und der Gründung. Essay über den sozialen Vitalismus, in: R. Schnur (Hrsg.), Die Theorie der Institution. Berlin 1965, S. 65.

15 Vgl. O. *Weinberger*, Institutionentheorie und institutionalistischer Rechtspositivismus, in: ders., W. Krawietz, Helmut Schelsky als Soziologe und politischer Denker, Stuttgart 1985, S. 134–172.

erwartungen zu reduzieren.[16] Die rein behavioristische Einstellung der systemtheoretischen Zutrittsweise – wie sie insbesondere N. Luhmann vertritt – gestattet wegen der semantischen Einschränkung (echte praktische Informationen, Normen, Zwecke und Werte, werden eigentlich in die Theorie nicht integriert) – eigentlich keine funktionalistische Wertanalyse und keine wertorientierte kritische Untersuchung der Funktionalität der Institutionen in Relation zu ihren Leitideen.

Wenn ich nun über den normativistischen Institutionalismus (bzw. den Institutionalistischen Rechtspositivismus) sprechen werde, dann beziehe ich mich nicht auf die bisherige Leistung dieser von D. N. MacCormick und mir entwickelten Auffassung, sondern ich spreche von den Möglichkeiten, die aus dieser Konzeption entspringen.

Ich bin der Meinung, daß diese Theorie, der gemäß jede Institution und jede institutionelle Tatsache in Beziehung steht zu einem System praktischer Informationen, und der gemäß das Dasein gesellschaftlicher Normensysteme durch Wirkzusammenhänge mit bestehenden Institutionen gegeben ist, eine nicht unbedeutende explikative Kraft besitzt. Sie bietet eine Normenontologie ebenso an, wie sie einen Beitrag zur Erklärung soziologischer Phänomene leistet, indem sie das Verstehen der den Institutionen zugrundeliegenden praktischen Informationen als Basis der verstehenden Soziologie unterstreicht. Sie ist eine normativ-analytische Theorie, die einerseits zur Entwicklung der Strukturtheorie des Rechts einen Beitrag leistet, und andererseits eine brauchbare Geltungstheorie des Rechts vorlegt.

Im Bereich der juristischen Hermeneutik bringt die Theorie zwei wesentliche Gedanken: (i) sie führt zu der Auffassung der Rechtsnormen in solchen Komplexen, die einen institutionellen Zusammenhang aufweisen, (ii) die Begriffe der Leitidee und des teleologischen Hintergrunds der rechtlichen Institutionen gestatten eine nützliche Erweiterung der Argumentationsbasis in hermeneutischen Analysen. Instrumentalistische Überlegungen werden als legitime Mittel der Interpretationsanalysen angesehen.

Die Meinung, daß Rechtsnormen in ihrem sachlichen Zusammenhang als Momente analysiert werden müssen, die durch institutionelle Zusammenhänge bestimmt sind, ist für dogmatische Überlegungen nützlich. Außerdem wird die nicht nur analytische und zusammenfassende Funktion der Dogmatik, sondern auch ihre konstruktive Rolle anerkannt.

Ein wichtiges Ergebnis des institutionalistischen Normativismus ist die Forderung, daß die Jurisprudenz die Wirkungsweise des Rechts als Bestandteil der Rechtserkenntnis pflegen muß, und daß funktionalistische Analysen der Institutionen als Aufgabe der Jurisprudenz gefordert werden. Dies hat wesentliche Implikationen.

16 Siehe N. *Luhmann*, Rechtssoziologie. Hamburg 1972, S. 34: „Kognitive Erfahrungen sind mithin durch eine nicht notwendig bewußte Lernbereitschaft ausgezeichnet normative Erwartungen dagegen durch die Entschlossenheit, aus Enttäuschungen nicht zu lernen" ... „Normen sind demnach *kontrafaktisch stabilisierte Verhaltenserwartungen.*" „Die übliche Entgegensetzung von Faktischem und Normativen sollte deshalb aufgegeben werden." Vgl. auch O. *Weinberger*, Recht, Institution und Rechtspolitik. Stuttgart 1987, S. 172–174, S. 198–201.

Die Institutionen werden einer funktionalen Kritik in Relation zu den Leitideen unterworfen, sozialpolitische Analysen werden zu legitimen Bestandteilen der Rechtswissenschaft, und auch die rechtspolitisch proponierende Aktivität der Jurisprudenz wird gefördert.[17]

Gewisse Probleme der Demokratietheorie, vor allem die Frage, ob Demokratie nur als formales Willensbildungsprinzip aufgefaßt werden soll, oder ob Demokratie auf einem offenen System inhaltlicher Postulate beruht, kann vom Standpunkt dieser Theorie untersucht werden.[18]

17 O. *Weinberger*, Rechtspolitische Institutionenanalyse, in: *ders.*, Recht, Institution und Rechtspolitik, a.a.O., S. 205–243; *ders.*, Reine oder funktionalistische Rechtsbetrachtung, in: ders., W. Krawietz (Hrsg.), Reine Rechtslehre im Spiegel ihrer Fortsetzer und Kritiker, im Druck.

18 O. *Weinberger*, Leitideen der Demokratie Referat gehalten beim Symposium „Problemas actuales de filosofia del derecho", Bilbao 1987; *ders.*, Skizze einer funktionalistischen Theorie der Demokratie, in: T. G. Masaryk-Gedächtnisschrift, Grazer Philosophische Studien, im Druck.

MUTMASSUNGEN ÜBER EINEN ZUSAMMENHANG ZWISCHEN DER DENKWEISE DER ÖSTERREICHISCHEN VERWALTUNG UND DER WIENER SCHULE DER RECHTSTHEORIE

Gerhart Wielinger

I.

Ideengeschichte ist zu einem guten Teil auch Geschichte der Wirkung oder der Wirkungslosigkeit von Ideen. Forschungen auf diesem Gebiet sind im allgemeinen reizvoll, können aber genau an jenem Punkt, an dem die Sache besonders interessant zu werden pflegt, methodologisch fragwürdig werden, nämlich dann, wenn es um die Frage nach den Ursachen des Erfolges oder der Erfolglosigkeit bestimmter Ideen bzw. der Werke von Denkern geht. So ist es etwa leicht, gesicherte Erkenntnis darüber zu gewinnen, daß das Konzept von Karl Marx für die Erklärung des Ablaufes der Geschichte ungleich mehr Wirkung erzielt hat, ungleich erfolgreicher gewesen ist, als jenes seines Zeitgenossen Arthur Schopenhauer, oder, daß Sigmund Freuds Theorien zur Erklärung der Ursachen menschlichen Verhaltens ungleich mehr Einfluß ausgeübt haben als jene seines Zeitgenossen Alfred Adler. Fragt man aber nach den Ursachen für diese höchst unterschiedlichen Grade an Wirksamkeit, führt der Weg der Erkenntnis bald auf unsicheren Boden.

Es kann wohl außer Frage gestellt werden, daß die Ursache für Wirkung und Erfolg von Ideen nicht deren „Richtigkeit" im Sinne von Wahrheit ist. Ebenso kann außer Frage gestellt werden, daß ursächlich für Wirkung und Erfolg sehr wohl die Überzeugung von Menschen ist, die betreffenden Ideen seien wahr oder zumindest in höherem Maße der Wahrheit nahekommend als andere Ideen.

Die Frage nach Ursachen von Erfolg oder Erfolglosigkeit von Ideen ist daher als Frage nach Ursachen dafür zu stellen, weshalb Menschen diese Ideen für wahr gehalten haben. Und da Ideen bekanntlich nicht schlechthin in der ganzen Menschheit akzeptiert worden sind und werden, muß die Frage lauten: Aus welchen Gründen haben bestimmte Menschen in einer bestimmten Zeit in einem bestimmten Raum bestimmte Ideen akzeptiert, andere aber nicht? Damit ist aber gleichzeitig die Frage gestellt, aus welchen Gründen bestimmte andere Menschen, die ebenfalls mit diesen Ideen bekanntgeworden sind, diese nicht akzeptiert haben.

Die Antwort darauf wird nur selten mehr sein können als eine einigermaßen begründete Vermutung.

Dies sei vorausgeschickt um klarzulegen, daß der spekulative Charakter der folgenden Überlegungen nicht bestritten wird.

II.

Anlaß für die Befassung mit diesem Thema war die folgende Frage: Wie kommt es, daß zentrale Lehren der Wiener rechtstheoretischen Schule in Österreich weithin akzeptiert worden sind und bis heute das Denken der Juristen prägen, in Deutschland und in der Schweiz aber bis heute praktisch kaum Wirkung erzielt haben und weiters, weshalb ist in Österreich die Wirkung dieser Ideen auf die Bereiche des Verfassungs- und des Verwaltungsrechtes beschränkt geblieben? Dabei ist es weniger bemerkenswert und erklärungsbedürftig erschienen, daß die Wiener Schule in Deutschland praktisch keine Wirkung erzielt hat und auch in Österreich für die Disziplinen des Zivilrechtes und des Strafrechtes keine Bedeutung erlangt hat, sondern der Umstand, daß eine Rechtstheorie wie diese in Österreich entwickelt worden ist und große Wirkung erzielt hat. Dies deshalb, weil sich die Wissenschaftsentwicklung in Österreich seit der Reform der Universitäten, die mit dem Namen des Ministers Thun-Hohenstein verbunden ist, bis in die Zeit zwischen den beiden Weltkriegen im Kontext der Wissenschaftsentwicklung des gesamten deutschen Sprachraums abspielt und während dieser Zeit Sonderentwicklungen, die nur in Österreich erfolgreich gewesen sind, selten sind. Eine solche Entwicklung auf dem Gebiet der Verfassungsdogmatik wäre nicht so bemerkenswert gewesen, denn die Probleme des Verfassungsrechtes können nicht abstrahiert vom positiven Recht betrachtet werden und das Verfassungsrecht der Staaten ist eben sehr unterschiedlich. Daß die österreichische Besonderheit aber gerade die allgemeine Rechtstheorie betrifft, also eine Disziplin, die ohne Einbindung in das positive Recht eines bestimmten Staates betrieben werden kann, ist für die Zeit, in der die Wiener rechtstheoretische Schule entstanden ist, unerwartet. Damals war es nämlich in rechtswissenschaftlichen Disziplinen, die positives Recht zum Gegenstand haben, nämlich im Zivilrecht und im Strafrecht durchaus üblich, Dogmatik gleichsam über Staatsgrenzen hinweg zu betreiben. Das dürfte für das Zivilrecht zum Teil aus der romanistischen Tradition, die diese Disziplin in ganz Kontinentaleuropa hat, zu erklären sein. Aber gemeinsame Traditionen, auf denen eine Rechtstheorie, die nicht nur auf Österreich beschränkt bleibt, hätte aufbauen können, hat es ja auch gegeben. Dabei ist an die kantianische Philosophie in der Ausprägung des Neukantianismus zu denken.[1]

III.

Bevor versucht werden kann, eine skizzenhafte Antwort auf die vorhin gestellte Frage zu geben, sei noch präzisiert, was gemeint ist, wenn hier von einer österreichischen Sonderentwicklung auf dem Gebiet der Rechtstheorie und deren Erfolg bzw. Erfolglosigkeit gesprochen wird: Zentraler Punkt, gleichsam die Kernthese der

1 Kelsens Selbstverständnis von der Österreichischen Rechtswissenschaft als Teil der Deutschen Rechtswissenschaft kommt besonders deutlich am Schluß der Vorrede zur 2. Auflage der Hauptprobleme der Staatsrechtslehre auf Seite XXIII zum Ausdruck.

Wiener Schule, ist als Folge der Unterscheidung zwischen Norm und Aussage die konsequente Unterscheidung zwischen Erzeugung des Rechts und Erkenntnis des Rechts. Daraus folgt die Absage an das traditionelle Selbstverständnis der Rechtswissenschaft als einer Rechtsprechungswissenschaft, also einer Wissenschaft, in der es letztlich darum geht, das Organ, das Recht anzuwenden hat – typischerweise den Richter –, bei der Findung seiner Entscheidung im Einzelfall anzuleiten. In diesem Punkt unterscheidet sich die Wiener Schule von anderen im deutschen Sprachraum vertretenen Rechtstheorien, auch jenen, die sich als „positivistisch" verstanden haben. In diesen hatte und hat nämlich die Frage, darf der Richter vom Gesetz abweichen, wesentliche Bedeutung Das Charakteristikum der positivistischen Theorien war es bekanntlich, daß diese Frage entschieden verneint worden ist.[2]

Die Wiener Schule hat jedoch nie so etwas wie eine Methodenlehre der Rechtsanwendung geschaffen, ihre Interpretationslehre ist überhaupt nur rudimentär entwickelt und die einschlägigen Ansätze betreffen grundsätzlich nur die Rechtserkenntnis, nur ausnahmsweise die Rechtsanwendung.[3] Für sie ist Gegenstand der Rechtswissenschaft die gesamte Rechtsordnung. Funktion der Rechtswissenschaft ist es, die Rechtsordnung zu beschreiben, Funktion der Rechtstheorie, das Instrumentarium zur Beschreibung der Rechtsordnung zu entwickeln.

Der zweite Punkt, der hier ins Auge gefaßt wird, ist der formale Rechtsbegriff als Identifikation des Staatswillens mit dem Recht, woraus folgt, daß sich der Staatswille nur als Rechtsvorschrift äußern kann und daß jeder rechtlich relevante Akt eine Grundlage in einer Äußerung des Staatswillens haben muß. Damit ist die geläufige Unterscheidung zwischen dem Rechtssatz als dem „nach außen" wirkenden allgemein verbindlichen Staatswillen und dem bloß im Innenverhältnis der Staatsorganisation wirksamen, nur für Organe verbindlichen Akt, dem Rechtscharakter fehlt, aufgegeben.[4] Aber noch einiges mehr an traditionellen Vorstellungen der Jurisprudenz ist damit in Zweifel gezogen, nämlich die Behauptung, es bestehe ein wesenhafter Unterschied zwischen öffentlichem und privatem Recht und folglich zwischen staatlicher Rechtsetzung und privatautonomem Vertragsabschluß.

Aus der These, daß Recht nur nach formalen Gesichtspunkten charakterisiert werden könne, folgt auch, daß es keine aus dem Wesen des Rechts folgende Beschränkung des möglichen Inhalts der Rechtsordnung gibt, daß vielmehr grundsätzlich alles Gegenstand einer rechtlichen Regelung sein kann. Die tatsächliche Be-

2 Als Beispiel dafür sei die Ansicht von Gustav Radbruch genannt. Radbruch hatte bekanntlich in der Zwischenkriegszeit die These vertreten, der Richter sei unbedingt, auch moralisch verpflichtet, ein Gesetz anzuwenden, einerlei was dessen Inhalt ist. Unter dem Eindruck der Ära des Nationalsozialismus hat er diese Position später aufgegeben und bekämpft.

3 Siehe dazu insbesondere Adolf *Merkl*, Zum Interpretationsproblem, 1916; wieder abgedruckt in: Die Wiener Rechtstheoretische Schule, 1968, S. 1059.

4 Kelsen hat noch in den Hauptproblemen der Staatsrechtslehre zwischen einem „Rechtssatz im engeren Sinn", der die Untertanen verpflichtet und einem „Rechtssatz im weiteren Sinn", der den Staat verpflichtet, unterschieden. Diese Ansicht hat er schon in der Vorrede zur 2. Auflage dieses Werkes als nicht haltbar bezeichnet.

grenzung der Gegenstände, auf die sich eine Rechtsordnung bezieht, hat konkrete, historisch-politische Gründe.

Als drittes Element sei die Lehre vom Stufenbau der Rechtsordnung genannt.

Sie sagt ja bekanntlich, daß die Rechtsordnung formal und nur formal, nicht aber inhaltlich, dies sei ausdrücklich betont, ein geschlossenes, in Schichten gegliedertes Ganzes bildet, dessen einzelne Ebenen zueinander im Verhältnis von Bedingung und Bedingtem stehen. Die Rechtsordnung wird nicht nur als eine Summe von Geboten, sondern auch als ein Gefüge von Ermächtigungen zur Rechtserzeugung verstanden. Demnach ermächtigen die Rechtsvorschriften der einzelnen Stufen jeweils zur Erzeugung weiterer Rechtsvorschriften niederer Stufen und legen formale, wie inhaltliche Bedingungen für die weitere Rechtserzeugung fest. Sie bestimmen den Inhalt der Rechtsvorschriften niedriger Stufe zum Teil voraus, räumen aber auch regelmäßig dem Organ, das zur Erzeugung derartiger Rechtsakte ermächtigt ist, einen Spielraum zur Gestaltung des Inhalts dieser Akte ein. Das Maß an Vorgabe für den Inhalt der Akte, zu deren Setzung ermächtigt wird, nimmt im allgemeinen mit jeder Stufe zu: So ermächtigt die Verfassung zur Gesetzgebung, regelt deren Verfahren, bestimmt aber den Inhalt von Gesetzen im allgemeinen nur in einem sehr geringen Maß vorher. Das Gesetz hingegen legt den Inhalt von Akten, die auf ihm als Grundlage basieren, relativ genau fest, läßt aber doch Beurteilungs- und Gestaltungsspielräume offen.

Man darf nicht übersehen, daß in der Lehre vom Stufenbau auch jene vom Fehlerkalkül enthalten ist. Nach dieser sind logische alle formalen und inhaltlichen Bedingungen der Ermächtigung zur Erzeugung von Rechtsakten gleichrangig und gleichwertig. Damit ein Rechtsakt zustande kommt, müssen alle Bedingungen ausnahmslos erfüllt sein. Das positive Recht differenziert aber regelmäßig zwischen den einzelnen Erzeugungsbedingungen, d.h. es sieht im allgemeinen gewisse Mindestbedingungen vor, deren Erfüllung Voraussetzung dafür ist, daß ein Rechtsakt überhaupt zustande kommt. Werden diese Mindestbedingungen nicht erfüllt, liegt eben gar kein Rechtsakt vor. Die übrigen Erzeugungsbedingungen sind demgegenüber nur Bedingungen für die Fehlerlosigkeit des Aktes. Ihre Nichteinhaltung hindert das Zustandekommen eines Rechtsaktes nicht, macht diesen aber anfechtbar. Und wenn für den Fall der Nichteinhaltung von etwas, was wie eine Erzeugungsbedingung aussieht, nicht vorgesehen ist, daß der so erzeugte Rechtsakt wegen dieses Mangels anfechtbar ist, dann handelt es sich überhaupt nicht um eine Erzeugungsbedingung.

Welche Bedingungen echte Erzeugungsbedingungen sind und welche bloß Bedingungen der Fehlerlosigkeit sind, ist nach dieser Theorie keine Frage der Logik, sondern eine solche des positiven Rechts. Daraus ergibt sich aber regelmäßig, daß nur ganz wenige Bedingungen wirkliche Erzeugungsbedingungen sind, alle anderen aber nur Voraussetzungen für die Fehlerlosigkeit. D.h., die Rechtsordnung ermöglicht es im allgemeinen, daß ein Rechtsakt unter Nichtbeachtung von Erzeugungsbedingungen gesetzt wird, sieht jedoch vor, daß dieser Akt aufgehoben werden kann, aber bis zu seiner Aufhebung als Rechtsakt gilt.

Soweit die Skizze der wesentlichen Thesen der Wiener rechtstheoretischen

Schule, die in Österreich besondere Wirksamkeit entfaltet haben. Was sind nun die Gründe dafür, daß dieses theoretische Konzept in Österreich erfolgreich gewesen ist, aber nur dort?

IV.

Wie aus dem Titel, der diesen Ausführungen vorangestellt ist, zu entnehmen, wird hier die Ansicht vertreten, daß es einen Zusammenhang zwischen der Wiener rechtstheoretischen Schule und der Sicht der Rechtsordnung, die dem österreichischen Verwaltungsbeamten um die Jahrhundertwende geläufig gewesen ist, gibt. Damit sei keineswegs behauptet, für Österreichs Verwaltungsbeamte sei eine überdurchschnittliche Disposition zum theoretischen Verständnis der Rechtsordnung charakteristisch gewesen. Wohl aber wird die Ansicht vertreten, daß die Wiener Schule in ihren oben dargelegten Kernthesen Gedanken formuliert und ausgesprochen hat, die dem österreichischen Verwaltungsbeamten vertraut sein konnte. Durch sie wurde manches von dem „auf den Begriff gebracht", was in der Verwaltung an allgemeinen Vorstellungen über Staat und Recht vorhanden gewesen ist. Damit ist im Grunde auch schon erklärt, weshalb die Wiener Schule in Österreich erfolgreich werden konnte: In ihr konnten österreichische Juristen ein adäquates Instrumentarium zur Deutung der ihnen aus dem Bereich des öffentlichen Rechts vertrauten Erscheinungen finden.

Dafür, daß gerade österreichischen Juristen und insbesondere österreichischen Verwaltungsbeamten diese Gedanken vertraut erscheinen konnten, gibt es vermutlich folgende Erklärung:

Österreich wird seit der Zeit Maria Theresias zu einem Verwaltungs- und Beamtenstaat, zu einem Staat, in dem fast nichts ohne die staatliche Verwaltung geschieht und fast alles durch diese bewirkt wird. Der entscheidende Schritt in diese Richtung wird unter Josef II. getan. Es sei die These gewagt, daß die Entwicklung zum Verwaltungsstaat, die in jener Zeit in allen aufgeklärt-absolutistischen Staaten stattfindet, in Österreich aus einem spezifischen Grund weiter gegangen ist als in allen vergleichbaren europäischen Staaten: Österreich ist das einzige europäische Staatswesen, in dem es seit dem 18. Jahrhundert nie mehr eine Schicht der Bevölkerung gibt, die als herrschende Klasse von überregionalem Einfluß bezeichnet werden könnte. Mit „herrschender Klasse" ist hier eine Schicht gemeint, die in der Lage ist, auf Grund ihrer eigenen Macht das politische Geschehen soweit mitzubestimmen, daß nicht nur nichts geschieht, was ihren Interessen widerspräche, sondern daß Inhalt staatlicher Maßnahmen grundsätzlich das wird, was ihren Vorstellungen bzw. ihrer Interessenlage entspricht.

In Österreich ist seit der Niederringung der Macht der Landstände in der Gegenreformation und der Beseitigung der letzten Reste ständischen Einflusses unter Josef II., im Gegensatz zu allen vergleichbaren europäischen Staatswesen, nie mehr eine Schicht der Bevölkerung in die Lage gekommen, herrschende Klasse zu sein. Das unterscheidet Österreich von Ungarn, dessen Adel vom Monarchen nie politisch bezwungen worden ist, von Preußen, wo im Osten die Schicht der adeligen Großgrundbesitzer und im Westen seit der Industrialisierung das Großbürgertum nicht bloß einflußreich und mächtig, sondern politisch herrschend gewesen sind, aber auch von Frankreich, wo zwar die Ständemacht gleichfalls in den Religionskriegen gebrochen worden war, wo aber im 19. Jahrhundert das Bürgertum zur herrschenden Klasse wird.

Keineswegs sei behauptet, in Österreich habe es nicht mächtige Gruppen gegeben, die in der Lage gewesen wären, Einfluß auf das politische Geschehen und auf staatliche Maßnahmen auszuüben. Das Spezifische liegt aber darin, daß seit der Zeit Maria Theresias nie mehr eine Schicht in der Lage gewesen ist, mehr als episodenhaft ihre Interessen zum bestimmenden Moment für staatliches Handeln zu machen und die Initiative für staatliche Maßnahmen an sich zu reißen. Wohl gibt es im 19. Jahrhundert Ansätze für eine andere Entwicklung, als nach 1848 auch in Österreich ein reiches Großbürgertum entsteht. Dieses ist aber nur in den wenigen Jahren zwischen 1867 und 1873 die tatsächlich bestimmende politische Kraft, bis 1878 noch in der Lage, die Regierungspolitik mitzuprägen, danach aber – auch mangels Geschlossenheit – kein entscheidender Faktor mehr.

In Österreich kommt es somit nie dazu, daß eine Schicht auf längere Zeit zur bestimmenden politischen Kraft wird und den Staatsapparat für ihre Interessen instrumentalisieren kann. Die österreichische Verwaltung bleibt daher auch in der Zeit der konstitutionellen Monarchie in jener Weise auf den Monarchen hin orientiert, die für die Zeit des Absolutismus typisch gewesen ist. Sie versteht sich als keinem Interesse als jenem des „Staates“ verpflichtet. Was dieses Staatsinteresse im einzelnen ist, ist freilich nicht immer klar. Jedenfalls ist es aber etwas anderes als das Interesse einer bestimmten Schicht der Bevölkerung. Die Realität des Geschehens in der Verwaltung entspricht nicht immer diesem Selbstverständnis, die erfolgreiche Beeinflussung von Staatsorganen zur Durchsetzung privater Interessen kommt durchaus vor. Dennoch darf dieses Selbstverständnis nicht als Fiktion angesehen werden, dem die Realität in keiner Weise entsprochen hätte.

Die österreichische Verwaltung – korrekter ausgedrückt: Die Verwaltung der im Reichsrate vertretenen Königreiche und Länder – ist in der hier interessierenden Zeit hierarchisch in mehrere Ebenen gegliedert. Seit 1868[5] gibt es Ministerien als zentrale Reichsbehörden, die Statthaltereien als Behörden auf Landesebene und die Bezirkshauptmannschaften als unterste Ebene. Diese Behörden sind Reichsbehörden, also staatliche Verwaltung. Selbstverwaltung von nennenswertem Gewicht gibt es nur auf der Ebene der Gemeinden; in den Ländern gibt es als Rest der landständischen Institutionen die Landtage und die Landesausschüsse, deren Kompetenzen primär die Verwaltung des eigenen Vermögens, kulturelle Angelegenheiten und Krankenanstalten umfassen. Zur Gesetzgebung sind die Landtage nur ausnahmsweise zuständig. Aber Rechtsgrundlage der Gemeindeselbstverwaltung wie der autonomen Einrichtungen in den Ländern sind Reichsgesetze; die Autonomie wird nicht als etwas originär Bestehendes, sondern als etwas Verliehenes angesehen. Gemeinden

5 Gesetz über die politischen Verwaltungsbehörden, RGBl. Nr. 44/1868.

wie Länder unterstehen der Aufsicht durch die staatliche Verwaltung, die von den Landtagen beschlossenen Gesetze bedürfen der kaiserlichen Genehmigung und werden durch die staatlichen Verwaltungsbehörden vollzogen.

Die Aufgabenstellung an die Verwaltung erfolgt jeweils von oben. Dies gilt grundsätzlich auch für die höchsten Verwaltungsstellen, die Ministerien, die für jede neue Aktivität,die nicht Gesetzesvollzug ist, die formelle Billigung des Kaisers benötigen. Dem österreichischen Verwaltungsbeamten war es geläufig, daß sich der Wille des Staates in Vorschriften äußert und daß dafür ob eine Vorschrift nur für Verwaltungsorgane verbindlich sein oder auch für die Allgemeinheit gelten soll, primär die Form der Erlassung und die erlassende Autorität maßgeblich ist. Es war geläufig, daß es einen wesenhaften Unterschied zwischen verwaltungsinternen Akten und Akten mit Außenwirkung, aus dem sich ergeben würde, daß das was Gegenstand eines verwaltungsinternen Aktes ist, der Beschlußfassung durch das Parlament entzogen ist, nicht gibt. Die Erfahrung lehrte nämlich, daß etwas was bisher nur durch Erlaß eines Ministeriums geregelt war, eines Tages in der Form eines vom Reichsrat beschlossenen Gesetzes erlassen werden konnte, daß man sich dann auf eine solche Regelung vor Gerichten berufen konnte und daß daraus nicht nur dienstliche Pflichten, sondern einklagbare subjektive Rechte erfolgten. So wurde z.B. der Bereich des Dienstrechtes, der lange Zeit nur durch sogenannte Normalien geregelt war, aus denen nur Pflichten der Beamten folgten aber keine subjektiven Rechte abgeleitet werden konnten, in zunehmendem Maß durch Gesetz geregelt.

Der beruflichen Erfahrung des Verwaltungsbeamten entsprach es, daß Vorschriften alles betreffen können und daß dafür, ob ein Text eines bestimmten Inhaltes Rechtsvorschrift ist oder nicht, ausschließlich maßgeblich ist, ob er von einer Stelle stammt, die zur Erlassung von Vorschriften über einen bestimmten Gegenstand ermächtigt ist und ob er in der gehörigen Form erlassen ist. Die Ermächtigung zur Erlassung von Rechtsvorschriften mußte letztlich auf den Kaiser zurückzuführen sein. Der Kaiser war auch nach der Verfassung von 1867 formell die einzige Autorität, die originär Recht setzen konnte. Jede weitere Autorität zur Erlassung von Rechtsakten, auch die der Richter, war vom Kaiser delegiert. Selbst Gesetze galten bis 1918 formell als Anordnungen des Kaisers die dieser „mit Zustimmung beider Häuser seines Reichsrates“ erließ.

Dem österreichischen Verwaltungsbeamten war daher durchaus geläufig, daß dafür, ob ein Akt Rechtsakt, ob ein Text Rechtsvorschrift ist, ausschließlich formale Kriterien maßgeblich sind. Ebenso geläufig war ihm, daß Rechtsvorschriften nicht gleichrangig sind Seiner Vorstellung dürfte es freilich entsprochen haben, daß der Rang einer Rechtsvorschrift vom hierarchischen Rang des Organes, welches die Vorschrift erlassen hat, abhängt, daß also eine Verordnung des Ministeriums höherrangig ist als eine solche der Statthalterei. Aber auch ein Rangverhältnis nach der rechtlichen Bedingtheit war der österreichischen Verwaltung bekannt, denn Verordnungen waren nach dem Staatsgrundgesetz über die Regierungs- und Vollzugsgewalt grundsätzlich nur zur näheren Ausführung von Gesetzen zulässig.

In der Hierarchie der Verwaltung war es auch selbstverständlich, daß Vorschriften, die für die einzelnen Ebenen bestimmt waren, ihren Adressaten ein unterschied-liches Maß an Spielraum offenließen. Freilich dürfte es noch nicht durchschaut worden sein, daß der Gegensatz von Ermessensentscheidung und gebundener Entscheidung nur ein relativer ist. Daß aber Ermächtigungen zur Rechtserzeugung grundsätzlich Gestaltungsspielräume offenlassen, dürfte angesichts der vielen weitgefaßten Verordnungsermächtigungen in Gesetzen und der vielen Ermächtigungen, im Einzelfall „nach Ermessen" zu entscheiden, geläufig gewesen sein.

Die österreichische Verwaltung war auch mit dem Problem vertraut ob eine Regelung, die Bedingungen für die Erzeugung von Rechtsakten festzulegen scheint, tatsächlich derartige Bedingungen festlegt. Es gab nämlich immer wieder Streitigkeiten darüber, ob durch ein Reichsgesetz der den Landtagen eingeräumte Freiraum für die Erlassung von Gesetzen verletzt worden sei oder nicht. Dabei trat immer wieder die Frage auf, welche Folgen die Verletzung einer Vorschrift über die Zuständigkeit des Reichsrates oder der Landtage haben könnte.

Der Gedankenwelt der österreichischen Verwaltung hat es auch entsprochen, zwischen der Tätigkeit des Organs, das Rechtsvorschriften schafft oder solche Rechtsvorschriften anwendet und jener des Rechtswissenschaftlers, einen fundamentalen Unterschied zu machen. Die Rechtswissenschaft war in Kreisen der Verwaltung zwar angesehen, relativ viele Beamte waren auch rechtswissenschaftlich tätig,[6] dem Selbstverständnis der Verwaltung hätte es aber entschieden widersprochen, sich durch die Wissenschaft anleiten zu lassen. Als Aufgabe der Wissenschaft wurde es angesehen, die Rechtsordnung verstehen zu helfen, aber auch nicht mehr. Eine Methodenlehre zur Findung von Entscheidungen der Verwaltung wäre sicher als überflüssig angesehen worden. Hinweise dafür finden sich in den Memoiren von Personen, die in dieser Zeit in der österreichischen Verwaltung tätig gewesen sind und die mit recht kritischen Bemerkungen über Wissenschaftler, die gemeint hatten, der Verwaltung Ratschläge darüber geben zu können, wie sie richtigerweise zu agieren hätte, nicht sparen.[7]

Die Rechtspolitik, also Überlegungen de lege ferenda, wurden aber gerade in Kreisen der Hochbürokratie als durchaus legitimes Feld der Tätigkeit von Wissenschaftlern angesehen. In der hohen Beamtenschaft selbst fanden sich gar nicht so wenige Personen mit großem Interesse für rechtspolitische Fragen, freilich primär für solche, die die formale Seite der Rechtsordnung und des Staatsapparates betreffen, nämlich Organisation, Tätigkeitsabläufe, Verfahren. So ist es kein Zufall, daß alle großen Leistungen auf dem Gebiet des Verfahrensrechtes bis zu den Verwaltungsverfahrensgesetzen 1925 mit den Namen von Verwaltungsbeamten verknüpft

6 Als besonders herausragende Beispiele seien Karl Freiherr von Lemayer, Franz Klein, Friedrich Tezner und Rudolf Herrenritt genannt. Als Beispiele für Rechtswissenschaftler, die ursprünglich in der Verwaltung tätig gewesen und dann Professoren geworden sind, seien Max Layer, Adolf Merkl, Alfred Verdroß und Ludwig Adamovich genannt.

7 So z.B. Erich Graf *Kielmannsegg*, Kaiserhaus, Staatsmänner und Politiker, 1966, und Friedrich *Kleinwaechter*, Der fröhliche Präsidialist, 1955.

sind, die weit über ihren beruflichen Aufgabenkreis hinaus Fragen der Rechtspolitik zu ihrem Anliegen gemacht hatten.[8]

V.

Das über die österreichische Verwaltung Gesagte dürfte es selbstverständlich gemacht haben, daß den in ihr Tätigen eine Rechtstheorie, die auf die allgemeinen, formalen Aspekte des Rechts abstellt, leicht zugänglich gewesen ist. Damit sind aber noch nicht alle eingangs gestellten Fragen beantwortet Erdacht wurden die Thesen der Wiener Schule schließlich nicht in Amtsräumen, sondern in Studierstuben, angenommen wurden sie auch nicht primär von Verwaltungsbeamten und ihre Wirkung blieb ja in Österreich auch nicht auf die Kreise der Bürokratie beschränkt. Weiters ist noch nicht erklärt, weshalb der Erfolg dieser Theorie auf Österreich beschränkt geblieben ist.

Die Suche nach einer Antwort führt abermals zu Österreichs Verwaltung im 19. Jahrhundert: Oben ist gesagt worden, Österreich sei jenes Staatswesen, in dem die Entwicklung zum Verwaltungs- und Beamtenstaat am weitesten gegangen ist, mit der Folge, daß fast alles durch und fast nichts ohne die Verwaltung bewirkt worden ist. Dies galt auch für den Bereich des Bildungswesens. Österreichs Universitäten sind auch nach der Thun-Hohenstein'schen Reform trotz ihrer Autonomie in viel höherem Maße Staatsanstalten und Instrumente staatlicher Kulturpolitik als jene in den Ländern des Deutschen Reiches. So hatten Österreichs Universitäten niemals ein echtes Recht der Selbstergänzung und auch nie bloß faktische Autonomie auf diesem Gebiet. Das letzte Wort in Personalfragen hatte das Unterrichtsministerium zu sprechen. Und dieses scheute nicht davor zurück, Professoren auch gegen den Willen eines Fakultätskollegiums zu berufen. (Ehrlicherweise muß gesagt werden: meist nicht zum Schaden der Wissenschaft.)[9]

Was nun die rechtswissenschaftlichen Fakultäten und das Studium an diesen anlangt, so gab es im Vergleich zu Deutschland noch eine Besonderheit: Die Prüfungsordnung wurde in Österreich vom Unterrichtsministerium und nicht wie in den Ländern des Deutschen Reiches vom Justizministerium erstellt. Dies bewirkte eine andere Orientierung des Studiums: Der an einer Universität des Deutschen Reiches ausgebildete Jurist beendete sein Studium mit dem Referendarexamen, das justizorientiert war. Er bildete sich zum Justizfunktionär, Richter bzw. Anwalt aus, er wurde daraufhin geschult, Fälle des Zivil- und des Strafrechts zu lösen und dachte daher auch im Bereich des öffentlichen Rechts in den Kategorien dieser Diszipli-

8 In diesem Zusammenhang sei an Franz Klein als den Schöpfer der Zivilprozeßordnung von 1895 und Egbert Mannlicher, dessen Namen untrennbar mit den Verwaltungsverfahrensgesetzen verknüpft ist, erinnert.

9 Als Beispiel sei die Berufung von Joseph Schumpeter nach Graz genannt, die gegen den erklärten Willen des Professorenkollegiums der Rechts- und Staatswissenschaftlichen Fakultät erfolgt ist.

nen. Die österreichische Studienordnung[10] sah demgegenüber drei in sich geschlossene Studienabschnitte vor, den rechtshistorischen, den judiziellen, in dem jene Rechtsgebiete gelehrt wurden, die von den Gerichten angewendet werden und schließlich den staatswissenschaftlichen, in dem Verfassungsrecht, Nationalökonomie, später dann Verwaltungsrecht und noch später Völkerrecht als Fächer vorgesehen waren. Diese Studienordnung hat im Prinzip seit der Mitte des 19. Jahrhunderts bis in die 70er Jahre dieses Jahrhunderts gegolten. Dies bewirkte eine mehrfache Schwerpunktbildung, eine stärkere Orientierung des Studiums auf die Verwaltung hin als in Deutschland und eine Auseinanderentwicklung des Denkens der im judiziellen und der im staatswissenschaftlichen Studienabschnitt Tätigen. Die Prüfungsordnung sah zudem vor, daß in den Prüfungskommissionen, vor denen die Staatsprüfungen abgelegt werden mußten, „Praktiker", d.h. Personen, die in der Justiz oder in der Verwaltung tätig waren, mitwirkten. Die Staatsprüfungen waren jene Prüfungen, die Voraussetzung für die Ausübung der meisten Rechtsberufe waren – lediglich für den Anwaltsberuf war das Doktorat vorgeschrieben. Diese Prüfungen waren auch Voraussetzungen für das Doktoratsstudium.

Dem in Österreich Rechtswissenschaft Studierenden, aber auch den an einer österreichischen Fakultät in den Fächern des Staats- und Verwaltungsrechtes Tätigen war auf Grund dieser Gegebenheiten die Welt der Verwaltung relativ nahe. Er mußte sich mit ihr auseinandersetzen und sich mit ihr vertraut machen, selbst wenn er ihre Art zu denken ablehnen wollte. Es scheint daher wohl als gerechtfertigt zu behaupten, daß die Entwicklung eines rechtstheoretischen Lehrgebäudes, wie die Wiener Schule, an einer österreichischen Universität geradezu ein Werk eines genius loci gewesen ist. Bezeichnenderweise ist die Wiener Schule von Rechtswissenschaftlern akzeptiert und weitergetragen worden, die aus ganz unterschiedlichen weltanschaulichen Lagern gekommen sind, die aber gemeinsam eine Prägung durch den Dienst in der österreichischen Verwaltung erfahren hatten.[11] Juristen, die nie mit der österreichischen Verwaltung in nähere Berührung gekommen waren, und die daher nicht von jenem genius loci angeweht worden sind, taten und tun sich mit der Wiener Schule schwer. Dies erklärt die räumliche Begrenzung des Erfolges ihrer Lehren und den Umstand, daß die Wiener Schule in Österreich Ablehnung vornehmlich von Vertretern solcher Disziplinen erfahren hat, die nicht im staatswissenschaftlichen Studienabschnitt gelehrt werden.[12]

Als Stütze für die hier vertretenen Thesen kann die Tatsache angeführt werden, daß auf dem Gebiet, auf das sich die Wirksamkeit der österreichischen Verwaltung im 19. und zu Beginn des 20. Jahrhunderts erstreckt hat und auf dem nach der österreichischen Studienordnung Rechtswissenschaften gelehrt worden sind, noch

10 Die rechtswissenschaftliche Studienordnung wurde in ihrer ursprünglichen Fassung als Verordnung des Ministeriums für Kultus und Unterricht im RGBl. Nr. 54/1856 verlautbart.

11 Als Beispiele seien Ludwig Adamovich, der katholischer Legitimist gewesen ist, und Egbert Mannlicher, der sich zum großdeutschen Lager bekannt hat, genannt.

12 Es sei an die Auseinandersetzung zwischen Ernst Schwind und Hans Kelsen im Jahre 1928 erinnert.

eine rechtstheoretische Schule entstanden ist, die der Wiener Schule sehr ähnelt, nämlich die Brünner Schule der Rechtstheorie. Diese ist keineswegs so etwas wie ein Ableger der Wiener Schule oder eine tschechische Variante derselben, sondern ein durchaus eigenständiges und originelles Phänomen der Geistesgeschichte.[13]

13 Wesentliche Texte der Brünner Schule der Rechtstheorie sind im Band 5 der Schriftenreihe des Hans Kelsen Institutes, 1980, in deutscher Übersetzung erschienen.